中國學術思想研究輯刊

二三編

林慶彰 主編

第10冊

北宋仁學思想研究

鄭建鐘 著

花木蘭文化出版社

國家圖書館出版品預行編目資料

北宋仁學思想研究／鄭建鐘 著 -- 初版 -- 新北市：花木蘭文化出版社，2016〔民105〕

目 2+176 面；19×26 公分

（中國學術思想研究輯刊 二三編；第 10 冊）

ISBN 978-986-404-561-7（精裝）

1. 宋元哲學

030.8 105002146

ISBN-978-986-404-561-7

中國學術思想研究輯刊

二三編 第十冊 ISBN：978-986-404-561-7

北宋仁學思想研究

作　　者　鄭建鐘

主　　編　林慶彰

總 編 輯　杜潔祥

副總編輯　楊嘉樂

編　　輯　許郁翎

出　　版　花木蘭文化出版社

社　　長　高小娟

聯絡地址　235 新北市中和區中安街七二號十三樓

電話：02-2923-1455／傳眞：02-2923-1452

網　　址　http://www.huamulan.tw 信箱 hml 810518@gmail.com

印　　刷　普羅文化出版廣告事業

封面設計　劉開工作室

初　　版　2016 年 3 月

全書字數　167724 字

定　　價　二三編 24 冊（精裝）新台幣 46,000 元

北宋仁學思想研究

鄭建鐘　著

作者簡介

鄭建鐘，1977 年 10 月生，福建政和人，2010 年獲西北大學歷史學博士學位；現爲重慶理工大學國學研究所所長，副教授，撰寫著作和發表各類學術論文若干，專業致力於儒學文獻與思想的研究。

提　要

儒學是「人」學，表現為人際關係的道德學說。本文認為，「仁」之本字與「人」之初文乃是同一個符號。侯外廬首言孔子將「一般人類的心理要素」賦予「仁」以一種超越時代的道德觀念。孔子以血緣為基礎構建「仁學」思想，「仁，人心也」則揭示了思孟學派以「心性」言「仁」的特徵，荀子則從現實主義的立場確立「禮」在實現「仁」價值維度中的特殊性。中唐的韓愈以「定名」之「仁義」為內涵來重塑儒家人倫綱常。接著，北宋前期的范仲淹、胡瑗、歐陽修、李覯、王安石等等，都紛紛開始闡述「仁學」思想，而整個北宋時期言「仁」最具創造性的，乃是「北宋五子」。邵雍以「元」為「仁」，繼之言「仁」以「長生」；周敦頤以「愛」言「仁」、以「生」釋「仁」，將「仁」安放在「無極－太極」宇宙生成系列之中；張載由「愛」入手言「仁」，最終將「仁」置於「太虛」之中，唯有本體的確證，人文價值範疇之「仁」才將有最堅實的根基。「本體－工夫」是理解宋代理學走向的核心鑰匙，程頤開啟宋代「仁愛之辨」的端緒，他以「仁為性，愛為情」之論不同於「仁」思想在先秦時期的生成演變史，將「一般人類的心理要素」從「仁」之中剝離出來。程顥「仁說」之重點在於「渾然與物同體」、「萬物一體」的境界，在「天道」與「人道」論上就是「天人合一」，儒家的人文道德價值在此獲得了堅實而充分的根據。

致　謝

傾慕張豈之先生的「求道」之心，2007 年我走進了積澱著深厚傳統的西北大學中國思想文化研究所，這是一個幸運的眷顧。我的幸運還得於先生的信任與指引，因而，每每惶恐失於那份彌足珍貴的教誨，雖有患得患失的嫌疑，卻是激勵我小心翼翼地走好每一步的精神之源。我深知自己生性愚鈍，於人生之路「越走越窄」，也只能如此毅然、決然地走下去，不忘先生的教誨。

在本書出版之際，我要感謝四川大學國際儒學研究院的舒大剛教授對我的指點與關懷；感謝西北大學中國思想文化研究所的方光華教授、謝陽舉教授與張茂澤教授對我的教導和幫助；感謝清華大學歷史系廖名春教授的批評與指正；感謝西北大學中國思想文化研究所的陳戰峰、宋玉波、鄭熊與李江輝等諸位老師的關心與照顧；感謝同窗吳保傳、黃勇與楊曉莉的相互切磋與鼓勵。

我要感謝彭自強老師在我人生與學習之路上的指引，若沒有你的點撥，我那愚鈍的心靈還不知會安落在何處；感謝張勇師兄默默地鼓勵與幫助，你是我異鄉里的一盞暖燈；感謝林聖鈿先生，你的支持與幫助，使我倍感人之心的溫暖；感謝鄭文棟先生，每每遇到了難題和困惑，你總能給我帶來豁然開朗的境界。

我要感謝爸爸鄭木榮、媽媽秦含樂，你們對生活的堅韌和睿智是我生活的力量源泉；我要感謝遠赴他鄉攻讀博士學位的夫人袁利和我那聰明可愛的女兒鄭子語，你們是我的生命之重。

依然，在浩渺的宇宙間，感謝上帝！

本書是在我的博士論文基礎上增改而成，感謝花木蘭文化出版社及楊嘉樂女士爲本書出版所做的卓越工作！

鄭建鐘

2015年10月10日於活著齋

目次

第一章　北宋「仁」思想先導：先秦儒家「仁」論溯源

中國傳統思想文化是以儒釋道三家爲主體構成的學派生態，但是，這樣的事實境況卻是歷史地形成。大約是在兩漢之際，佛教開始逐漸地傳入中土，隨後，以老莊爲本師的道教在東漢末年興起。而在這兩個事件之前，董仲舒（前 179～前 104）倡言「儒術」獨尊，武帝主導施行「儒術」治國，進而，儒學以「經學」的面貌開始主導國家的政治生活，實爲歷史的眞實情況。〔註 1〕即使在佛教籠罩中國思想界千餘年，儒家思想依然是國家統治學說的主導部分，其主要的表現形式便是形成於兩漢的儒家經學。而支撐儒家學說千年不息的思想內核是什麼呢？

那便是以「仁、禮」爲核心的「明教化、助人君」的「內聖外王」之學。董仲舒認爲儒學的主要功能與實施策略應當是：「立大學以教於國，設癢序以化於邑，漸民以仁，摩民以誼，節民以禮。」（《漢書・董仲舒傳》）學校是儒家學說的傳播載體，「仁、義、禮」是思想教化的核心要素。《漢書・藝文志》則進一步總結爲：「儒家者流……游文於《六藝》之中，留意於仁義之際，祖述堯舜，憲章文武，宗師仲尼，以重其言，於道最爲高。」這段短

〔註 1〕關於「罷黜百家，獨尊儒術」這一儒學發展史上重大事件是否完全切合武帝時代的歷史現場，學界多論爭。我們認爲，從思想史的視角上看，儒學成爲國家政治生活的主導意識形態，必定是一個歷史的形成過程。作爲一種歷史的符號，標誌性的事件往往承載著人們對某種信念的追認。因此，「儒術」自武帝時代顯在地開始逐漸主宰中國歷史的某些層面，此後，儒家「經學」的蓬勃發展當是不爭的歷史事實。也就是說，即便「罷黜百家，獨尊儒術」的專門術語之使用首見於宋代司馬光的《資治通鑒》，對於儒家自武帝後在中國歷史上的地位是無關宏旨的。

短的一句話包含著非常豐富的內涵：首先，儒家學說的主要文獻載體包括《易》、《書》、《詩》、《禮》、《樂》、《春秋》六部先秦典籍；其次，儒家學說的主要哲學範疇在於「仁義」二字，也就是說「仁義」是儒家之所以爲儒家的觀念之根本〔註 2〕；第三，儒家學說有一個傳播的源流，即唐宋之際新儒家學說興起之時被各家學者著力張本的「道統」之「學術脈絡」〔註 3〕：遵循堯舜之道，效法文武之制，以孔子爲宗師，最爲注重的是他們的言論：於孔子而言是「仁」、於孟子而言是「仁義」。這是對何爲儒家較早的全面界定，毫無疑問，本文將要探討的就是儒家思想中的核心要件之一：「仁」。

郭沫若（1892～1978）說：「『仁』字是春秋時代的新名詞，我們在春秋以前的眞正古書裏面找不出這個字，在金文和甲骨文裏也找不出這個字。」〔註 4〕我們認爲郭氏的這個判斷依然合乎當前「二重證據法」所確證的歷史事實，至於劉文英（1939～2005）認爲羅振玉（1866～1940）所著錄的《殷墟書契前編》卷二第十九頁第一篇卜辭上「已收輯到一個很規範的『仁』

〔註 2〕古今對「原儒」的探討，據陳來的統計有四大類十餘種之多。（參見陳來《說說儒》一文，《明道》，北京：團結出版社 1995 年版，第 315～336 頁。）本文認爲，《漢書・藝文志》對儒家特徵的概括是比較精當與準確的早期代表。

〔註 3〕儒家「道統」之說是應對佛教「法統」而來的，但這僅是就直接原因言。若論儒家「道統」之源，則不爲佛家所專有，《漢書・藝文志》所言「堯舜、文武，仲尼」之語就可說明。故，唐宋之際的「道統」無不爲每個學者所尊崇，實有儒家之「學統」（指代「學術傳統」，如清代熊賜履所著《學統》一書所列：「是書以孔子顏子曾子子思孟子周子二程朱子九人爲正統，以閔子以下至明羅欽順二十三人爲翼統，以冉伯牛以下至明高攀龍一百七十八人爲附統，以荀卿以下至王守仁七人爲雜統，以老莊楊墨告子及二氏之流爲異統。」熊氏的這種學術派別的分類方式「未免與班固古今人表同一悠謬，」「衰貶之間，亦自亂其例也。」（參見《四庫全書總目》，第 568 頁。）儘管熊氏的「學統」之分頗爲雜亂無章而不可取，但「學統」之說在中國學術史上特有所指是事實。）與「治統」（即後世人們常說的「政統」，政治統治合法性的相關問題。）聯姻的兩方面訴求：外則禦夷狄之教——佛教、夷狄之國——北方少數民族政權；內則以「學」預「治」（政），即帝王師。因此，當朱熹首倡「道統」之說時，當包括「學」與「治」的雙重內涵。（有關論說參見蔡方鹿著《中華道統思想發展史》，臺北：中華道統出版社 1996 年版；張岱年《論道統與學統》，《張岱年全集》第 7 卷，石家莊：河北人民出版社 1996 年版；錢穆著《學統與政統——政學私言五》，《東方雜誌》1945 年第 5 期；余英時著《朱熹的歷史世界——宋代士大夫政治文化的研究》，北京：三聯書店 2004 年版；黃進興著《優入聖域：權利、信仰與正當性》，西安：陝西師範大學出版社 1998 年版。）

〔註 4〕郭沫若著《孔墨的批判》，《中國古代社會研究》外二種之《十批判書》，石家莊：河北教育出版社 2004 年版，第 544 頁。

字」、〔註5〕韓國學者趙駿河認爲「殷墟出土的甲骨文中就使用仁字了」〔註6〕，這都是對該片甲骨文獻誤讀有關。〔註7〕「仁」字不出現在甲骨文獻中，也就是說，爲後世人們所確認的與「仁」觀念直接對應的特指字並不出現在殷商時期。那麼，是不是我們就可以說，這個春秋時代的「新名詞」是毫無根由的出現、沒有文字上的演變過程的「神啓」之物？當然不是，這個「仁」字在我們看來，它的最初本字其實就是「 」（甲骨文「尸」字），其本義則是雜糅了殷商時期「夷人」或曰「尸人」的禮儀制度與周人的「立尸」之風，表明「仁」觀念產生於商周時期的禮制。

第一節　「仁」的本字與本義考釋

思想史的研究離不開對觀念緣起時的「文字性」敏感，所謂「訓詁明而義理生」在今天看來，並不是純粹書齋中的「文字」考釋，也並非如有的學者所言的不在「一個綜合性的文化研究中」〔註8〕去展示某種思想觀念僅僅是「語源學」上的發端與功能。在廣闊的社會背景中去探討「仁」本字的構造方式及其被儒家專用的形成史，本身就是思想史研究中「內外合力」的結果：社會現實的需要與思想發展的內在動力的有機「統合」。

「仁」本字的最初歷史應當追溯至殷商時期。殷人的特點是凡事都問卜，有關「國之大事」，都無不通過宗教儀式求助於有意志、有人格的至上神的命令。郭沫若認爲：「殷人最爲迷信，無論大小事情都要卜」〔註9〕，侯外廬（1903～1987）也認爲：「殷代的思想以宗教占主要地位。」〔註10〕而

〔註5〕劉文英：《「仁」之觀念的歷史探源》，載《天府新論》1990年第6期。

〔註6〕趙駿河：《對中國傳統倫理的現代理解》，載《儒家倫理思想研究》，北京：中華書局2003年版第458頁。

〔註7〕「可是對這片甲骨卜辭仔細研究以後，就會發現。……在卜辭之第二與第三行見有兩位兆序數字『一』『二』。「一」刻在『於』字右下，『二』刻在殘存『 』形右下。將殘存形與兆序當成是一個字，當然成爲『仁』字。若是個『仁』字，則與此卜辭中的意思不合。……此卜辭應是某方國向商王朝進貢二十四馬的記錄。」（孟世凱《甲骨文中「禮」、「德」、「仁」字的問題》，《齊魯學刊》1987年第1期。）我們認爲，孟氏的解釋合乎本文所認爲的「仁」本字起源的歷史。

〔註8〕方旭東：《以意逆志於心得之——中國思想史研究法的省思》，《學術月刊》2004年第12期。

〔註9〕郭沫若著《中國古代社會研究》（外二種），石家莊：河北教育出版社2004年版，第246頁。

〔註10〕侯外廬等著《中國思想通史》（第一卷），北京：人民出版社1957年版，第23

這樣的宗教迷信思想並沒有抽象的道德意謂，因爲「『卜』這一觀念是求祖先神降命的意思。當人類對於自然的矛盾不能克服的時候，必然在意識上尋求安慰，使矛盾在宗教上求得解決。」〔註 11〕殷人的宗教意識源自自身力量的有限性，「宗教的前提，是意志與能力之間、願望與獲得之間、目的與結果之間、想像與實際之間、思與是之間的對立或矛盾。」〔註 12〕宗教的獻祭並不必然就是道德意識下的產物，從甲骨文獻中「德」字無「心」，而殷人對該字又多用於「得」到之「得」，意謂從神意的啓示中「獲得」的觀念中，我們可以看出殷商之人沒有形成內含於心靈之中的「道德性」意識。而且，「卜辭中的意識形態：第一、最重時間觀念；第二，著重空間觀念；第三，著重數量觀念。」〔註 13〕時、空、數三種觀念表現的是人類面對自然界以及當時部落間持續的戰爭所致，「社會內部的權利義務觀念還沒有顯明的標誌。」〔註 14〕因此，「仁」之德不可能出現在殷商時期。

但是，宗教的意識與行爲卻常常蘊涵著道德的可能性。郭沫若認爲，殷商之際的大變革表現在，周人滅殷之後，在文化上因襲了殷人，但對殷人的「天」觀念發生了懷疑，「周人根本在懷疑天，只是把天來利用著當成了一種工具」〔註 15〕，自我覺醒意識的出現，也就直接導致「德」這種新觀念的提出，即表現爲主觀方面強調人力。侯外廬認爲，殷商卜辭中，沒有發現具備抽象性概念的字，也沒有關於道德智慧的術語，直到殷末時期，康、文、武才用之於殷帝王名，可以看出當時殷人的道德意識的萌芽；而周人將殷人的一元神改變爲二元神，而二元宗教神派生出了道德律令，進而以德作爲配享上帝與祖先神的根據，「在宗教觀念上的敬天，在倫理觀念上就延長而爲敬德。」〔註 16〕任繼愈（1916～2009）認爲，從宗教思想方面來說，商周相續

頁。

〔註 11〕侯外廬等著《中國思想通史》（第一卷），北京：人民出版社 1957 年版，第 24 頁。

〔註 12〕〔德〕費爾巴哈著、王太慶譯《宗教的本質》，北京：人民出版社 1999 年第二版，第 39 頁。

〔註 13〕侯外廬等著《中國思想通史》（第一卷），北京：人民出版社 1957 年版，第 24 頁。

〔註 14〕侯外廬等著《中國思想通史》（第一卷），北京：人民出版社 1957 年版，第 24 頁。

〔註 15〕郭沫若著《青銅時代》，《中國古代社會研究》（外二種），石家莊：河北教育出版社 2004 年版，第 259 頁。

〔註 16〕侯外廬等著《中國思想通史》（第一卷），北京：人民出版社 1957 年版，第 94

包含了繼承與變革的兩個方面，天神與祖先是商周相同的宗教信仰對象，而周人通過賦予天神與祖宗神以人們可以認識的確定性的內容變革了殷人的宗教思想，將自己塑造成政治與道德的立法者。〔註 17〕從生產關係上說，這種脫胎於宗教思想的德觀念的產生是因爲內部階級分化與對外擴大戰爭，進而維持氏族貴族統治的需要。侯外廬認爲，殷代是奴隸社會的初級階段，周代殷的社會變革，則是向著奴隸社會的高級階段轉換的過程。

在這樣一種社會演變的進程中，作爲後來儒家核心觀念之一的「仁」，在殷商時代是否有最初的淵源？「仁」的初文究竟是源自何種觀念？下面，我們將做仔細的分疏。

一、「從人從二」之「仁」

關於「仁」的初文，歷來眾說紛紜，沒有統一的意見。根據研讀古今相關研究文獻，我們發現對「仁」初文的研究主要可以分爲兩種類型的意見：

第一種類型認爲，「仁」的構成部件主要由「亻」與「＝」符號，這種意見的最早探討人是東漢的許慎（約 58～約 147），其在《說文解字》中說：「仁，親也，從人從二。」許慎這話是從「仁」的意義與字形構造兩個方面說，同時，他還補充「仁」有兩個古文：「[illegible]」從千心；「[illegible]」或從尸，前者涉及到後文探討的第二種類型，而從尸的「仁」字從性質上說，類於從「亻」，從文字類型上說，「人」與「尸」的字源是相同的。稍後於許慎的鄭玄（127～200）注《禮記》之《中庸》篇時云：「人也，讀如『相人偶』之人，以人意相存問之言。」〔註 18〕鄭氏首言「相人偶」釋「仁」成爲此後清代學者阮元（1764～1849）訓解「仁」的出發點。阮元將「仁」再次回歸爲「從人從二」的反宋明理學的「相人偶」解釋，成爲自其以降最爲學術界所重視的觀點。阮元在《論語論仁論》一文中：

> 「竊謂詮解仁字，不必煩稱遠引，但舉《曾子·制言》篇『人之相與也，譬如舟車然相濟達也，人非人不濟，馬非馬不走，水非水不流。』及《中庸》篇『仁者，人也。』鄭康成注：『讀如相偶

頁。

〔註 17〕任繼愈主編《中國哲學發展史》（先秦卷），北京：人民出版社 1983 年版，第 97 頁。

〔註 18〕〔清〕阮元校刻《十三經注疏》，北京：中華書局 1980 年版，第 1629 頁。

之人。』數語足以明之矣。春秋時，孔門所謂仁也者，以此一人與彼一人相人偶，而盡其敬禮忠恕等事之謂也。相人偶者，謂人之偶之也，凡仁必於身所行者驗之而始見，亦必有二人而仁乃見，若一人閉户齋居，瞑目靜坐，雖有德理在心，終不得指爲聖門所謂之仁矣。」〔註 19〕

「相人偶」爲「仁」之義，即是說二人之間才有「仁」存在的可能性：

「孟子曰：『仁也者，人也。』謂仁之意即人之也。元案：《論語》論管仲，曰：『人也。』《詩・匪風疏》引鄭氏注曰：『人偶同位之辭。』此乃直以人也爲仁也，意更顯矣。又案：仁字不見於《虞》、《夏》、《商》書及《詩》三頌、《易》卦爻辭之内，似周初有此言而尚無此字。」〔註 20〕

阮氏考證，殷商以前並無「仁」字，此字乃是後出，但上句卻道出了一個重要的信息：「仁」在阮氏看來與「人」是相通的，所以他認爲「仁」字「蓋周初但寫「人」字，周官禮後始造「仁」字。」〔註 21〕在此基礎上，廖名春於《「仁」字探原》〔註 22〕一文對文獻中「從人從二」爲「仁」的構形方式進行了詳細的舉證，贊同這種構形的人有後漢人鄭玄，宋人徐鉉、徐鍇與戴侗，清人段玉裁（1735～1815）、孔廣居、徐灝、朱駿聲與嚴章福，近人金致中等，雖然他們對「仁」的具體釋義方面不盡相同，所依據的都是「從人從二」。徐鉉認爲：「仁者兼愛，故從二」〔註 23〕，戴侗認爲，「仁」乃「人」之重文，「因人而二之爲仁」〔註 24〕，所以，「人其人之謂仁」，金致中也認爲「二」乃「人」之重文爲「仁」，孔廣居的釋義頗爲新奇，他認爲「二」或者是「親於父母」[4]，或者是「象於天地」[4]，以成對性事物來解釋「二」的意義，不知道是否前有古人，但至少後有來者，今人陳洪杏就認爲，「仁」乃「表現爲人是以男女兩性的結合爲出發點」〔註 25〕的所謂「從優命名法」的結果，「仁」中之「二」爲男女兩性，這種解釋可作一特例之說存此。

〔註 19〕〔清〕阮元著《揅經室集》，北京：中華書局 1993 年版，第 157 頁。
〔註 20〕〔清〕阮元著《揅經室集》，北京：中華書局 1993 年版，第 180 頁。
〔註 21〕〔清〕阮元著《揅經室集》，北京：中華書局 1993 年版，第 159 頁。
〔註 22〕廖名春：《「仁」字探原》，載《中國學術》2001 年第 4 期。
〔註 23〕〔漢〕許愼著《說文解字》，北京：中華書局 1963 年版，第 161 頁。
〔註 24〕轉引自廖名春：《「仁」字探原》，載《中國學術》2001 年第 4 期。
〔註 25〕陳洪杏：《生親愛仁——孔子是如何發現「仁」的》，載於《哲學動態》2009 年第 3 期。

「從人從二」爲「仁」不僅僅只是字形上的書寫符號，最重要的是其中蘊涵著初造此字之人的意義指向，及其先人的精神世界與社會風尚。《說文》爲我們保留了「從尸二」的「𡰥」，則爲今人探求商周時人的特殊社會境況提供了線索。

徐中舒（1898～1991）《甲骨文字典》中收錄了一期時的四個「屍」字甲骨文「[illegible]」「[illegible]」「[illegible]」「[illegible]」，這四個字與「[illegible]」（人）的字形相似，主要的區別是下肢部分「尸」字有些彎曲，以表示屈膝蹲踞的形象：

> 「蹲踞與箕踞不同，《說文》:『居，蹲也。』段注：『……凡今人蹲踞字古衹作居……足底著地，而下脾聳其厀曰蹲……原壤夷俟，謂蹲踞而待不出迎也。若箕踞則脾著席而伸其腳於前。』夷人多爲蹲踞與中原之跪坐啓處不同。故稱之爲[illegible]尸人。尸復假夷爲之，故蹲踞之夷或作䠎、𡰪，（廣雅釋詁三）而尸則借爲尸。」〔註 26〕

「尸」「夷」在甲骨文中互借，說明殷商時期，一個位於東方的部落因其有「屈膝蹲踞」的禮儀風俗而被稱作「夷人」，實際就是「尸人」，這種稱呼並沒有後世人們所認爲的「貶稱」，而是從其崇尚與當時中原地區不同的風俗，即「蹲踞」之禮來命名的。《後漢書・東夷列傳》曰：

> 「《王制》云：『東方曰夷。』夷者，柢也，言仁而好生，萬物柢地而出。故天性柔順，易以道御，至有君子、不死之國焉。」〔註 27〕

「夷人」好「仁」，「仁者」爲君子，「仁者」且壽，所以「東夷人」就被稱作「君子國」、「不死國」。近人王獻唐認爲：

> 「夷人一字，人仁通用。故夷仁得以雙聲或同聲爲訓，夷居東方，仁以五常位在東，與夷相同，以聲訓方位之故，夷仁意相表裏」〔註 28〕。「人仁」相通，大抵無疑，「夷人一字」作何解？《甲骨文字典》解釋爲：「甲骨文象人形之字尚有[illegible]、[illegible]、[illegible]皆爲大字，象人正立之形；[illegible]、[illegible]象人跪坐之形，[illegible]、[illegible]則以下肢彎曲而有別初民造字非一人，各據不同角度以取其象，致一字有出多形，字形

〔註 26〕徐中舒主編《甲骨文字典》，成都：四川辭書出版社 1989 年版，第 942 頁。
〔註 27〕《後漢書・東夷列傳》。
〔註 28〕王獻唐著《炎黃氏族文化考》，山東：齊魯書社 1985 年版，第 39 頁。

雖異，而其初義均同，後漸分化，意義各有所專。」〔註29〕

從字源上看，人、尸同源，而尸夷通用，故王氏所論實有所據：「[illegible]，古文仁，或從尸。古文夷亦如此。」〔註30〕

今人龐樸認爲，尸爲橫陳的人是後起的字形，原先本是直立的人形，作「[illegible]」，訓釋爲「尸」，也就是「夷」。這種說法在甲骨文中與金文中有「征尸方」而爲方國之名爲證，如徐中舒《甲骨文字典》收錄一段：「[illegible]」（王其步伐尸），即王征討「尸」這個方國。所謂「尸」或「尸方」，也就是「夷」或「夷方」，亦或「人方」，乃是三代時期對位於今江蘇山東一帶的東方氏族的泛稱。龐氏說：

「古『仁』字從尸實係從夷，而從夷之所以爲仁，當是夷風尚仁，風名從主的緣故；孔子怨歎道之不行，曾『欲居九夷』，當因夷人能仁，已『先進與禮樂』，絕不是隨便說說的。」〔註31〕

尸（夷）乃是東方的氏族的泛稱，也是該族人族風的指稱——仁（人、尸）。至於「二」的來源，很可能只是古文字學上的一種裝飾性符號，即所謂羨劃或者飾筆，並沒有後世人們認爲的「二人」或「相人偶」的大義。如果當時需要表示那樣的大義，造字者多半會像創造「從」、「北」、「比」等式樣的具體形象來表現，而不會使用抽象數字來充數。〔註32〕

「夷俗仁」之說，許愼《說文》曰：「東夷，從大，大人也。夷俗仁，仁者壽，有君子不死之國。孔子曰：『道不行，欲之九夷，乘浮於海有以也。』」〔註33〕《後漢書》顯是襲自《說文》之成說。許愼認爲夷「從大」，與甲文「夷」爲「尸」不類，但皆不出「人」字之源，所以，「夷、仁」相通。贊同此類說法的還有今人李衡眉：「『夷俗仁』，即東夷人風俗仁厚、淳樸，正說明他仍然保留者許多氏族社會的遺風。」〔註34〕劉文英認爲「尸二」之「二」乃是重文符，「仁」就是夷人的禮俗。〔註35〕于首奎說：「『仁』與『人、夷』

〔註29〕徐中舒主編《甲骨文字典》，成都：四川辭書出版社2006年版，第875頁。

〔註30〕〔清〕段玉裁著《說文解字注》，上海：上海古籍出版社1988年版，第365頁。

〔註31〕龐樸：《「仁」字臆斷》，載《尋根》2001年第1期。

〔註32〕龐樸：《「仁」字臆斷》，載《尋根》2001年第1期。

〔註33〕〔漢〕許愼著《說文解字》，北京：中華書局1963年版，第78頁。

〔註34〕李衡眉：《「夷俗仁」發微》，載《文史哲》1992年第1期。

〔註35〕劉文英：《「仁」之觀念的歷史探源》，載《天府新論》1990年第6期。

同聲，它有可能是從『人、夷』逐漸發展（形成）而來的……文字由表形道表意，由具體道抽象逐漸發展的一個過程」。〔註 36〕

如果說「夷人尚仁」是因爲「夷」在上古時通「尸」，那麼源自宗周社會特有的「尸」禮之風，則表明「仁」在來源上「從人從二」的另一條線索。正如前文所論述的，殷周之際發生了一場重大的歷史變革，這場變革的前後兩個時期的生產結構特徵、社會構成模式乃至意識形態領域都發生多種變化，宗教思想、祭祀禮儀的變化是其中一個重要的組成部分。

從甲骨卜辭中，我們並沒有發現出現於後世歷史文獻中屢被提及的立「尸」代神受祭風俗的記載。何爲「立尸之俗」？《說文》曰：「𡰣，陳也，象臥之形。」可以想見，這個訓解的「尸」乃站立之形的「人」字變形，祭祀時的所立的是：「尸，神像也。」〔註 37〕鄭玄注曰：「尸，神像者，鬼神無形，立尸以象之也。」〔註 38〕段玉裁《說文解字注》曰：「祭祀之尸本象神而陳之，而祭者因主之，二義實相因而生也，故許但言陳。」〔註 39〕從字訓我們可以知道，「立尸之俗」即是祭祖時的一種活動，這個「尸」是代替鬼神受祭的活人，通過這樣的祭祀活動維繫與祖先的情感與寄託。「尸」這個角色的合法人是所祭祀對象的適孫或同姓之嫡孫：「禮曰：『君子抱孫不抱子。』此言孫可以爲王付尸，子不可爲父尸。鄭氏（玄）曰：以孫與祖昭穆同。孔氏（穎達）曰：……祭祀之禮必須尸，尸必以孫。」〔註 40〕「尸」使用的恰當時機是葬後虞祭時，未葬而祭祀新死者不用尸：「虞而立尸，有几筵。卒哭而諱，生事畢而鬼事始已。」先祖葬後時才開始「立尸」受祭。諸侯以大夫爲「尸」；天子則以卿爲尸，稱爲「公尸」：「何休注：禮，天子以卿爲尸，諸侯以大夫爲尸，卿大夫以下以孫爲尸。」〔註 41〕這種祭祀祖先的

〔註 36〕于首奎：《中國「仁」愛思想發源地域考芻議》，載《國際儒學研究》第 5 輯，北京：中國社會科學出版社 1998 年版，第 172 頁。

〔註 37〕〔清〕孫希旦著、沈嘯寰、王星賢點校《禮記集解》，北京：中華書局 1989 年，第 720 頁。

〔註 38〕〔清〕孫希旦著、沈嘯寰、王星賢點校《禮記集解》，北京：中華書局 1989 年，第 720 頁。

〔註 39〕〔清〕段玉裁著《說文解字注》，上海：上海古籍出版社 1988 年版，第 399 頁。

〔註 40〕〔清〕孫希旦著、沈嘯寰、王星賢點校《禮記集解》，北京：中華書局 1989 年，第 72 頁。

〔註 41〕〔元〕馬端臨著《文獻通考》，北京：中華書局 1986 年版，第 830 頁。

風俗，文獻記載夏、商、周三代皆有：

> 「三代之禮一也，民共由之。或素或青，夏造殷因。周坐尸，昭侑武方，其禮亦然，其道一也；夏立尸而卒祭；殷坐尸。……鄭氏曰：言此亦周所因於殷也。……其道一者，言三代之禮，其道同歸於敬尸也。〔註 42〕

三代通行「尸」禮之風，皆因「道同於敬尸」，實際也就是禮敬祖先神的心理慰藉。近人王國維（1877～1927）也認爲三代「一以貫之」地流行這種祭祀制度：

> 「殷禮器銘屢有[illegible]語，具異文或作[illegible]，或作[illegible]。自宋以來均釋爲析子孫三字。余謂此乃一字……子者，尸也。《曲禮》曰：君子抱孫不抱子。此言孫可爲王父尸，子不可爲父尸。曾子問：孔子曰祭成，喪者必有尸，尸必以孫，孫幼則使人抱之，是否之爲尸者，其年恒幼，故作達人抱子之形……」〔註 43〕

王國維認爲殷代有「立尸」之俗，其「立尸」者乃是「孫幼」，對此，今人胡新生列了四條理由駁之：「孫幼」立尸是爲特殊情況，並不普遍；「立尸」活動繁重、複雜非「孫幼」可勝任；文獻記載有具名的「立尸」者皆成人；「立尸」人選較多，非必定選擇「孫幼」〔註 44〕胡氏辯駁是否確實，尚無法斷定。但從已出土的甲骨文獻中，我們沒有看到確切記載「立尸」風俗的文字與相關內容，假若殷商確有「立尸」之俗，則與其「宗教祖先神是一元的，『帝』和『祖』是不分的……卜辭沒有祀天的記載，只有祀祖祀帝的記載。」〔註 45〕相矛盾：以殷人尚鬼，萬事皆卜，而卜的禱告對象就是其先祖與天合一的神，而充斥大量祭祀文字的甲文竟然沒有明確的記錄，不能不令人懷疑這是「將先祖與上帝（天）」分立而配的周人的附會，既而給後世的記錄文獻中「三代一道」的說辭埋下伏筆。「當事物支配人類而人類難以征服事物時，人類顛而倒之，把事物通過聯想都以一個原因被支配與人類意識之下，這一個原因，就是殷代的一元祖先神——祖、示、帝、天，惟祖先

〔註 42〕〔清〕孫希旦著、沈嘯寰、王星賢點校《禮記集解》，第 653～654 頁。

〔註 43〕王國維：《說俎下》》，《王國維遺書・觀堂集林》，上海：上海古籍出版社 1983 年版。

〔註 44〕胡新生：《周代祭祀中的立尸禮及其宗教意義》，載《世界宗教研究》1990 年 4 期。

〔註 45〕侯外廬著《中國古代社會史論》，第 96 頁。

神之命是『受』。」〔註 46〕在這種情況之下，殷人是不大可能設立一種活人爲「尸」，進而給予這個具備理性言說能力者（尸）以雙向溝通天神與人間橋梁的地位；而這恰恰合乎「周人把天神想像和說成無限關懷人世統治的有理性的最高主宰，和祖先神一樣，是與自己同類的善意的神」〔註 47〕這種人類自我意識初步覺醒的時代。因此，對於殷商時期是否存在「立尸」風俗，「最合理的解釋只能是，殷族不存在或不流行立尸的風俗。」〔註 48〕

如此仔細地探討「立尸」風俗，與我們的主題有何關聯呢？問題就在於，有學者認爲「立尸」風俗與「仁」觀念的源起有著某些內在的契合之處。謝陽舉認爲「『從尸』的『尸』是通向仁之本源的鑰匙。」〔註 49〕這把鑰匙就是「『仁』的起源在於『事死如事生』這種對祖靈盡哀盡孝的禮儀，『仁』本來是對祖靈的一種極端虔誠和敬拜的自然心性，他指的是像死人活在眼前一樣地憐愛和敬祀他（她）。」〔註 50〕謝氏認爲，將「仁」理解爲源自「尸」，即「立尸」之俗的形象化與心性內在化，有助於澄清思想史的四個方面問題：孔子爲何著重強調的「孝悌也者，其爲仁之本與！」的本意、從橫向對等的愛不足以成就心性的內在的超越，而縱向對先祖的愛能轉爲心性的自我超越、可以消除「夷從大從弓」又借爲「尸」的矛盾、「仁」的重喪禮俗特徵是爲老子反「仁」卻用「慈」的原因。程平原也認爲「從字源學考析，『仁』

〔註 46〕侯外盧等著《中國思想通史》（第一卷），第 69 頁。

〔註 47〕任繼愈主編《中國哲學發展史》（先秦卷），北京：人民出版社 1983 年版，第 94 頁。

〔註 48〕胡新生：《周代祭祀中的立尸禮及其宗教意義》；王氏首開卜辭印證文獻記載殷人用「尸」之俗，其後郭沫若《殷契粹編》，北京：科學出版社 1965 年版；饒宗頤《殷代貞卜人物通考》，香港：香港大學出版社 1959 年版；曹錦炎《說卜辭中的延尸》與連紹名《殷墟卜辭所見商代祭祀中的「尸」和「祝」》，《徐中舒先生百年誕辰紀念文集》，成都：巴蜀書社 1998 年；葛英會《說祭祀立尸卜辭》，《殷都學刊》2000 年第 1 期等，皆通過甲骨文字考索殷商時期的「立尸」之俗，這些考釋是否切實不論。然「殷商文明中很重要的一些成分（絕大部分是與統治階級的宗教、儀式、生活和藝術有關的）很清楚的起源於東方。」（張光直《中國青銅時代》，北京：三聯書店 1983 年版，第 75 頁。），以殷商人與東方人的關係，是不大可能將自己的重大祭祀活動的一個環節——「立尸」，與自己稱東方人因「蹲踞」而爲「夷」（尸），混同爲一個指稱的。從大多數甲骨文、商人與夷人的關係以及殷周不同宗教思想等材料的綜合來看，本文傾向認爲，「立尸」之俗實爲周人的特別現象。

〔註 49〕謝陽舉：《「仁」的起源探本》，載《管子學刊》2001 年第 1 期。

〔註 50〕謝陽舉：《「仁」的起源探本》，載《管子學刊》2001 年第 1 期。

字最早字形為『𡰥』，源自上古尸祭之風。考之文獻中尸祭的記載，『仁』之核心內涵皆從『尸祭』生發而來。」〔註 51〕周代頻繁地對祖先「立尸」以禮敬祭祀，事實是向先祖行孝，「孝孫徂位，工祝致告」(《詩・小雅・楚茨》)，通過這種途徑，周天子力圖實現與先祖，乃至天帝的溝通，以表達對天之誠敬、對先祖的恭孝以及敬德保民、明德慎罰的治國方略。這就是《國語・周語》云：「仁所以行也」的意思。成中英指出：「仁是一道德人文觀念，是『王者之德』。『王者之德』的內容就是『保民』、『安民』與『惠民』。因為只有這樣，一個王者才能守其天命，維持其統治者的地位。在這一意義上，「仁」之為德可視為一種「工具理性。」〔註 52〕可以想見，「仁」之初是為德的實現手段，是祭祀之禮儀的一部分。程氏總結出與尸祭發生關係的「𡰥」的特徵有「1、需要『孝』，2、是『德』(祖先祭祀)實現的手段，3、需要『禮儀卒度』，4、需要『克己復禮』，5、需要『善』」〔註 53〕，而這些正是「仁」的核心內涵。從字形的演變與儒家著重強調「仁」的思想來看，與「立尸」存在著某些內在聯繫是可能的。

「從人從二」的視角探討「仁」的源起，歸納起來不外乎三種情況：第一種以相人偶為「仁」的本義著重在於以「二」為分疏要素，以許慎、阮元及今人白奚〔註 54〕為代表，其中梁啟超認為「仁」在「智的方面所表現者為同類意識。情的方面所表現者為同情心。」〔註 55〕雖釋義有所不同而皆可為一類；第二種以「夷俗仁」為訓釋的方向，認為「仁」本義是指代夷族人的某種特有的禮俗，贊同者主要有王獻唐、徐中舒、龐樸、李衡眉、劉文英與於首奎等；第三種以「立尸」之俗為訓解之義，認為「仁」源自對先祖行孝作為的心性內在化，贊同者有謝陽舉與程平原等，其中後二者中，龐樸解釋了「＝」的由來在於當初造字者出於修飾筆畫而添加上的。

〔註 51〕程平原：《「仁」與上古尸祭》，http://www.confucius2000.com/admin/list.asp?id=2792，2009 年 9 月 15 日。

〔註 52〕成中英著《合外內之道一儒家哲學論》，北京：中國社會科學出版社 2001 年版，第 60 頁。

〔註 53〕程平原：《「仁」與上古尸祭》，http://www.confucius2000.com/admin/list.asp?id=2792，2009 年 9 月 15 日。

〔註 54〕白奚：《「仁」字考辨》；《「仁」與「相人偶」——對「仁」字的構形及其原初意義的再考察》。

〔註 55〕梁啟超著《先秦政治思想史》，北京：東方出版社 1996 年版，第 82 頁。

二、「從心」之「仁」

第二類對「仁」的初文出現了完全不同的解讀，這類型的「仁」主要以古文「心」爲底或旁構成，即最初明確記錄於許愼的《說文解字》中：「『忎』古文仁，從千心」的相關各種字形。通過對文獻的整理與新出土的郭店楚簡中「仁」字的釋讀，近來「從心」之「仁」構成了「仁」字初文研究的「顯學」。

據廖名春《「仁」字探原》文中的所錄，稍後於許愼的東漢末人劉熙在《釋名・釋言語》中曰：「仁，忍也，好生惡殺，善含忍也。」以人爲聲，以爲「仁」就是「忍」，其根據很可能與「忎」有關。近人丁佛言《說文古籀補補》中認爲許愼記錄的「從千心」與「從尸」兩個古文「仁」都不可爲「仁」的初文，同時「從人從二」的「𠆢二」與其反文的「二𠆢」都不可以爲「仁」之本字，「𢖳，古鉨仁、人。《說文》仁古文作忎。愚案古仁、忍似爲一字。蓋不忍即仁。《釋名》：『仁，忍也。』此從刃從心，身即刃之反文。」〔註56〕他以爲「忍」乃「仁」之本字。郭沫若則說：「古鉨𢖳字乃仁字之異。仁古或作忎，從心千聲。𢖳則從心身聲，字例相同，可以互證。」〔註57〕郭氏就此並沒有指出「仁」、「忎」、「𢖳」的演變關係。

今人劉翔比較詳細的考釋了《說文》中「仁」字三型與金文、簡文中的出土的「仁」的關係。他認爲，「人人」絕不是「仁」字的古形古義，「從人＝」構形之「仁」是其字形變化發展過程中的訛變形體，在訛變形體中的「＝」符，是該字形中不可分割的部分，既非重文符，亦非合文符。

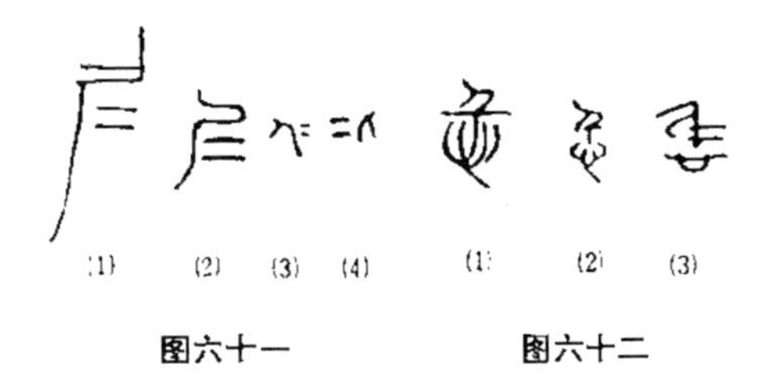

图六十一　　图六十二

上圖六十一中（1）見於戰國金文《中山王壺》，有學者將此字釋爲「尸（夷）」，實際該字與夷字初文「尸」有別，當釋爲「仁」適宜，有例（2）《說文》中「仁」字古文字形爲證。此字右下方有「＝」作爲筆畫，既非重

〔註56〕丁福保著《説文解字詁林》，第7922頁，轉引自廖名春《「仁」字探原》。
〔註57〕郭沫若著《金文叢考》第二冊，北京：人民出版社1954年版，第216頁。

文符或合文符，也不是羨文，而是字形整體的構成部分。例（3）（4）皆屬戰國璽印文，印文或稱「忠仁」或稱「思土忠仁」。圖六十二爲《說文》所收錄的「從千從心」古文「仁」字，以構形（1）爲是；相同構形圖（2）爲《漢簡》所記錄；而例（3）則出現於戰國璽印文，構形與前二例有所區別，前二者從心從千，本例爲從心從身。戰國時期的璽印文中稱「忠𢝊」的屢有所見，與稱作「忠仁」的流傳文獻，文例相同。因此，可以確知從心從身之「𢝊」，從心從千之「忎」，及「𡰥」諸形，實皆仁字。在古文字中同字異構是爲常態，因此從心從千的構形，當是從心從身構形的訛變。致訛變的原因，乃是身、千形近，且古音同在眞部。至於「𡰥」之形，則當是由𢝊字省變而來。圖六十二所示𢝊字從身與圖六十一所示仁字構形及近似。「𡰥」省心，猶如德字省心做德，惠字省心做「**叀**」，忠字省心作「中」，其例相同。因此，仁字較早的構形爲「𢝊」，訛變爲「忎」，省變爲「仁」。仁字造文從心從身，身亦聲，會意兼形聲。這種構形的語義，當是心中想著人的身體（身、人義類相屬，古音同在眞部）。可見仁字造文語義，與愛字造文語義，實屬同源。仁字與愛字義近，恰如孔子所說的「愛人」爲」仁「之說。仁字初義是心思愛惜人的身體，就是要時刻想著愛惜人的生命，由此也就生發成仁愛的觀念。孔子說仁，就是從愛惜人的性命這一角度立論的。〔註 58〕自郭店楚簡出土以來，圍繞著「𢝊」爲「仁」之本字或原初儒家的義理內核展開探討的學者還包括梁濤〔註 59〕與王中江〔註 60〕，他們側重從儒家學說的某一個側面或後期的思想發展來回溯「𢝊」所具有的「統攝」意義。

廖名春認爲，「仁」指代的是對人的愛，而非對物的愛，從人乃必然。從「身」與從「人」雖然通用，但「身」指的是對己身，「人」則是對他人而言。「仁」主要是指對他人的愛，而不是對己身的愛，因此，從人當爲字之本，從身爲後來的通用。《孟子‧告子上》：「仁，人心也。」這既是義訓，也是形訓，因此，「𢝊」應不是「仁」的本字。「仁」的本字當作「**𢖻**」，從人從心，後來「人」與「身」通用，就寫作了「𢝊」；「身」形訛變爲「千」，就寫作了「**忎**」；「**𢖻**」亦可寫作「伈」，將上下結構變成左右結構，而「伈」

〔註 58〕劉翔著《中國傳統價值觀詮釋學》，上海：三聯書店 1996 年版，第 157～159 頁。

〔註 59〕梁濤：《郭店竹簡「𢝊」字與孔子仁學》，載《哲學研究》，2005 年第 5 期。

〔註 60〕王中江：《「身心合一」之「仁」與儒家德性倫理——郭店竹簡「𢝊」字及儒家仁愛的構成》，載《中國哲學史》2006 年第 1 期。

從人未變，而所從之「心」卻簡省爲「＝」，則變成了從人從＝。許愼《說文》將簡省符號「＝」誤釋成「二」，於是從人從＝就變成了從人從二，「㐰」就變成了「仁」。〔註 61〕

而後張豔勤根據金人韓道昭撰《五音集韻・眞韻》載有：「忎，親也，仁愛也」，繼而認爲「忎」乃「仁」之異體字，甚至本字，其類比依據是「忈」、「恁」、「㥛」、「㥯」等字皆從心且上下結構。「仁」字右半邊是「心」的省文而不是「二」，「忎」字上半部分的「二」，實是省文符號「＝」，它代表的是「人」，由此，仁的本字由「人」和「心」組成，即「㥛」（不同於「㐰」）。〔註 62〕

綜合來說，郭店楚簡的出土爲彰顯「從心」之「仁」的地位與意義提供了令人驚喜的契機，在某種程度上，爲我們理解儒家思想的核心觀念在早期的發展提供了新線索、新基點。從眾多的「從心」類「仁」的討論中，除了釋「仁」爲「忍」進而以「忍」爲「仁」初文在現在看來較爲不受支持外，以「身、千、人」爲一個類集合構成了「從心」之「仁」本字探尋的共同指向。而本文傾向於認爲「身、千、人」實際爲同一個字在不同時空、不同人物，甚至同一個人物書寫之時的繁簡略省之別，如下同爲郭店楚簡「仁」字之不同寫法：

郭店楚簡中「仁」的不同寫法〔註 63〕

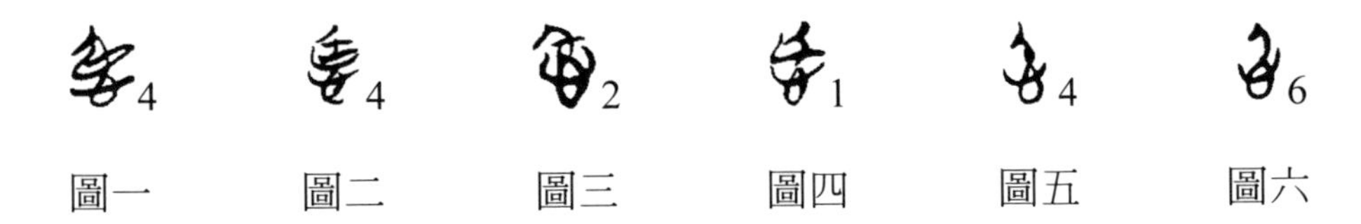

（圖示右下方的阿拉伯數字爲該字形在郭簡中出現的次數）

對於「從心」與「從人從二」兩大類別「仁」字初文的探討中，今人白奚認識到其中歧見紛呈的各類看法中的相互排斥性與茫然毫無頭緒之煩，因而採取了一條折中的妥協路線，他認爲，「仁」字「在先秦時期並不是只有

〔註 61〕廖名春：《「仁」字探原》，載《中國學術》2001 年第 4 期。

〔註 62〕張豔勤：《原仁》，載《孔子研究》2007 年第 2 期。

〔註 63〕張守中、張小滄等撰《郭店楚簡文字編》，北京：文物出版社 2000 年版，第 117～118 頁。

一條單一的演變線索，而是有著南北兩條線索。南方的「仁」字以郭店楚簡爲代表，寫作『𢖻』，有簡化作『忎』；北方的『仁』則以中山王鼎銘文的『𡰥』爲代表，並出現了《說文》古文『𡰥』的變形。……戰國時代有南北兩種構形的『仁』字在不同的地域並流傳，他們之間並不存在交叉的演變關係。秦統一之後通行的小篆『仁』字，以及相同寫法的大篆『仁』字，顯然是北方的『𡰥』一系，一直沿用至今，而南方的『𢖻』（『忎』）則於秦統一文字後被廢除。」〔註64〕白氏看到共時態中兩種不同類型的「仁」字流行是對的，但將兩種「仁」分地域流行而絕然沒有相互交叉與共存的看法則有失偏頗，在同屬於楚地、年代也大致相同的包山楚簡裏確實有白氏所認爲的北方一系的「仁」〔註65〕字，因此，所謂互不交叉的「兩條線索」說並不可靠。

那麼，劉翔認爲「𢖻」爲本字、廖名春認爲「忈（伈）」爲本字是否就是確實的呢？從本文上面所列郭店楚簡中同時存在「仁」的不同寫法中，實在很難判斷哪個是更早的初造之文，除非出現新的材料加以佐證，因此，我們傾向於認爲，「𢖻」、「忎」、「忈」只是一個字的不同寫法，在時間上存在交叉。而劉翔認爲，「𡰥」乃「𢖻」省「心」後的簡寫，並以「德」省「心」爲「徝」，「惠」省心爲「叀」，「忠」省心爲「中」爲例證與漢字的演變規律似不相符，以上去「心」三字在殷商甲骨文中能夠見到，而加「心」乃後起字，抽象之意的文字比較後出，恐怕爲文字起源和發展的規律，因此，劉的例證則反證了「𡰥」實際就是「仁」的本字了，它最初代表的可能就是一種具體的人的行爲。由於加「心」爲「仁」大量出現在後孔子時代，所以探討「仁」的初文便不能以郭店楚簡爲上限根據，以孔子及其孔子之前的話來推測「仁」的本字還是有必要的。而孔子在討論「仁」時，都無不以具體的行爲來展示其內涵：「孝悌也者，其爲仁之本與。」「弟子，入則孝，出則悌，謹而信，泛愛眾，而親仁。」「克己復禮爲仁。」「剛毅木訥近仁。」「君子篤親，則民興於仁。」「能行五者於天下爲仁矣……恭寬信敏惠。」在孔子看來，「仁」雖包全德，但是需要各種具體的德性行爲去展現的，首要的是「孝悌」，然後是「克己復禮」，而「剛毅木訥、恭寬信敏惠」則是各種具體

〔註64〕白奚：《「仁」字古文考辨》，載《中國哲學史》2000年第3期；《「仁」與「相人偶」——對「仁」字的構形及其原初意義的再考察》，載《哲學研究》2003年第7期。

〔註65〕張守中撰集《包山楚簡文字編》，北京：文物出版社1996年版，第133頁。

的美德。〔註 66〕在今天看來，「愛人」確實有較具普遍性的意義，所以樊遲問仁，子曰「愛人」則成了今人認爲的「仁」的初始之意的理據〔註 67〕。實際上，樊遲問「仁」共有三次，孔子的回答，一曰「愛人」；一曰「仁者先難而後獲」；一曰「居處恭，執事敬，與人忠；雖之夷狄，不可棄也。」「仁者」必有「愛」這是無疑的，然內在具有的普遍意義，並不意味著該字初造之時所具有的特指意義（具體的或抽象的），否則反儒而起的墨家就不必以其特有的「兼愛」對抗儒家的特有的「仁愛」，因此，「仁者之愛」必是特別之「愛」，這特別之「愛」才是「仁」初造的緣由，而這恐怕也是造字的普遍緣由吧。故，「仁」在孔子看來，或在前孔子時代，必定特有所指。我們可以進一步設想，以「愛人」詮釋「𢗜（忎）（[illegible]）（伈）」的系列「從心」會意字爲何沒有在《論語》百餘個仁字中留下絲毫的線索？「心」爲何在孔子眼中需要如此的隱晦，而不像孟子那樣直接說「仁，人心也」來徑直地道出「心」字？需要知道，會意字的字形是最可顯明地表達初造之字的內在意蘊的，而編撰集結《論語》的孔門徒子徒孫竟也沒有留下這個「從心」會意字的絲毫線索，可以想見孔子所用之「仁」應當無「心」。

因此，我們不能不說，孔子將「仁」與「孝」、「禮」結合，則道出了孔子及前孔子時代「仁」的秘密。從現在可以看到的兩種系統的「仁」來分析，「[illegible]（尸）」就應當是「仁」的本字。以殷商文化與山東的關係，孔子定然是知道夷（尸）人風俗在殷周之世的傳聞，而孔子也確實說過嚮往「夷（尸）風」，欲居九夷的話。同時，前文曾提到，「[illegible]（尸）」還有另一種解釋，即祭祀禮儀中的「立尸」制度。從字的先後使用所代表的意義上來看，夷族之風俗要較「立尸」之風爲先，這是不是說周代意義上的「[illegible]（尸）」就不足

〔註 66〕劉澤華通過分析《國語》、《左傳》等作品認爲「仁」的內涵主要包括以下內涵：遵禮爲仁、遵君命利公室爲仁、利國利眾保民爲仁、能讓過爲仁、殺無道之君立有道之君爲仁、愛人爲仁、德正直三者具備爲仁、守志不變爲仁、功利爲仁等九個方面，從中我們看到在春秋時期，「仁」主要還是體現爲某種善價值的行爲及其行爲方式。（劉澤華著《先秦政治思想史》，天津：南開大學出版社 1984 年版，第 115～118 頁。）同時，《詩經・鄭風・叔于田》云：「洵美且仁」、《詩經・齊風・盧令》曰：「其人美且仁」，這裏的「美與仁」我們贊同主要強調的是外貌英俊威武，有男子氣魄，並沒有所謂「內得於心」的德性之意（屈萬里《仁字涵義之史的觀察》，載（臺北）《民主評論》1954 年第 5 卷 23 期。）。

〔註 67〕比如廖名春認爲，「愛人」就是「仁」的本義。

以成爲「仁」的另一個來源呢？侯外廬說「周之道德，實皆因其制度而生。」〔註 68〕同時，根據侯氏的考證，「孝」觀念的眞正產生當是西周時期。因此，「仁」之源起也不盡然就是夷（尸）人所獨有，周之特有的「立尸」（「立尸」內含「孝」）制度當也應參與了「仁」（「孝乃仁之本」）的創造。據統計，《論語》中唯一次用到「尸」的情況是《鄉黨》篇：「寢不尸，居不客。」歷來訓家皆將此「尸」解爲「尸」之借字，意爲「屍體」，依據同篇中反覆使用的前後相似的句式如「食不語，寢不言」、「食不厭精，膾不厭細」「齋必變食，居必遷坐」等可以看出，該「尸」不能解釋爲「直躺著」的「屍體」〔註 69〕，應當是兩腿彎曲的「立尸」之俗的稱呼，因爲「立尸」即需要內心虔敬的心理狀態，亦需長時間兩腿屈蹲的禮儀形態，這就與見「客」或爲「客」時候一樣需要的禮儀制度相對稱了，若訓爲「尸」，「尸」、「客」則成對待而言，雖可通，卻與本篇多數例證不類，若「尸」、「客」爲同性質之語，則與全篇用詞之例既具有一致性，也可例證孔子確實將「尸」與某種有品德的行爲相聯繫，畢竟屬周之制的「立尸」，完全可以納入「孔子是以全盤西周（《詩》、《書》、禮、樂）爲觀念的根據」〔註 70〕的思想再造的範圍。

這樣，「仁」的原初之義，就很可能是糅合殷商之時的「夷（尸）風夷（尸）俗」與周代的「立尸」之制，而「=」符號則是後世出於修飾或區別其它文字而添加上去的。《論語》中多次出現「仁」與「佞」對待用法，五代宋初人徐鉉認爲「佞」是「信」的省文，從孔子認爲「恭寬信敏惠」爲「仁」之要素看，徐鍇云「從女仁聲」應當比較接近。〔註 71〕以定州漢墓竹簡《論語》與今本《論語》「仁」「佞」對應可確證至遲漢初時該二字就已經具有相關性。而孔子屢次「仁」與「佞」對待，則使我們看到「仁」已經具備了「=」的修飾符。但是，從根本意義上說，「尸」即是「人」的變體，所以「仁者，人也」之意也就是其最根本的文字載體，但需要知道的是此「人」非彼「人（仁）」，因爲，後者是一種「人文化成」的「人」，是一種脫離了自然狀態

〔註 68〕侯外廬著《中國古代社會史論》，石家莊：河北教育出版社 2003 年版，第 206 頁。

〔註 69〕將此句中的「尸」訓爲「屍」有如朱熹的《論語集注》，楊伯峻的《論語譯注》等。

〔註 70〕侯外廬等著《中國思想通史》（第一卷），北京：人民出版社 1957 年版，第 134 頁。

〔註 71〕參見趙紀彬著《論語新探》，北京：人民出版社 1976 年版，第 147～165 頁。

下的具有某種高尚品德與禮儀法度的「人」，即「仁」，因此「＝」修飾符實在不是可有可無的裝飾品，它的出現代表了獨立形態的「仁」字出現，而孔學在這個意義上也就是脫離僅爲直立「[illegible]」的自然狀態進入「屬人」範疇的眞正「人學」，此點爲論「仁」之源起的前賢所未嘗注意，實爲憾事。

那麼，以「心」爲構成要件的「仁」，爲何大量出現在「郭店楚簡」中呢？這種現象似乎說明，在那個時代，學術生態發生了轉變：「心態問題在當時受到了格外注意。」〔註72〕龐樸根據郭店楚簡中出現大量「心」旁構造的文字認爲，當時的人們開始思考心性問題與形而上問題，從而發展與區別了孔子的「仁」學思想。郭沫若曾說：「以文字言，某一字在何時始出現，或某一字在何時卻廢棄了，一字的字形演變在這四期中經過如何的過程，一字的社會背景和涵義的演變，如向這一方面去追求，不用說便可以豐富文字學或『小學『的內容。」〔註73〕「從心」之「仁」被創造出來，確實表明那個時代新的理論需求，而這就是「儒分爲八」後「子思之儒」的獨特創造：「身心一體」的德性倫理成爲此後「思孟學派」最重要的學術根底，直至成爲千年後宋儒文化再造的思想遺產。

第二節　孔子的「仁」學思想

仁是什麼？它的內涵該如何理解？通觀孔子的文獻，我們並沒有看到他對「仁」下過一個確定不移的定義。他本人不直接回答「仁」是什麼，而以什麼是「仁」，如何才合乎「仁」的方式教導學生，我們似乎也可以看到，在孔子看來任何一種好的、善的品格、行爲都可以被包含於「仁」之內，而成爲「仁」的一個構成部分。何爲「仁」？蔡元培說「仁」爲「統攝諸德，完成人格之名」〔註74〕「仁」在這裏是道德性「人」的狀態。梁啓超說「仁」在「智的方面所表現者爲同類意識，情的方面所表現者爲同情心。」〔註75〕胡適認爲「仁字不但是愛人，還有一個更廣的義。……仁即是做人的道理。『仁者人也』，只是說仁是理想的人道，做一個人，須要能盡人道。能盡人道，

〔註72〕龐樸：《「仁」字臆斷》，載《尋根》2001年第1期。

〔註73〕郭沫若著《中國古代社會研究》（外二種），石家莊：河北教育出版社2004年版，第467頁。

〔註74〕蔡元培著《中國倫理學史》，北京：商務印書館2004年版，第10頁。

〔註75〕梁啓超著《先秦政治思想史》，北京：東方出版社1996年版，第82頁。

即是仁。」〔註 76〕馮友蘭認爲「仁者，即人之性情之眞的及合禮的流露，而即本同情心以推己及人者也。……仁以同情心爲本，故愛人爲仁也。…孔子一貫之道爲忠恕，亦即謂孔子一貫之道爲仁也。……惟仁亦爲全德之名，故孔子常以之統攝諸德」〔註 77〕。侯外廬認爲孔子以抽象方法，將「仁」還原於心理要素，是較早指明「仁」的心理性特性，後李澤厚將這種觀點擴展爲「人性心理原則」，認爲「現實的倫理——心理模式，正是仁學思想和儒學文化的關鍵所在。」〔註 78〕張豈之主編的《中國思想史》寫到：「孔子把『仁』作爲儒學的基本範疇，探討人的價値。追求做一個完善的人，是孔子自始自終的理想。早期儒學也因此而可稱爲『人學』」〔註 79〕「仁學」即是「人學」既上接「仁」字之形的演化史，也爲多數學者所認同「仁學」的根本要義。

一、血緣之「仁」：「孝悌也者，其爲仁之本與」

侯外廬說：「卜辭裏沒有『孝』字，孝己這個名字只是書上出現過。周人卻德孝並稱，德是對天的，孝是對祖的」〔註 80〕。從殷商時期的天帝一元神崇拜到西周的天祖二元神崇拜，對先祖孝敬之情觀念的明確產生，「孝」被用於道德意識的新思想是無疑的。今人李裕民認爲甲文中有「孝」字，用作地名，爲孝鄙；〔註 81〕陳蘇鎭說：「『孝』字最早見於商代卜辭，僅一見，且用於地名。商代金文中又有以孝字做人名的一例。」〔註 82〕即使上述所考切實，被用於無道德意蘊的地名、人名指代的「孝」也不妨礙對祖之「孝」源自由二元宗教神派生的道德律的西周社會。

「孝」，西周晚期的姬鼎爲「[illegible]」，與《說文》收錄的「[illegible]」無大的變化，其釋爲「善事父母者。從老省，從子。子承老也。」「善事父母」就是子女

〔註 76〕蔡尚思主編《十家論孔》，上海：上海人民出版社 2006 年版，第 113 頁。

〔註 77〕馮友蘭著《中國哲學史》，上海：華東師範大學出版社 2000 年版，第 60～62 頁。

〔註 78〕李澤厚著《新版中國古代思想史論》，天津：天津社會科學出版社 2008 年版，第 22 頁。

〔註 79〕張豈之主編《中國思想史》，西安：西北大學出版社 1989 年版，第 25 頁。

〔註 80〕侯外廬著《中國古代社會史論》，石家莊：河北教育出版社 2003 年版，第 214 頁。

〔註 81〕李裕民《殷商金文中的「孝」和孔丘「孝道」的反動本質》，載《考古學報》1974 年第 2 期。

〔註 82〕陳蘇鎭：《商周時期孝觀念的起源、發展及其社會原因》，《中國哲學》（第十輯），北京：三聯書店 1983 年版。

有需養親、事親的行爲，更需有愛親、敬親內在心態。《詩經・小雅・蓼莪》曰：「無父何怙，無母何恃。出則銜恤，入則靡至。父兮生我，母兮鞠我。拊我畜我，長我育我。顧我復我，出入腹我。欲報之德，昊天罔極。」父母養育自己成長，人內心便會很自然地產生報恩的念頭，「欲報之德，昊天罔極」吳虞說：「孝字最初的意義，是屬於報恩。」〔註 83〕《論語》中載宰我問：「三年之喪，期已久矣。」孔子則說道：「予之不仁也！子生三年，然後免於父母之懷；三年之喪，通喪也。予也有三年之愛於其父母乎！」（《陽貨》）郭沫若考證，孔子說的「三年喪制」不屬於胡適所言的屬殷制，而是屬於周〔註 84〕的一種現象，這種現象的原因孔子解釋是，兒女生下來，三年以後才能完全脫離父母的懷抱，所以替父母守孝三年，是天下的通例。宰予認爲三年太久，不能從事他所認爲更重要的事情，對此，孔子只能批判他「不仁」，父母的喪是孝之最重要的，對「喪祭」缺乏足夠的崇敬，也就無法稱得上「仁」。在孔子看來，「孝悌也者，其爲仁之本與！」（一般的看法認爲此話合乎孔子之意。）

《尚書・周書・金縢》載：「予仁若考，能多才多藝，能事鬼神。乃元孫不若旦多才多藝，不能事鬼神。」這是《今文尚書》唯一的「仁」字，意思是說（周公）仁厚而孝順，多才多藝，善於侍奉鬼神，可以代武王去死。這裏的「予仁若考」，若當作而，考與老、孝皆通，「仁」與祀祖、孝親是相聯繫的，仁乃孝敬先祖的高尚品質，《國語・晉語》引晉獻公夫人驪姬的話直接說道：「爲仁者，愛親之謂仁。」〔註 85〕上節我們在探討「仁」的初文時，明確指出其源自殷周時期的某些特定的風俗與儀式，其中就有「行孝」的「立尸」之儀，而這根源上說，乃是宗法血緣爲紐帶的思想觀念的展現。

瞿同祖在分析封建制度形成時說：「殷代末年已經入於封建的醞釀及形成時期；但全部社會組織還不曾完全封建化，直到周滅殷，以政治的力量實行封建，封建成爲社會組織的中心，才入於完成。」〔註 86〕封建制度的完成

〔註 83〕吳虞：《説孝》，載曾振宇主編《儒家倫理思想研究》（20 世紀儒學研究大系），北京：中華書局 2003 年版，第 8 頁。

〔註 84〕郭沫若著《中國古代社會研究》（外二種），石家莊：河北教育出版社 2003 年版，第 336～339 頁。

〔註 85〕徐元誥撰、王樹民、沈長雲點校《國語集解》，北京：中華書局 2002 年版，第 264 頁。

〔註 86〕瞿同祖著《封建社會》，上海：上海人民出版社 2003 年版，第 22 頁。

有賴於政治力量的全面介入，而宗法血緣與封建制度的關係「我們可以說在最初，二者（宗法與封建——引者注）是同時產生的。宗法制度是用以維持封建制度的產物，封建制度必依賴宗法制度以維持其存在。」〔註87〕殷周之際社會變革的重要成果之一就是建立在宗法血緣根基上「大宗」與「小宗」區分的「祭祀」制度，雖然「祭祀的功用，完全在於尊祖敬宗，昭孝報恩。」〔註88〕的目的並沒有改變。以「孝」爲根本要義的祭祀所要完成的任務乃是政治合法性的確立與延續，隨著時代的推移與思想的發展，「孝」就逐漸脫離祭禮的儀式而爲獨立的觀念系統，到了孔子的眼中獨立性的「孝」觀念所關涉就是國家政治生活的根本保障了。孔子的弟子有若說：「其爲人也孝悌，而好犯上者，鮮矣；不好犯上，而好作亂者，未之有也。君子務本，本立而道生。孝悌也者，其爲仁之本與！」孝悌是維護宗法血緣關係的紐帶，以「孝悌」作爲「仁」的根本要素，也就指明「仁」德既有遠古之源，也是孔子意圖以「從周」的方式建構那個時代精神之根的努力：

> 孟懿子問孝。子曰：「無違。」樊遲御，子告之曰：「孟孫問孝於我，我對曰，無違。」樊遲曰：「何謂也？」子曰：「生，事之以禮。死，葬之以禮，祭之以禮。」（《爲政》）
>
> 子曰：「弟子入則孝，出則悌，謹而信，泛愛眾而親仁。行有餘力，則以學文。」（《學而》）
>
> 或謂孔子曰：「子奚不爲政？」子曰：「《書》云：『孝乎惟孝，友於兄弟，施於有政。是亦爲政，奚其爲爲政？」（《爲政》）
>
> 君子篤於親，則民興於仁。（《泰伯》）
>
> 子夏問孝。子曰：「色難。有事，弟子服其勞；有酒食，先生饌，曾是以爲孝乎？」（《爲政》）
>
> 子游問孝。子曰：「今之孝者，是謂能養。至於犬馬，皆能有養。不敬，何以別乎？」（《爲政》）
>
> ……

「孝」需要對父母長輩行贍養之行與祭禮之儀，從行動上表現僅僅只是一種表象的方式，在孔子看來只是滿足物質生活的需要，就如同「犬馬皆能有養」

〔註87〕瞿同祖著《封建社會》，上海：上海人民出版社 2003 年版，第 105 頁。
〔註88〕瞿同祖著《封建社會》，上海：上海人民出版社 2003 年版，第 114 頁。

一樣，並不能表達出眞正禮敬孝親之心，內在的心理情感才是行孝的最重要的因素。這是從行孝的方面說。以「孝悌」規定了「仁之本」，也就以建立了宗法血緣制度上的自然親情爲「仁」的根本點逐層擴展結構：以「孝悌」爲支撐的宗法家庭構成了整個傳統社會的基石。

「仁」建立在宗法血緣關係的基礎上，以「孝悌」的倫理關係爲根據，將「仁」綁縛在親情天性的現實性之中，先有「君子篤於親，」而後才有「民興於仁」。從「篤於親」到「興於民」體現了中國傳統儒家常用的「聯鎖推導法」〔註 89〕邏輯思路。就孔子而言，這個思路應當還推導至「爲政」的層面，將「孝悌」之情推廣而影響政治，從更根本上說，推廣「孝悌」本身就可以說是一種「爲政」的方式。孔子說，作爲一個後生小輩，在父母面前，需孝順父母；離開自己房子，就要敬愛兄長；寡言少語，但說話時得誠實可信；應當博愛大眾，親近有仁德的人。在宗法血緣關係之中，孔子站在現實主義的立場，以「差等」的「博愛」爲春秋新道德的「仁」提供一個事實性的根據。侯外廬說，「古典的古代」是從家族到私產再到國家，國家替代了家庭；「亞細亞的古代」是由家族到國家，國家混合在家族裏面，前者是新陳代謝，後者是維新的路線。〔註 90〕宗法血緣制度同國家的組織形式相結合，血緣的紐帶因此構成了國家結構的重要支配力量，孔子以「孝」作爲「仁」之本，正是這種維新路線的產物。

今人李澤厚說：「『孝』、『悌』通過血緣從縱橫兩個方面把氏族關係和等級制度構造起來。……孔子把『孝』、『悌』作爲『仁』的基礎，把『親親尊尊』作爲『仁』的標準，維護氏族父家長傳統的等級制度，反對『政』『刑』從『禮』『德』中分化出來，都是在思想上縮影式地反映了這以古老的歷史事實。」〔註 91〕面對當時氏族制度、親情血緣關係正在日益崩潰的歷史時期，以宗法血緣爲基礎的「仁」在孔子的著力倡導之下，成爲鞏固華夏民族內在凝聚性的重要精神遺產，這當也是一個歷史事實。

二、禮儀之「仁」：「克己復禮爲仁」

郭沫若認爲：「禮是後來的字，在金文裏面我們偶而看見有用豊字的，

〔註 89〕溫公頤著《中國近古邏輯史》，上海：上海人民出版社 1993 年版，第 33 頁。
〔註 90〕侯外廬等著《中國思想通史》（第一卷），北京：人民出版社 1957 年版，第 11 頁。
〔註 91〕李澤厚著《新編中國古代思想史論》，天津：天津社會科學院出版社 2008 年版，第 19 頁。

從字的結構上說，是在一個器皿裏面盛兩串玉具以奉事於神，《盤庚篇》裏面說的『具乃貝玉』，就是這個意思。大概禮之起於神，故其字後來從示，其後擴展而爲吉、凶、軍、賓、嘉的各種儀制。這都是時代進展的成果。愈往後走，禮制便愈見浩繁，這是人文進化的必然趨勢，不是一個人的力量可以把它呼喚起來，也不是一個人的力量把它叱吒得回去的。」〔註 92〕郭氏的這段話扼要地指出「禮」字形、字義及內容變遷的簡要規律。在孔子之前，周公曾以「制禮作樂」的功德哺育宗周的禮樂文明，幾百年間社會發生了巨大的變化，到孔子的時代，「禮壞樂崩」大抵已是到了極致的階段：「是可忍也，孰不可忍也？」孔子的憤怒源自「天下無道」的社會現實：「天下有道，則禮樂征伐字天子出；天下無道，則禮樂征伐自諸侯出。自諸侯出，蓋十世希不失矣；自大夫出，五世希不失矣；陪臣執國命，三世希不失矣。天下有道，則政不在大夫。天下有道，則庶人不議。」（《季氏》）天子、諸侯、大夫、陪臣全都亂了套，沒有秩序可言。作爲維護社會秩序的規範與制度的主要手段——「禮」，在變化了的時代背景下對其的「損益」就成了孔子孜孜以求的夢想。

孔子對周禮充滿著讚賞與嚮往：「周之德，其可謂至德也已矣。」（《泰伯》）周代的德禮文明是如此的崇高，甚至連做夢都想著：「甚矣吾衰也！久矣吾不復夢周公！」（《述而》）周代的禮是歷代經過「損益」而陳因相襲：「殷因與夏禮，所損益可知也；周因於殷禮，所損益可知也。其或繼周者，雖百世，可知也。」（《爲政》）故而，孔子說：「周監於二代，郁郁乎文哉！吾從周。」（《八佾》）「吾從周」顯示孔子決心恢復周禮的想法，而孔子對周禮確也是有瞭解和研究的：「夏禮，吾能言之，杞不足徵也；殷禮，吾能言之，宋不足徵也。文獻不足故也。足，則吾能征之矣。」（《八佾》）他很自信對周禮的瞭解乃至崇拜，是超越了很多前人和時人的。

孔子生活在備受周禮薰陶的魯國，因此他對周禮能夠融會貫通，以傳禮作爲一個儒者的主要活動，將「禮不下庶人」的舊制更新而進入社會各階層。其時正是周禮被破壞，社會秩序混亂與顛倒的時代：

> 世衰道微，邪說暴行有作，臣弒其君者有之，子弒其父者有之。孔子懼，作《春秋》。《春秋》天子之事也。是故孔子曰：「知我者其

〔註 92〕郭沫若著《中國古代社會研究》（外二種），石家莊：河北教育出版社 2003 年版，第 551 頁。

惟《春秋》乎！罪我者其惟《春秋》乎！」（《孟子·滕文公下》）

孔子認為若要制止各種「邪說暴行」，就必須恢復周禮的權威與周代的社會秩序，肯定宗法血緣的等級制度，因此孔子作《春秋》旨在撥亂反正。同時，他提出「正名」的思想以挽救正在日益崩潰的現實社會秩序：「名不正則言不順，言不順則事不成，事不成則禮樂不興，禮樂不興則刑罰不中，刑罰不中則民無所措手足。」（《子路》）只有通過正名，才能引向周禮的復興，才能正確恰當地行使刑罰，從而制止「暴行邪說」的產生與流行。

孔子以正名的方式求得恢復周代宗法等級制度，但他並不是照抄周禮，而是進行一番改造和補充的「損益」工作。作為周禮的沿襲繼承，以外部行為程序化的「儀」或者「儀禮」，即周禮的制度形式的承襲是必要的內容。「不學禮，無以立」（《季氏》）不學習禮儀，便沒有立足於社會的依據，孔子曾如此告誡他的兒子伯魚；「君子博學於文，約之以禮，亦可弗畔矣夫！」（《雍也》）以禮節作為行為約束的範則，才不會離經叛道；「恭而無禮則勞，慎而無禮則葸；勇而無禮則亂；直而無禮則絞。」（《泰伯》）在行為中合乎禮儀就能夠避免各種不良的生活態度、行事方式的出現，因此，就需要做到「非禮勿視，非禮勿聽，非禮勿言，非禮勿動。」（《顏淵》）「非禮」指的都是那些不合乎「禮儀」要求的行為，比如「八佾舞於庭」。但是，作為規範的「儀則」強調的是處理人際之間現實關係的程序，而程序的操作者是具有內在心理活動與意識變化的理性存在，因此，作為程序化的「儀禮」常常表現出局限性，「能以禮讓為國乎？何有？不能以禮讓為國，如禮何？」（《里仁》）根據孔子的看法，國家的禮儀必須有「以禮讓為國」的本質，它的內容和形式應當是統一的。捨棄儀節的內在規定，只拘守其形式，於國於民是沒有什麼作用的。對此，孔子將存在著教條化傾向的周禮引入了一個重要的內在「禮義」，即禮的精神實質：仁。「居上不寬，為禮不敬，臨喪不哀，吾何以觀之哉？」「林放問禮之本。子曰：『大哉問！禮，與其奢也，寧簡；喪，與其易也，寧戚。』」（《八佾》）「敬」、「哀」、「戚」無疑都是「禮之本」，也就是以從事禮活動中的心理狀態作為其中的根本要素，因此，孔子曰：「禮云禮云，玉帛云乎哉？樂云樂云，鐘鼓云乎哉？」（《陽貨》），為禮的本質不在於「玉帛」、「鐘鼓」這些形式的方面，而在於遵禮之人的心理因素。應當說，孔子對周禮「損益」的最大功績就在於為禮注入了精神生命的內涵，從而達到了「禮儀」與「禮義」的統一，為中華禮儀文明的持續傳承奠定了堅實的端的。

孔子思想中「禮」與「仁」的關係歷來爭訟不斷，但都不離下面兩句話：

「人而不仁，如禮何？人而不仁，如樂何？」(《八佾》)

「克己復禮爲仁。一日克己復禮，天下歸仁焉。爲仁由己，而由人乎哉？」(《顏淵》)

如果人不具備仁的觀念和品質，就不能貫徹禮樂，沒有仁作爲精神支柱，禮樂的存在和流行恐怕也只是沒有靈魂的空殼而已。而克己復禮爲仁，則說明仁屬於德性修養範疇，「克己」亦即「爲仁由己」，以主觀的努力克服不合禮的行爲，做到視、聽、言、動皆合乎禮，其本身就體現仁，因此，仁與禮融合一體。侯外廬認爲，「仁」在道德律方面具備國民屬性；而在具體的制度方面，「仁」又是「君子」的屬性。「在前者，孔子以抽象方法，把『仁』還原於心理要素；在後者，孔子以歷史的條件，又把『仁』扣在傳統制度上。」〔註 93〕我們完全可以設想，當初孔子爲何突出強調「仁」，很可能有這兩個方面的緣由：首先是因爲社會的變動導致「禮」的不適應性；其次是因爲「仁」所具有的內在心理特性傾向，進而被孔子所發現與倡導，畢竟「仁」沒有「禮」那樣強大而久遠的歷史負擔，容易成爲思想創發的契機。修復與重建「禮壞樂崩」的春秋亂世，孔子夢寐以求的理想秩序就是「周監於二代」的「周禮」，可是要如何才能使世人自願、自覺地去恪守理想社會所應具有的禮儀制度？換言之，當如何讓世人認識到秩序因何而來，秩序對現世社會的價值與意義以及如何有效地遵從這種理想秩序，孔子就此以「一般人類的心理要素」闡發「仁」，又將「仁」範疇扣在「克己復禮」的實際行爲之中，爲「禮」注入新的因素、新的血液。如果說，「禮」是孔子思想繼承性的最大表徵，那麼，「仁」則是其思想創造的最顯明例證。援「仁」入「禮」，對於孔子來說，就是將「仁」的精神實質注入「禮」之中，即「把『禮』的基礎直接訴之於心理依靠。這樣，既把整套『禮』的血緣實質規定爲『孝悌』，又把『孝悌』建築在日常親子之愛上，這就把『禮』以及『儀』從外在的規範約束解說成人心的內在要求，把原來的僵硬的強制規定，提升爲生活的自覺理念，把一種宗教性神秘性的東西變成而爲人情日用之常，從而使倫理規範與心理欲求

〔註 93〕侯外廬等著《中國思想通史》(第一卷)，北京：人民出版社 1957 年版，第 156 頁。

融爲一體。『禮』由於取得這種心理學的內在依據而人性化」。〔註 94〕李澤厚發展了侯外廬的看法，對孔子援「仁」入「禮」的意圖的解釋頗爲全面精到。

雖然學術界對孔子的「仁」「禮」關係論辨不斷，事實上，孔子的思想體系存在著二位一體的結構，一方面，作爲心理要素的仁是作爲禮在政治與道德上的諸範疇的附著；另一方面，作爲程序規範的形式要素的禮以仁的心理因子爲突出根基。孔子以「仁禮合一」的方式，將「活的」注入「死的」之中，致使「死的」逐漸「復活」，在「損益」中恢復生機。而這又關涉到「仁」的普遍性意義：「泛愛眾」。

三、泛愛之「仁」：「仁者，愛人」

孔子主張「愛人」爲「仁」，我們認爲可以從兩個方面來理解：愛何人？如何愛？

孔子的學生樊遲問仁，他回答說：「愛人」。（《顏淵》）孔子認爲，「仁」就是要「愛人」，那愛的是什麼？近現代以來，有些學者聲稱孔子主張的是愛所有的人，因此，這裏具備了「人的發現」。每一個人要把自己當成人，也應該把他人當作人；更或是應先將他人當作人，而後自己才能夠成爲人。金春峰認爲，在孔子「仁者，愛人」的定義中，人只是人，並不是作爲人的身份、地位與等級名分的附屬物，故此，一切人都包括在愛人的外延之中。「在奴隸社會中，奴隸不被承認爲人，孔子仁的思想則無一例外地承認凡人皆是人。在『愛人』的定義中，愛亦是有主體發出和施於對象的純粹的感情和行動。它不包含功利的目的與特定物質條件或精神條件，也不包含程度的差別，它只是一種感情的實現。所以愛人是人的發現與尊重，是主體在愛人中自己被提升和肯定，因而做到了仁，也就意味著完成與實現自己。所以仁體現者遠古氏族遺留的原始互愛的人道精神。」〔註 95〕

從階級論的觀點出發，趙紀彬在《釋人民》一文中翔實地考釋了《論語》中「人」與「民」，認爲這是春秋時期不可混同的兩個階級，在生產關係中剝削與被剝削的關係，在政治領域有統治與被統治的區別，相對應的，在物

〔註 94〕李澤厚著《新編中國古代思想史論》，天津：天津社會科學院出版社 2008 年版，第 21 頁。

〔註 95〕中國孔子基金會，新加坡東亞哲學研究所編《儒學國際學術討論會論文集》上，濟南：齊魯書社 1989 年版，第 397～398 頁。

質生活與精神生活中的內容與形式是互不相同的。〔註 96〕因此，孔子所謂的愛人，從字面上看雖是泛指，實際卻非指抽象的人，而是指在奴隸社會中處於階級關係中的人，例如君臣、父子、朋友等等。「孔子在這裏並不是說，他願意做貴族，因此推己及人，願意奴隸或庶人也成爲貴族；他不願意做奴隸或庶人，因此能近取譬，也不願意奴隸或庶人老是做奴隸和庶人。恰恰相反，孔子在這裏是要肯定世卿世祿的宗法關係，而通過忠恕之道來教育人、啓發人自覺地遵守這些關係。」〔註 97〕「君使臣以禮，臣事君以忠。」（《八佾》）孔子認爲，國君希望臣子對他盡忠，就應該推己及人，自覺地「使臣以禮」；如果國君對臣子以禮相待，臣子就應當「事君以忠」。這就是孔子所謂的「己欲立而立人，己欲達而達人」的「忠恕之道」的在階級關係上的具體內容。

從對象值不值得愛的方面看，孔子雖然講過「泛愛眾而親仁」（《學而》），也是子貢所言「博施於民而能濟眾」（《雍也》），但孔子認爲這是堯舜都做不到的。「唯仁者能好人，能惡人」（《里仁》），「仁者」並非是普遍地愛所有的人，有所「愛」，也應有所「惡」。所謂「害群之馬」就應當是爲「仁者」所「惡」，懲治「害群之馬」正是「仁者，愛人」的表現。可見，孔子所謂「愛人」，並不是愛一切人。對於「人」中的「小人」，他是惡而不愛的。「君子而不仁者有矣，未有小人而仁者也。」（《憲問》）什麼人才能具備仁的品德，什麼人是不可能有仁的品德，孔子的區別是清楚的。在「仁」這種全德之名的倫理道德面前，並非人人平等、「普遍的人類之愛」，「仁」似乎是專屬於「君子」的。所以，孔子所謂的「愛人」，實際是有差等的愛，這與墨子「愛無差等」的「兼愛」是完全不同的。

但是不是說，孔子「愛人」之「仁」就完全不存在著普遍性的要素呢？侯外廬已經指出過，孔子的「仁」學最爲重要的一個內在規定性就是「一般人類的心理要素」，「仁」的這種「道德律從氏族貴族的專有形式拉下來，安置在一般人類的心理的要素裏」，也就是說，即使「仁者」之「愛」在現實表現中體現了某種特定的界限、範圍，其本身也不妨礙以「愛」釋「仁」具有衝破種種限界的可能與趨勢，甚至對於孔子「所說『愛人』包含了對勞動

〔註 96〕趙紀彬著《論語新探》，北京：人民出版社 1976 年版，第 7～19 頁。

〔註 97〕北京大學哲學系中國哲學教研室編寫《中國哲學史》，北京：北京大學出版社 2003 年二版，第 24 頁。

者要寬，即施行惠民政策，把勞動者當人看待，是順應奴隸解放的趨勢的」〔註98〕理解，我們也可以清楚的看出，新道德的「仁」在孔子思想中的雙重性特性：特殊性與普遍性的內在張力。

作爲一個「仁者」當如何「愛人」？孔子指出「爲仁由己」而不由人作爲主體自覺的行動，乃是「仁」首要的特點。「愛人」需要依靠的是內心的自覺性與主動性，也只有依靠內心的主體力量，所「愛」才是具有眞正價值的，「今之孝者，是謂能養。至於犬馬，皆能有養；不敬，何以別乎？」（《爲政》）一個「敬」字，突出「愛父母」的自覺、主動，乃發自內心的眞誠所致。「仁遠乎哉，我欲仁，斯仁至矣。」（《述而》）「仁」離開我們並不遠，「有能一日用其力於仁矣乎？我未見力不足者。」（《里仁》），實行仁依靠的是個體的決定和努力，對於每個人來說，是完全可以做到的。「爲仁由己」作爲一種德性修養的出發，體現主體自律的特點，強調內心的反省，而否定外在的強制，乃是積極主動的生命精神的展現。

然「泛愛眾而親仁」，需要「推己及人」，才能將「愛」展露開去、付諸於他人。這一方面以宗法血緣的特有社會結構爲「泛愛」的背景，另一方面則以「忠恕之道」爲「推愛」的方式。具體來說，所謂「愛人」的出發點，乃是血緣關係中的「親親之愛」，依據血緣關係的遠近親疏而有隆殺的差異，血緣關係越是親近的，「親親之愛」就越多；相反，則越少，直到「五世以外」，才「無親而不愛」，與一般陌生人無異。一般來說，社會關係要比自然關係親，因而對自然的愛是少的，而中土也顯然要比夷狄親，所以孔子才說：「夷狄之有君，不如諸夏之亡也。」（《八佾》）顯然，這一定程度上反映了地緣觀念上宗法血緣的親近遠疏。血緣關係固然是「推己及人」的原點，「忠恕之道」卻再一次體現了孔子「仁愛」思想的雙重性：

夫仁者，己欲立而立人，己欲達而達人。（《雍也》）

子貢問曰：「有一言而可以終身行之者乎？」子曰：「其恕乎！己所不欲，勿施與人。」（《衛靈公》）

前者是以積極方面立說，以自己的「欲立」、「欲達」，推想到他人的「欲立」、「欲達」，進而努力促進他人也一同實現「欲立」、「欲達」的目標；後者以消極方面立說，從自己的「不欲」，推想他人的「不欲」，因而，須盡力克服

〔註98〕任繼愈主編《中國哲學發展史》（先秦卷），北京：人民出版社1993年版，第184頁。

自己強加於他人身上的「不欲」。將這兩者合起來說，就是「忠恕之道」，在曾子看來，就是「夫子」所謂的「一以貫之」的「道」。

依孔子的看法，對自己內心的精神狀態需「修己以敬」，在自己修養時須充滿嚴肅、敬畏之情以達至「正己」，然後以「己」爲出發點，層層推進，由「愛己」推至「愛親」，再推到「老吾老」、「幼吾幼」；然後突破血緣關係的界限，由「愛親」推至「愛人」，做到「修己以安人」和「修己以安百姓」。「忠恕之道」以「推己及人」的方式，從切己之意願出發，將內外、人己溝通，由親親而仁民，最終達至理想的社會圖景。馮友蘭說「仁以同情心爲本，故愛人爲仁」，「推己及人」的「仁愛」方式，恰恰就以同情心爲人性認同的前提，以「人同此心，心同此理」爲假設根據，在某種程度上，也是對他人人格尊重爲前提的。

在此，孔子固然爲「愛人」的實現設計了一個美好的圖景與實施的方案。然這些理想規劃卻蘊涵著諸多的內在矛盾性。「血親之愛」與「忠恕之道」是第一層的矛盾。以個體或家庭爲「原子」中心的血緣關係，隨著親疏遠近的不同，愛的程度必然不同，因爲「愛」無法平等的給予個體所周遭的所有人，「推己及人」之愛必然缺乏足夠的動力與有效性，因此「父爲子隱、子爲父隱」(《子路》) 就爲傳統道德的雙重設計埋下了伏筆。進一步說，「愛人」是以人格某種程度的平等爲依託的，但「忠恕之道」卻潛在著將個體的道德精神強化給「推愛」對象，消極方面說「己所不欲，勿施於人」似乎具有相當的適應性，但當「己所不欲」與「人之所欲」發生衝突時，「忠恕」行「仁」就有可能導向人際關係的緊張與衝突。因此「忠恕之道」的積極方面潛藏著對消極方面的對立因素，「推己及人」也就不具備普遍有效性。

張豈之主編的《中國儒學思想史》明確指出，作爲「人學」的儒學在多個方面具有雙重性，是一個充滿矛盾的思想體系。其中，最爲重要的就是「復禮」與「愛人」的矛盾。「復禮」體現了孔子思想上的繼承性、政治上的保守性；而他又主張仁者「愛人」，在思想上提倡新道德，在政治上體現進步的要求。新道德的「仁」以人格相互尊重爲前提，擴大了道德承受者的範圍，在政治統治的對象上有所讓步，這些都在客觀上起著破壞奴隸制度的作用。我們認爲，這種分析是正確而精到的。孔子「仁」與「禮」的矛盾，在現實社會基礎上說，是社會新舊交替時代在思想上的反映，而在思想本身來說，「仁」「禮」矛盾的直接遺產就是孔子後學：思孟學派與荀子學派在思想學說上分歧，而他們的分歧又注入了新的因素，體現新的特點。

第三節　「仁」的分化：思孟與荀子

孔子的仁學思想以宗法血緣爲出發點，將孝悌規定爲「仁」的第一要義，進而推廣至具備普遍化傾向的「愛人」，然綜其理想信念，也都沒有離開政治倫理的現實目標。雖然孔子以「禮下庶人」的方式，融入「一般人類的心理要素」的新觀念「仁」，但卻沒有明確揭示出「人心」主導下的道德建構的必然趨向：從外在行爲模式的規範轉到人類心靈世界的探求，並以此確立爲一種世界觀與形而上學的根本點，由此而進入主體性的道德論，「心性」仁學開始出現於思孟學派時期，則是對孔子仁學思想的發展。

一、思孟〔註99〕：以「心性」奠定「仁」

心性是中國思想史上的重要觀念範式。性，本義是生。阮元曰：「性字本從心從生，先有生字，商周古人造此字，已諧聲，聲亦意也。」〔註100〕《說文》曰性字「從心生聲」。孔子雖未「心」「性」並稱，但郭店楚簡中卻多次對舉，其《性自命出》篇云：「凡人雖有性，心亡奠志」、「雖有性心弗取不出」、「哀、樂，其性相近也，是故其心不遠。」〔註101〕，其後孟子說：「盡其心者，知其性也」（《盡心上》），從這裏我們可以看出，「心」與「性」是兩種不同層面的範疇，具有不同的功能。在前者而言，「性」乃「心」的根據與前提，「性」爲人的內在客觀本性，自然生成，而「心」則是後天涵養鍛造成就的；在後者，心卻是性的前提，「心性是體認者與被體認者的關係。」〔註102〕從思想淵源上看，孟子的心性學說乃是發展子思時代的性心學說而來，而成爲此後儒家心性學說的規範模式。

前文考釋「仁」之本字時，已指出在郭店楚簡中出現了大量「從身從心」

〔註99〕關於「思孟學派」及其代表作，學界有所爭論，本文不對此進行考證；在本節中，我們將把《中庸》、郭店楚簡的儒家著述、《孟子》作爲思孟學派的主要代表作加以論述。

〔註100〕阮元著《揅經室集》，北京：中華書局1993年版，第230頁。

〔註101〕荊門市博物館編《郭店楚墓竹簡·性自命出》，北京：文物出版社1998年版，第179～180頁。

〔註102〕張立文著《中國哲學範疇發展史·人道篇》，北京：中國人民出版社1995年版，第100頁。

的「㤅（仁）」字，在孔子時代內含於「仁」中的「一般人類的心理要素」，而郭店楚簡的抄寫時代，「心理要素」已經轉而變爲明確的「心性」表徵，「一個新字㤅，也就表明他們對於仁的理解，已從求諸野的階段，進入到心性論的時期。」〔註 103〕龐樸以「仁」之本字爲「夷風夷俗」的「尸」爲出發點，認爲此其的儒家學術開始從「求諸野」到「心性論」的轉變。在子思時代，儒家思想學術的風格旨趣開始轉變，大抵是學界多數人的共識，然就「仁」思想而言，卻有著更豐富的轉變根基：「立尸」之俗的內在心性特點蘊涵著心境的共通性，畢竟孔子言「仁」以「孝爲本」、以「心理化」爲道德主體的內在統攝要素，如郭店楚簡中所言「喪，㤅也」（《語叢三》）、「喪，㤅之端也」（《語叢一》）。因此，「求諸野」就並非就是「仁」觀念轉變前的唯一特徵，亦或說，「仁」觀念的「心性」化轉變有著其自身的內在邏輯必然性。

郭店楚簡《性自命出》篇認爲情出於性，性自命出，命自天降；道始於情，終於義，道兼情義。喜怒哀悲之氣，性也；好惡，性也。「篤，㤅之方也，㤅，性之方也，性或生之；愛類七，惟性愛爲近㤅」（《性自命出》）。人之情來自性之流淌，而性命皆出於可以名之爲「天」的這個外在於人（無論是精神的還是物質的）的力量，這顯然不同於夫子對「性與天道，不可得而聞」的情境，形而上的思維方法在此處被明確地展示出來。何爲「性」？喜怒哀悲之氣也，即人的本性稟賦，它藏於人的內心，靠外物的激發而顯露，而「㤅」則是作爲實現「性」、體現「性」的手段；同時，發自喜怒哀悲之氣的愛，就接近於㤅了，而「篤」又是實現「㤅」的途徑。以此看來，㤅乃是源自「性」的潛在性，如何實現㤅，就需要把握「性」與「愛」及其與「篤」（這裏的「篤」即是《中庸》所言的「誠」。）的關係。出於性之本身的愛爲㤅，我們明顯地看出它概括與發展了孔子所認爲的源自血親之愛爲仁看法，郭店楚簡殘篇中說「喪，㤅之端也」，喪親之情當是合乎性，但對於㤅而言還之發端；對於孝來說，「孝，㤅之冕也……愛親忘賢，㤅而未義也。尊賢遺親，義而未㤅也。」（《唐虞之道》）此處之㤅似乎地位上陞爲最高，實則是將㤅由內而外皆表現爲「性心」之論而突顯「身心一體」方可稱之爲「㤅」

〔註 103〕龐樸：《天人三式——郭店楚簡所見天人關係試說》，武漢大學中國文化研究院編《郭店楚簡國際學術研討會論文集》武漢：湖北人民出版社 2000 年版，第 40 頁。

的時代需求，所以「愛父，其攸愛人，㤜也」(《五行》)。

「身心一體」之「㤜」以文字而言，最可切近「心性」論「仁」的意味。丁四新認爲，人性是由心之性與身之性構成，心之性好仁義，耳目口鼻手足之性則好聲色嗅味；心統身即心之性統身之性，闡發開來就是以理統欲，或是以理心統性情慾。這也就說，出於人本性之愛，乃是合乎心之所好，即精神活動的道德傾向性，因此才能夠使得這個最重要的愛接近於「㤜」(「㤜」是直接來自於「性」的)。劉翔認爲，「㤜」乃是「心思愛惜人的身體，要時刻想著愛惜人的生命。」〔註104〕愛惜生命是人的「本性」，人皆愛自己的生命也愛著他人的生命，這不就是合乎「性愛近㤜」了嗎？白奚說：「從『心』表明該字與思考或情感有關，從『身』表明此種思考活動的對象是人的身體，也就是以人本身爲思考對象。……心中思人（廣義的、抽象的人），將他人放在心上，應該就是『愛人』和『同類意識』這一仁字的本義。」〔註105〕「身心一體」對中國的古人而言絕不是歐人笛卡爾以認識論爲視角所論的「身心統一」，而是以道德的、倫理的場域賦予它以隱喻學的特徵：這不是作爲認知主體的「心」與認知對象的「身」統一，而是情感類型的「心」想著自己的物理之「身」，進而想著他人的「身」與「心」，即是梁啓超所言「情的方面所表現者爲同情心。」〔註106〕因此，廖名春認爲，愛人就是心中有他人，有百姓，想百姓之所想，急百姓之所急。〔註107〕只有如此，才能「利天下而弗利也，㤜之至也。故昔賢㤜聖者如此。」「極㤜之至，利天下而弗利也。」(《唐虞之道》)

郭店楚簡之「㤜」，以其構形與會意的方式直接表達出對自己的身體、身心關係的充分關注；「身心一體」之「㤜」體現了當時儒家學者尤其注重「仁德」的內在根據與「心性」內在超越的需要。思孟學派的集大成者孟子即在此基礎上，推進了「仁」的進一步心性化與形而上化。

以「心性」奠基「仁」的孟子著重發展了孔子的內聖之學，把「仁」歸結爲「人心」就爲至高的道德命題「仁」尋找到了「人心」這個既具象又抽象的載體〔註108〕：

〔註104〕劉翔著《中國傳統價值觀詮釋學》，上海：三聯書店1996年版，第160頁。
〔註105〕白奚：《「仁」字考辨》，載《中國哲學史》2000年第3期。
〔註106〕梁啓超著《先秦政治思想史》，北京：東方出版社1996年版，第82頁。
〔註107〕廖名春：《「仁」字探原》，載《中國學術》2001年第4期。
〔註108〕周繼旨：《關於儒家道德理想主義的理論根據上的內在矛盾問題的若干思

仁，人心也；義，人路也。舍其路而弗由，放其心而不知求，哀哉！人有雞犬方，則知求之；有放心而不知求。學問之道無他，求其放心而已矣。」(《告子上》)

孟子認爲，成就學問之路並沒有更好的方法，也就是說「求仁」之路只是在對「人心」下工夫，把那失落的良心找回來而已，即「求其放心」。然「放心」所求又是因何而來？孟子說：

惻隱之心，人皆有之；羞惡之心，人皆有之；恭敬之心，人皆有之；是非之心，人皆有之。惻隱之心，仁也；羞惡之心，義也；恭敬之心，禮也；是非之心，智也。仁義禮智，非由外鑠我也，我固有之也，弗思耳矣。故曰，『求則得之，舍則失之』」。(《告子上》)

同情心、羞恥心、恭敬心與是非心，都是每個人具有的天生資質，這四個心又相對於「仁義禮智」四種道德理性，因此，在孟子看來，道德品性的生發根基就在於「人心」的本有，而非應有。同時，孟子說：

君子所性，仁義禮智根於心。(《盡心上》)

「仁義禮智」四種道德品性根植在人的內心之中，也就所謂人的「本性」。對於「性」的闡發，是在孟子與告子的駁難中引發的，告子以「生之謂性」爲出發點，得出「性無善無不善」(《告子上》) 的結論。雖然孟子也承認「君子所性」者也在於「命也」，乃天賦予人這個自然性的角度探討人性，但是，從孟子的邏輯來看，他是將人性的討論的重心，由人的自然屬性轉換爲人的社會屬性，以人之爲人的特有個性出發，探討人的本質問題，由此而引發了思想史的重要轉變。從社會屬性的角度立論，孟子以經驗的事實推導出人性先驗的善性：

「人皆有不忍人之心…….所以謂人皆有不忍人之心者，今人乍見孺子將入於井，皆有怵惕惻隱之心——非所以內交於孺子之父母也，非所以要譽於鄉黨朋友也，非惡其聲而然也。由是觀之，無惻隱之心，非人也；無羞惡之心，非人也；無辭讓之心，非人也；無是非之心，非人也。惻隱之心，仁之端也；羞惡之心，義之端也；辭讓之心，禮之端也；是非之心，智之端也。人之有是四端也，猶其有四體也。有是四端而自謂不能者，自賊者也；謂其君不能者，賊其君者也。凡有四端於我者，知皆擴而充之矣，若火之始然，泉

考》，載《國學研究》(第六卷)，北京：中華書局 1999 年版。

之始達。苟能充之，足以保四海，苟不充之，不足以事父母。」（《公孫丑上》）

孟子認爲人人都具有所謂的「不忍人之心」，這種「心」是不內含著功利的目的，實是人所天生具有的「善端」，這個「善端」在孟子看來表現在四個最基本的方面：「惻隱之心」、「羞惡之心」、「恭敬之心」與「是非之心」，而「惻隱之心」又是更根本的。這四個基本方面就構成了孟子天賦性善論的人性根源，即這「四心」與「四端」是完善人性、道德的良好發端，是善的萌芽，但是，人性與道德的完善還有待於後天的學習與努力、擴充和培養，這就需要人的主體能動性的作用與後天客觀環境的影響。但顯然，孟子選擇的主要落腳點還是在於先驗性道德根據的論證，因此，孟子又提出「良知良能」說，以「孩提之童」敬愛其親長的經驗事實爲例證云：「人之所不學而能者，其良能也。所不慮而知者，其良知也。孩提之童，無不知愛其親也。及其長也，無不知敬其兄也。親親，仁也；敬長，義也。」（《盡心上》）「親親」、「敬長」源自血親之愛，然孟子在此所要論證的是人人具有的普遍的善性，「故凡同類者，舉相似也」（《盡心上》），聖人是我們的同類，聖人性善，因此人人之性皆善。「良知」「良能」不學而來，也就是說良心本心是人所固有的，原本具有的心，內在於人，而不是外力強加的，而這之中，「不忍人之心」的「惻隱之心」，即表現爲「類的同情心」是最爲重要的。

「惻隱之心，仁之端也」，也就說超功利的同情心是「仁」的萌芽，亦或說它就是「仁」了，因此，孟子說：「仁，人心也」（《告子上》），作爲道德現象的「仁」，既根源於人的心理情感，其本身也是以「人心」爲構成要素；以「心」爲發端之處，也以「心」爲「一以貫之」的表現形式。孟子以「心」作爲「仁」的一種根源性與本質性，乃是以爲「心」是人的爲善之本，以及「操則存，舍則亡」的特性，因此，修心就是道德工夫的要義所在，所謂「心帥以正，身孰敢不正」也就與郭店楚簡時代所造之「㥤」的用意一脈相承了。

孟子「道性善」，認爲「四心」乃是仁義禮智之「端」，心性修養使其不丟失良心本心的根本途徑，就是要「存心」、「養心」以至於「盡心」，最終才能達至「知性」、「知天」這樣的最爲根本的形而上的把握。

由於外物的引誘與蒙蔽，「存心」，就是要保持住良心本心的善端，使其不丟失於外物的迷惑之中：

君子所以異於人者，以其存心也。君子以仁存心，以禮存心。(《離婁上》)

君子之所以爲君子的特殊所在，就是他們能夠「存心」，保存善良本心不丟失，沒有丟失良心本心之「端」，成就爲君子就有了可能的條件。存心是成就道德的可能性，其對象是「善端」，「善端」發芽與成長的過程則需要「養心」的工夫：

苟的其養，無物不長；苟失其養，無物不消。(《告子上》)

養心莫善於寡欲。其爲人也寡欲，雖有不存焉者，寡矣；其爲人也多欲，雖有存焉者，寡矣。(《盡心下》)

萬物的成長離不開養護，善心的成長亦需要保護，需要人自身有意識的將良心本心與外物的誘惑割裂開來，這就需要「寡欲」的工夫。良心本心之善端與成長過程中的喪失，完全就是由於外在物欲橫流的引誘，警惕與避免爲道德之心的流失，就需要以「寡欲」來抵制與抗拒，因爲外在的物欲乃是「非其義也，非其道也，祿之以天下，弗顧也。」(《萬章上》) 對物欲橫流的追逐，「非義」、「非道」，不合乎「仁義禮智」，因此，就不應該留戀與追求。

「養心」擴大來說，就需要「養氣」，修養、保護與擴充一種「至大至剛」的精神與心理狀態：

我善養吾浩然之氣。(《公孫丑上》)

其爲氣也，至大至剛，以直養而無害，則塞與天地之間。其爲氣也，配義與道，無是餒也。是集義所生者，非義襲而取之也。行有不慊於心，則餒也。(《公孫丑上》)

培養浩然之氣，是因爲這樣的「氣」合乎「義」與「道」，從更根本上說，是因爲這種行爲「不慊於心」，也就是「問心無愧」，因爲這樣的「氣」源自善良本心所爲，也爲善良本心的養護得到更多的支持與條件。

「養心」與「養氣」的目標指向，便是「知性」與「知天」，以求達到「天人合一」的境界，爲人的「善心」、「善性」找到形而上的根據、先驗的理論依託：

盡其心者，知其性也。知其性，則知天矣。存其心，養其性，所以其事天也。殃壽不貳，修身以俟之，所以立命也。(《盡心上》)

孟子所謂的「天」，有自然之天、主宰之天與命運知天的區分，就「盡心」「知性」「知天」「立命」的序列而言，這裏的「天」乃是「命運之天」義，也就是《中庸》所言的「天命之謂性」的「天命」。孟子以「天爵」之論將道德之義與天命之性相統一，天命也就不再是「求之有道，得之有命」的自然必然性與偶然性之論：

> 有天爵者，有人爵者；仁義忠信，樂善不倦，此天爵也；公卿大夫，此人爵也。古之人修其天爵，而人爵從之。(《告子上》)

孔子有所謂「性與天道，不可得而聞」的說法，在孟子看來，「仁義忠信」是「天爵」所具有，人需通過修習而獲得。本來孟子所謂「心之官則思」的「心」是一個物理器官，乃是自然性的範疇，但這個「心」又是「四端」的策動處，是屬於道德倫理的範疇。因此，「天」與「心」，雖然都具有所謂自然性、不可意識性的存在，但在孟子看來，自然與道德，天與人、天與心完全是統一的，「天命」也就成了道德情感、道德法則的最高根據，以「心」爲核心的仁道之學，以性善爲來源，在「天命之謂性」的流轉中，「天命」也就成就了「心性」之「仁」的根基。而孟子所謂「仁政」的政治關懷，其落腳點也在於「心性」之「仁」的生發與擴充，即在政治層面的擴大與落實而已，因此，「孟子學的核心及其最大的貢獻，則是落在挺立內聖之本這一點上。」〔註109〕

中國傳統的「天人合一」的思維模式在孟子學說中，是爲道德法則的立定尋求先驗主義的根基，但不可否認，由「天」而「人」，由「人」而「心」，這就爲宋明新儒學開啓道德理想主義建構模式的先聲：「天理」與「人心」之辨、道德本體與工夫踐履「統合」如何能夠在新的社會背景中，成爲時人的精神落腳點，其深遠的歷史淵源就是孟子「心性」與內聖方式之「仁」的闡釋模式。

二、荀子：以「禮法」成就「仁」

蔡仁厚說，儒家學問的綱領乃是「內聖」與「外王」，其中，「『內聖』爲本質，『外王』表功能」〔註110〕，內聖之學，是個體以成就聖賢道德爲目標，也就是孟子所希望的，人人通過道德實踐，完善自己的德行人格，以進入聖人的境界，成爲堯舜這樣的聖賢之人。然歷史的邏輯並不如孟子所願望的那樣，內在道德之完善者在學理上固然可以「推己及人」的方式，在「家

〔註109〕蔡仁厚著《孔孟荀哲學》，臺北：臺灣學生書局1984年版，第173頁。
〔註110〕蔡仁厚著《孔孟荀哲學》，臺北：臺灣學生書局1984年版，第9頁。

國同構」的傳統社會中，成爲合乎理論的推導，但是政治倫理化的學說和歷史的實際政治相對照，由「內聖」而走向「外王」，並沒有成爲必然的歷史事實：不要說戰爭頻仍、人們的生活朝不保夕的戰國時期，那是一個理論的構想；就算是太平盛世的時代，「心性」修養的「內聖之學」也沒有統帥出「外王」事功的勝景，難怪清末人譚嗣同要說：「二千年來之政，秦政也……；二千年來之學，荀學也」〔註 111〕，對中國歷史上的「政」、「學」解釋，譚氏可謂一語中的。

荀子之學，清人汪中說「出於孔氏」(《荀卿子通論》)，荀子本人也反覆聲稱其學源自「仲尼、子弓」，作爲先秦儒家的最後代表，他不滿其先輩孟子的道德理想主義的立場，以爲走向「心性」之論並不能拯救「禮壞樂崩」的戰亂時局，因此，以現實的可行性爲出發，認爲成就「仁人」之理想需要的不是「人心」的自我超越，而落在現實可操作性的「隆禮重法」之上。

如果說孟子的「仁政」理想是建立在爲「仁」的最後根據：先驗的道德之「天」上，那麼，荀子則爲自己的理論抽去形而上論證的可能性：天人有分。「天人有分」的較早表述在郭店楚簡中：「有天有人，天人有分，察天人之分，而知所行矣。」(《窮達以時》)「天」與「人」有各自的職分與區別，瞭解與明白了這種區分與職守，就知道如何做該做的事情了。「天」與「人」不相屬，「天」就不可能成爲「人」的超越根據：

> 「天行有常，不爲堯存，不爲桀亡。應之以治則吉，應之以亂則凶。強本而節用，則天不能貧，養備而動時，則天不能病；修道而不貳，則天不能禍。故水旱不能使之饑渴，寒暑不能使之疾，祆怪不能使之凶。本荒而用侈，則天不能使之富；養略而動罕，則天不能使之全；倍道而妄行，則天不能使之吉。故水旱未至而饑，寒暑未薄而疾，祆怪未至而凶。受時與治世同，而殃禍與治世異，不可以怨天，其道然也。故明於天人之分，則可謂至人矣。」(《天論》)

這裏所謂的「天」，乃是「自然之天」，也就是自然有它自身的規律與運行法則，它並不以社會的興衰治亂爲轉移，無論對於什麼人它都一視同仁；對於人間的各種事務，它的主宰者不是「天」，而是「人」自己，因此，荀子認爲，要處理好天人的關係，只有首先明白天和人的區別，而明白這種區別的根本目的在於突顯人的地位和作用。荀子以「天人之分」割斷了「人與

〔註 111〕〔清〕譚嗣同著《仁學》，鄭州：中州古籍出版社 1998 年版，第 169 頁。

天」之間的紐帶與關聯，指出人的主體性與主動性，提出「制天命而用之」的觀點，極大地突出人的崇高價值。

人之地位的突顯，在荀子而言，就是所謂的「唯聖人爲不求知天」，因爲「大巧在所不爲，大智在所不慮……官人守天，而自爲守道。」「大巧」、「大智」的「聖人」乃是以「守道」爲主要職責，而不在於作爲自然現象的「天」。「天」既然不必求，那麼，「禮」從何而來？

> 禮起於何也？曰：人生而有欲，欲而不得，則不能無求；求而無度量分界，則不能不爭；爭則亂，亂則窮。先王惡其亂也，故制禮義以分之，以養人之欲，給人之求，使欲必不窮乎物，物必不屈於欲，兩者相持而長，是禮之所起也。(《禮論》)

荀子思想中最突出的就是「禮」，他認爲「禮」就在於「養人之欲，給人之求」，承認物質生活欲望對於人的正當性，給予儒家禮治理論以新的根據。社會的正常運轉，還有待於關係網的編織、群體性的分割，以避免社會成員的相互爭鬥，這就是所謂的「明分使群」：

> 人何以能群？曰：分。分何以能行？曰：義。故義以分則和，和則一，一則多力，多力則強，強則勝物；故宮室可得而居也。故序四時，裁萬物，兼利天下，無它故焉，得之分義也。故人生不能無群，群而無分則爭，爭則亂，亂則離，離則弱，弱則不能勝物；故宮室不可得而居也。不可少頃舍禮義之謂也……群道當，則萬物皆得其宜，六畜皆得其長，群生皆得其命。(《王制》)

禮義定分乃是「明分使群」的社會功能，荀子以理性主義的方式裁定社會等級制度生成的歷史必然性，而禮義正是這個必然性的產物。物質利益構成了禮源起的現實根底，然而，源自人群本能的因素並不能成爲荀子理論的最高權威根據。因此，荀子爲「禮」尋找了三個本源的要素：

> 禮有三本：天地者，生之本也；先祖者，類之本也；君師者，治之本也。無天地惡生？無先祖惡出？無君師惡治？三者偏亡焉，無安人。故禮上事天，下事地，尊先祖而隆君師，是禮之三本也。(《王制》)

君師是社會興衰治亂的本源，先祖是人作爲一個族類的本源，天地則是禮生成的本源，這說明，在荀子看來，禮是社會、人類與天地萬物共同作用之下的產物。天地、君師、先祖「三足鼎立」也就無法爲荀子的理論建構樹立一個統一的邏輯起點與形而上的根據。

荀子從現實的「明分使群」出發，批判孟子的「性善」論，將「性惡」揉入他的理論之中。他認為，孟子的「性善」乃是混淆了「性僞之分」，錯誤地將「反於性而悖於情」的善行當成了人的本性，「性善則去聖王，息禮義矣；性惡則與聖王，貴禮義矣。」（《性惡》）性惡的價值在於樹立外在聖王的權威與道德禮義的威勢，而性善則是消除了聖王和禮儀的權威，因此：

> 今人之性惡，必將待師法然後正，待禮義然後治。今人無師法，則偏險而不正；無禮義，則悖亂而不治。古者聖王以人之性惡，以爲偏險而不正，悖亂而不治，是以爲之起禮義、製法度，以矯飾人之情性而正之，以擾化人之情性而導之也。（《性惡》）

荀子的「性惡」，是要求人們自覺地以現實的社會秩序來努力的改造自己，反過來說，對社會秩序來源的理解，荀子歸結爲人的本性爲惡，喜好「縱性情，安恣睢」，這與孟子認爲人性先驗爲善是完全不同的。以「性惡」作爲實現社會規範的理據，荀子就特別強調了「禮」在國家治理中的作用：「國無禮則不正，禮之所以正國也，譬之猶衡之於輕重也。」（《王霸》）禮乃是治理國家的重要手段。

荀子關於禮治的內容，張豈之主編的《中國思想學說史》（先秦卷）做了簡要的歸納：禮是治國之本，爲政的前提；禮是滿足人類物質生活需要而對財富進行分配的標準；禮是系統性的等級制度；禮是社會成員一切生活行爲的規範，是社會成員活動的規定界限和標準；禮是教化的工具；禮是禮節，是儀式〔註 112〕等六個方面的內容。

以禮治理國家天下，荀子依舊把實行禮儀、仁政作爲他的「王道」之法。陳囂認爲，戰爭的手段是沒有道義的爭奪與「仁者愛人，義者循理」相互矛盾，荀子卻認爲兩者並不矛盾，因爲「仁者」當有所「愛」也應有所「惡」，「禁暴除害」就是「仁義」的表現：「彼仁者愛人，愛人，故惡人之害之也；義者循理，循理，故惡人之亂也。彼兵者，所以禁暴除害也，非爭奪也。故仁人之兵，所以存者神，所過者化，若時魚之降，莫不說喜。……皆以仁義之兵行於天下也。」（《議兵》）他的學生李斯也說：「秦四世有勝，兵強海內，威行諸侯，非以仁義爲之也，以便從事而已。」荀子則說：「女所謂便者，不

〔註 112〕張豈之主編《中國思想學說史》〔先秦卷〕，桂林：廣西師範大學出版社 2008 年版，第 367 頁。

便之便也。吾所謂仁義者，大便之便也。彼仁義者，所以修政也，政修則民親其上，樂其君，而親爲之死。……今女不求之於本而索之於末，此世之所以亂也。」(《議兵》) 李斯將秦國得勝的原因歸結爲棄仁義張實力與權謀，荀子批評這是本末倒置的做法，因爲仁義乃是國之大本，歷史也證明本末倒置的做法是不能給國家帶來長治久安的，「故用國者，義立而王，信立而霸，權謀立而亡。三者明主之所謹擇也，仁人之所務白也。」(《儒效》)

行仁義之政，大抵也不離孟子所言的「仁政」，正所謂「先王明禮義以壹之，致忠信以愛之，尚賢使能以次之」(《富國》)，但荀子實際並不贊同孟子的理論構思，而「先王」之法也由於孟子的緣故導致了「僻違而無類，幽隱而無說，閉約而無解」的情境：

略法先王而不知其統，猶然而材劇志大，聞見雜博。案往舊造說，謂之五行，甚僻違而無類，幽隱而無說，閉約而無解。案飾其辭而只敬之曰：此眞先君子之言也。子思唱之，孟軻和之。世俗之溝猶瞀儒，嚾嚾然不知其所非也，遂受而傳之，以爲仲尼、子游爲茲厚於後世，是則子思、孟軻之罪也。(《非十二子》)

此段文字是否爲荀子本人言論歷來雖有聚訟，但以歷史與邏輯的看，荀子不滿「先王之道」的旁落，乃因「聖人也者，本仁義，當是非，齊言行」(《儒效》) 成爲無法實現的空言，因而提出「法後王」的改革路徑，批判俗儒與思孟學派：「略法先王惡足亂世，術謬學雜，不知法後王而一制度，不知隆禮義而殺《詩》、《書》」(《儒效》)，以此而言，與思孟的對立並非在於爲仁成聖、治世理國的理念不同，其根本的緣由在於現實可行性的選擇。在歷史的現實情境中，思孟以「心性」的內聖修養，試圖以內在的道德提升來統攝、帥引政治理念與實際的政治運作，在荀子看來，這顯然是行不通的，而只有外在的禮法強制才能使社會境況漸趨佳境。

荀子以「明於天人之分」爲出發點，將外在於人的一切事物變化歸於它自身的運動規律的結果，如此，他就將「天道」與「人道」分爲兩截，天人之別，實際也就是人性爲惡，性、僞之別，故「聖人化性而起僞，僞起而生禮義，禮義生而製法度。」(《性惡》) 孟子「道性善」，一樣也禮義生而行仁政，因何而需另闢蹊徑來個「性惡」之說？原來，荀子一貫以實用主義的態度以建立合乎歷史現實的理論來爲「聖人本仁義」張本：

故善言古者必有節於今，善言天者必有徵於人。凡論者，貴

> 其有辨合，有符驗，故坐而言之，起而可設，張而可施行。今孟子曰：「人之性善。」無辨合符驗，坐而言之，起而不可設，張而不可施行，豈不過甚矣哉！故性善則去聖王，息禮義矣；性惡則與聖王，貴禮義矣。故隱栝之生，爲枸木也；繩墨之起，爲不直也；立君上、明禮義，爲性惡也。用此觀之，然則人之性惡明矣，其善者僞也。……今人之性惡，必將待聖王之治、禮義之化，然後皆出於治，合於善也。用此觀之，然則人之性惡明矣，其善者僞也。(《性惡》)

荀子反對孟子「道性善」，其關鍵就在於「性善」之論實爲坐而論道，既不能合符經驗事實，也無法實施與落實，因此，「性善」的實際效用實在不具備現實的可操作空間〔註 113〕。因此，人要從善向善，就需要「化性起僞」，也就是「師法然後正，得禮義然後治」(《性惡》)。如何「師法」、如何「得禮義」，在荀子看來，關鍵在於「學」，因爲他不相信理想化的說教方式，也不相信「人心」嚮往對於「善」的渴望就會自願地服從好的生活原則。「正是這種對現實人性頗具悲觀色彩的理解，使得荀子認爲：較之直接灌輸『眞理』，勸說或誘導是更爲有效的方式。」〔註 114〕，因此，「我欲賤而貴、愚而智、貧而富，可乎？曰：其唯學乎！」(《儒效》) 而學的過程，就是「積善成德」的過程，「積之而後高，盡之後聖，聖人也者，人之所積也」、「塗之人百姓，積善而全盡，謂之聖人」(《儒效》)、「積善成德，而神明自得，聖心備焉。」(《勸學》) 成就仁義禮智之德，在孟子是「反身而誠」、「萬物皆備於我」的內在「心性」修養，而荀子則由外而內，由遵循現實的禮法之則而逐步走向「外王之道」。

荀子崇尚禮治，以期通過禮義施行而成就王道政治這一儒家「一以貫之」的理想。從孔子以降的大多數儒家學者，都無不以王道政治的宣揚與推行作爲自己的畢生事業，但實際上，屢被儒家所稱道的三代理想政治卻沒有在現實生活中出現，當「禮壞樂崩」成爲社會變遷中的必然結果時，王道政治的「聖人」理想往往只存在於偶然的歷史情境之中，陳文潔說，儒家的王道政治「完全依賴於難得一遇的不確定因素，它的實現，確乎是一種運氣。」〔註 115〕因此，荀子所面對的問題乃如何將不確定的歷史情境

〔註 113〕陳文潔著《荀子的辯說》，北京：華夏出版社 2008 年版，第 192 頁。
〔註 114〕陳文潔著《荀子的辯說》，北京：華夏出版社 2008 年版，封底。
〔註 115〕陳文潔著《荀子的辯說》，北京：華夏出版社 2008 年版，第 11 頁。

轉變爲可以把握、可以實現的現實「人道」。對於荀子而言，他雖繼承了傳統儒家對聖人政治、王道理想的信念，然而，對於如何實現這樣的信念，他就不再滿足於「心性」內在的不可確證性（動機與手段的分離）與偶然性（德性與利益的衝撞），最終，荀子選擇了以「禮」爲實踐的解決方式與具體方案。

如果說，孔子的仁學思想中，「仁」與「禮」的矛盾體現於「新道德觀」與「舊政治觀」的衝突，那麼，荀子的目標正是要將這種衝突統一歸結爲「崇禮尚法」的規則體系，無論這種規則系統包含何種要素。實際上，當荀子把先秦各家之學，尤其是法家學說融入儒家禮學範疇之時，荀子之禮學觀就不再是「一般人類的心理要素」的單純道德的詞彙所能含括的，恰恰相反，在荀子的學說裏，禮義之學、隆禮之方、重法之途，都被荀子用來成就至善至仁之聖人的現實路徑，「內聖」的「仁德」修養被荀子放之於經驗的「學」的一邊，而「外王」之治的「禮與刑」也就成了荀子最爲根本的學說樣態。而且，荀子的這種思路傾向在宋儒中並不乏其人，如「崇禮」的李覯。

小　結

本章認爲「仁」本字的最初歷史應當追溯至殷商時期，而「仁」的字形字義的解讀卻存在著兩種不同的系統。第一個系統的「仁」的構成要件是「亻」與「＝」符號，最初出現在許慎的《說文解字》上：「仁，親也，從人從二。」「從人從二」的視角探討「仁」的源起，歸納起來主要有三種情況：第一種以相人偶爲「仁」的本義著重在於以「二」爲分疏要素；第二種以「夷俗仁」爲訓釋的方向，認爲「仁」本義是指代夷族人的某種特有的禮俗；第三種以「立尸」之俗爲訓解之義，認爲「仁」源自對先祖行孝作爲的心性內在化。第二個系統的「仁」主要以古文「心」爲底或旁構成，最初亦記錄於許慎的《說文解字》中：「『忎』古文仁，從千心」。上個世紀 90 年代初，湖北荊門市郭店村出土一批竹簡，經過多位專家學者的釋讀，以「心」爲核心構成要件的「仁」被認爲是「仁」的初文或是「仁」的另一種寫法，儘管以「心」爲核心要件的「仁」有「[illegible]」、「忎」、「[illegible]」「伈」等等的不同寫法。

本章通過上述樹立「仁」字的類型和演變，認爲「仁」之初文爲「[illegible]」，孔子時代所用之「仁」應當無「心」，而是已經添加了「＝」符號的「仁」，實爲「𡰥」。「仁」的原初之義，很可能是糅合殷商之時的「夷（尸）風夷（尸）俗」與周代的「立尸」之制，而「=」符號則是後世出於修飾或區別其它文字而添加上去的。子思、孟子時代，「從心」之「仁」被創造出來，表明那個時代新的理論需求，即「身心一體」的德性倫理成爲此後「思孟學派」最重要的學術根底，也就是從外在行爲之規範性走向內在的心靈世界，即「心性哲學」開始發端。

孔子終其一生，並沒有給「仁」確立一個確定無移的定義，他總以什麼是「仁」，如何才合乎「仁」的方式教導學生，而我們也可以看到，在孔子看來任何一種好的、善的品格、行爲都可以被包含於「仁」之內，而成爲「仁」的一個構成部分。本文通過分析，可以總體上認爲，孔子思想世界裏的「仁」可以歸納爲三個不同層次，第一層是血緣之「仁」，即所謂「孝悌也者，其爲仁之本與」；第二層次是禮儀之「仁」，即所謂「克己復禮爲仁」；第三層次是泛愛之「仁」，即所謂「仁者，愛人」。

孔子之後百餘年間，以子思和孟子爲代表的學者，發揚了孔子「仁」思想的內在性，突出了心靈世界的探討，以「心性」來確立「仁」精神的形而上學根據。我們認爲，孟子以「心性」奠基「仁」之基礎，是著重發展了孔子的內聖之學，並以「天人合一」的思維模式爲道德法則的立定尋求先驗主義的根基。思孟學派由「天」而「人」，由「人」而「心」，就爲宋明新儒學開啓道德理想主義建構模式的先聲：「天理」與「人心」之辨、道德本體與工夫踐履「統合」如何能夠在新的社會背景中，成爲時人的精神落腳點，其深遠的歷史淵源就是孟子「心性」與內聖方式之「仁」的闡釋模式。

荀子思想以「隆禮」的方式，爲「仁」精神的實現確立了現實的可能性。在孔子的仁學思想中，「仁」與「禮」充滿著事實的矛盾性，而思孟所闡釋的「仁」又太過內在化而無益於現實的政治架構，要在戰爭不斷、兼併不止的時代，現實的可行性顯然要高於內在的精神性。因此，荀子就將「理想與現實」的矛盾包歸結爲「崇禮尚法」的規則體系，而不再過分探求「一般人類的心理要素」的單純道德詞彙，「禮義之學、隆禮之方、重法之途」才是荀子之學的關鍵要義，「內聖」的「仁德」修養被荀子放之於經驗的「學」的一邊，而「外王」之治的「禮與刑」也就成了荀子最爲根本的學說樣態。

第二章　北宋儒家「仁」觀念的再出發

「仁」思想的最初根源可以追溯至殷周時期的夷人風俗與祭祀制度，在「截斷眾流」的先行者孔子處，「仁」一方面「述而不作」的繼承了其早期的血緣與禮制因素；另一方面又被「人性心理化」，「仁」思想繼而豐富與豐滿起來。隨著時代的發展與學術進步的需要，先秦時期的孔子兩大後學派別：思孟與荀子分別從兩個方向繼承與發展了孔子的「仁」思想。思孟學派以身心一體、天人一體的方式爲「仁」思想的「心性」根基尋找到了形而上的最終保障；而荀子則一刀切出了「天人二體」（準確的表述爲「天人有分」），形而上的「天」消失了，人類社會的價值乃是人自身造就而成，作爲內在價值的「仁」的實行就需要更多來自人類社會規則的保障。對思孟學派而言，「內聖外王」實際是「從內聖到外王」的自然推及過程；而荀子則是「內聖與外王」，是爲一項工作的兩個方面，〔註1〕其追求過程來自外在禮法的規訓。

然而，隨著秦始皇統一中國，在「焚書坑儒」的文化高壓政策之下，春秋戰國時期的文化與學術的繁榮局面遁跡全無，儒家「仁」思想也被「秦皇暴政」所摒除，「仁」思想的發展也就在那個時代被截止不前。漢初的統治者以「休養生息」爲基本國策，其理論依據依然是排斥儒家「仁」思想、以爲「天地不仁」、「絕仁去智」的「無爲而治」的「黃老之術」。武帝掌權之時，國家實力正日益強大；隨著綜合國力的提升，武帝劉徹開始改變國家的統治方略，「儒術獨尊」開始登上歷史的舞臺，以相傳爲孔子所撰定的五種著作——《詩》《書》《禮》《易》《春秋》成爲國家統一的教科書的經學時代正式出現。此時，董仲舒的「仁」思想實爲漢唐之際仁學思想的最重要的代

〔註1〕韓德民著《荀子與儒家的社會理想》，濟南：齊魯書社2001年版，第533頁。

表，其提出的「仁，天心」之說，說明儒家「仁學」思想開始具備宇宙論的色彩，儘管董氏的目的在於論證「君權神授」的理由。自董氏之後，儒家「仁學」思想旋即落入持久的衰微之境，尤其是佛道二教的先後興起，儒家「仁學」思想伴隨著儒學的整體式微，見證了儒學在漢唐之際思想界的窘迫境況。作爲儒家思想體系中最爲重要的觀念範式的「仁」，從思想史的發展過程看，它的衰微與繁榮在某種意義上也可以說代表了儒學的衰微與繁榮，仁學與儒學〔註2〕的關係可以說是「一損俱損，一榮俱榮」。那麼，漢唐之際儒家「仁學」式微是什麼原因造成的呢？反過來說，是什麼樣的緣由引發了韓愈所言「道德爲虛位，仁義爲定名」的振聾發聵的吶喊，進而揭開宋儒普遍倡導「言仁」、「識仁」、「仁說」的歷史序幕呢？

第一節　宋代「仁」觀念再興之緣由

宋代是中國文化史上的一個重要階段，國學大師王國維說：「天水一朝人智之活動，與文化之多方面，前之漢、唐，後之元、明，皆所不逮也。近世學術，多發端於宋人。」〔註3〕史學大家陳寅恪也說：「華夏民族之文化，歷數千載之演進，造極於趙宋之世。」〔註4〕二位先賢道出了有宋一朝二代在中國歷史上的重要地位。有鑒於宋朝文化大異於唐以前的文化，日本學者內藤湖南總結出「唐宋變革」的觀點，他在《概括的唐宋時代觀》一文中從政治、經濟與文化等多個方面簡略地分析了唐代與宋代的巨大差異，進而於文末提出：「中國中世和近世的大轉變出現在唐宋之際」〔註5〕的觀點。文化的發展

〔註2〕今人李幼蒸倡言將「仁學」與「儒學」區分對待，因「儒學」指代範圍太大，不僅包含先秦儒學，也包含漢以後直至近代，因此，以「仁學」特指先秦孔孟倫理學，以區分古代儒教經學與宋明理學。本文認爲，這種強行之分實在不符合歷史事實，「仁」觀念實是貫穿儒學的中心觀念之一，若是只作區分目的而論，是在割裂儒學的眞實意韻，而這種區分在我看來不過是近代以來，「打孔家店」實是「打朱家店」的傳統延續，漠視儒學發展歷史來尋求所謂「原儒」的現代價値，以「回到某某時代」爲口號尋求所謂「精神之根」，既是「回到柏拉圖」的西式精神餘脈在中國的回響，也是漠視我們自己祖宗關於精神傳統的鍛造歷史過程及其因咽廢食的表現。（參見李幼蒸著《仁學解釋學》，北京：中國人民大學出版社2004年版。）

〔註3〕王國維著《靜安文集續編》，《宋代之金石家》，湖南：商務印書館長沙印本1940年版，第10頁。

〔註4〕陳寅恪著《金明館叢稿》，上海：上海古籍出版社1980年版，第115頁。

〔註5〕〔日〕內藤湖南著《概括的唐宋時代觀》，《日本學者研究中國史論著選譯》（第

在趙宋時代大放異彩，可以說是中國文化演進過程中的第二軸心時期，而哲學思想作爲文化的最高核心要素在這一時期形成了以道學〔註 6〕爲主幹的宋明學術，是「以儒學的內容爲主，同時也吸收了佛學和道教思想。它是在唐朝三教融合、滲透的基礎上，孕育、發展起來的一種新的學術思想。」〔註 7〕實際上，《宋明理學史》一書的上面論斷是從正面立說，從反面上看，宋代道學（或理學）的興起乃是佛道二教在思想義理、社會生活與國家政治等多方面對「獨尊」儒學的衝擊與挑戰，以及儒學理論建設不足造就的。

一、佛道的衝擊與挑戰

佛教自兩漢之際傳入中土，當時的人們對佛教的瞭解主要來自官方與西域交往，因此，它多爲皇家與上層社會所知，並未普及到民間。在當時，人們往往只是將佛教的外在特徵與中國固有的神仙方術聯繫起來，同時又與黃老並列而祠祀化，即所謂「誦黃老之微言，尙浮屠之仁祠，潔齋三月，與神爲誓」〔註 8〕，在漢代特定的崇尙黃老之學的背景與餘響之下，佛教義理常被理解爲與《老子》及黃老之學相似的內容。佛教以一個外來的所謂「夷狄之教」，不可避免地會與傳統的儒家思想發生牴牾與衝突，然而，「外來之教」卻積極主動地調整、充實自己，如後漢三國時期的康僧會爲佛教在中國的順利傳播，將儒家的「仁」思想揉入佛教的義理之中，形成一種「佛教仁道」〔註 9〕精神，在他看來，佛教的慈悲與儒家的仁道是一致的，「夫懷忍行慈，惡來善往，菩薩之上行也」。〔註 10〕在早期佛教的發展過程中，「格義」的方

一卷），劉俊文主編、黃約瑟譯，北京：中華書局 1992 年版，第 18 頁。

〔註 6〕以「道學」命名學術、學派最典型的是《宋史》中有「道學傳」以區別一般儒家學者的「儒林傳」，此後，對「道學」一詞，學術界也有不同的看法，有學者將「道學」僅指程朱理學一派（以馮友蘭、陳來爲代表），也有學者將程朱理學與陸王心學合稱爲「道學」（以侯外盧、邱漢生與張豈之等爲代表），本文從侯外盧的看法。

〔註 7〕侯外盧、邱漢生、張豈之主編《宋明理學史》上冊，北京：人民出版社 1997 年第二版，第 1 頁。

〔註 8〕《後漢書·楚王英傳》。

〔註 9〕「佛教仁道」思想在宋代有著明顯的影響，宋代統治者常常以「仁道」精神不言「殺」，對此李覯、孫抃等人認爲「殺」與「仁」並非完全對立。請參見後文。

〔註 10〕《大正新修大藏經》卷三，臺北：臺灣新文豐出版公司中華民國七十二年（1984）修訂。

法可以說是佛教中國化的最重要的手段，而當「格義」之法轉化爲「得意」之法時〔註 11〕，佛教在中土可以說開始紮根結果了，魏晉時期出現了調和儒佛、儒佛同一的論調，直至到隋唐時期的「三教合流」、「統合儒釋」。佛教的中國化，亦或說，中國佛教宗派——天台、華嚴與禪宗等的形成，在中國思想史上也就體現爲，思想界、學術界的主導力量爲佛學所把握，佛教理論是當時最具吸引力與滲透力的思想力量。

佛教理論，也就是佛教哲學包含了人生論、宇宙論和實踐論三個方面的要素。人生論是以人的本質、人生價值與人生修持等內容構成的思想系統，是關於因果報應、形神關係、人生境界、心性學說與修持方法等多方面的問題；宇宙論是以世界的演化過程、規律與構成世界的基本要素等爲探討對象的理論體系，是關於宇宙現象、本體與眞相的問題；佛教實踐論是爲斷除人生煩惱、解脫生死痛苦以達至理想的涅槃境界而設計的實踐方法，它以戒、定、慧三大綱領爲主幹，包含繁複的修持過程與實踐路向。在佛教哲學的三個構成要素中，又以心性論與宇宙論對中國傳統儒家思想的衝擊與挑戰最大。在佛教中國化的過程中，禪宗是佛教心性學說最爲完善的宗派；在中國宗教入世轉向上，禪宗亦是最爲典型的代表。慧能是中國禪宗史上的最重要的大師，其雖不識字，卻留下了中土僧侶中唯一稱經的佛典《壇經》，這本書在中國思想史、佛教史與禪宗史上的意義，無論怎樣高的評價都不爲過。「心性」之論在《壇經》中得到了非常細密的表述，以分開來論，「心」在其中有「心」、「自心」、「本心」、「自本心」等的不同說法。「心」在《壇經》中表示人的心理活動、精神狀態與個體的內在生命主體，「自心」與「心」通常涵義相同，但在使用上，「自心」體現了生命的主體性與主動性。「心」在這裏包含了「本心」與「妄心」兩層結構，「本心」意指本來具有的原初心態，即眾生自己本有的心性情態，「菩提般若之知，世人本自有之，即緣心迷，不能自悟，須求大善知識示道見性」〔註 12〕佛教的智慧與覺悟，在眾生而言，是其本身就具有的內在本性，「不識本心，學法無益；識心見性，即悟大意」〔註 13〕「本心」需要去體悟，成佛的可能性才能從潛在轉變爲顯

〔註 11〕彭自強著《佛教與儒道的衝突與融合》，成都：巴蜀書社 2000 年版。

〔註 12〕石俊等編《中國佛教思想資料選編》第 2 卷第 4 冊，北京：中華書局 1983 年版，第 12 頁。

〔註 13〕石俊等編《中國佛教思想資料選編》第 2 卷第 4 冊，北京：中華書局 1983 年版，第 8 頁。

在，因此，「還本心」、「契本心」〔註 14〕也就是頓悟成佛的理論前提。《壇經》認爲，「妄心」、「迷心」、「邪心」、「毒心」乃是眾生心理活動、精神活動在不同性質與方向上的結果，亦是說，眾生的心具有善惡、淨妄、智愚與悟迷之別，在「不思本源空寂」〔註 15〕的情況下，「妄心」就會產生，對此，慧能提倡行直心，去執著，「但行直心，於一切法，無有執著」。但是，眞心與妄心在慧能看來有是相即不離，即體即用的關係，因此，不應離妄求眞，而應即妄求眞，即妄顯眞，這就是「呈自本心」的法門，「自本心」即是「眾生自家的心，自家的本心，是眾生自心與本心的統一體。慧能認爲，呈自本心，即悟證佛法，也就可以成佛了。」〔註 16〕事物不變的性質、本質即是「性」，在《壇經》中，「性」包含法和眾生，前者是「法性」，後者是「本性」，而「性」有稱「自性」，「性含萬法是大，萬法盡是自性見」〔註 17〕一切事物都是自性的展現。《壇經》中屢屢提到「佛性」一語，佛性即是「佛種性」〔註 18〕，是眾生成佛的可能性、種子，在該書中，「佛性」的含義被中國固有的自然主義思想傳統所創造性闡釋，「把佛性界說爲人的本性，人的生命本然狀態、本來面目。這也就減弱了佛教的宗教精神，增加了人本的精神，從而引發了佛教的面貌乃至實質的深刻變化。」〔註 19〕對於「心」與「性」的關係，慧能的《壇經》表述爲對立、統攝、依存與統一的多重關係，即所謂「心地性王」：「心即是地，性即是王。性在王在，性去王無。性在身心存，性去身心壞。」〔註 20〕性是身心的精神主體，心被性所統攝，性是身和心即身體與心靈的維繫者，然性無地也不成其爲王，所以，性與心有相互依存，這種相互依存的關係又可以過渡到心性的同一關係。《壇經》將心性同一，一是就說

〔註 14〕石俊等編《中國佛教思想資料選編》第 2 卷第 4 冊，北京：中華書局 1983 年版，第 19，40 頁。

〔註 15〕石俊等編《中國佛教思想資料選編》第 2 卷第 4 冊，北京：中華書局 1983 年版，第 42 頁。

〔註 16〕方立天著《中國佛教哲學要義》，北京：中國人民大學出版社 2002 年版，第 404～405 頁。

〔註 17〕石俊等編《中國佛教思想資料選編》第 2 卷第 4 冊，北京：中華書局 1983 年版，第 25 頁。

〔註 18〕石俊等編《中國佛教思想資料選編》第 2 卷第 4 冊，北京：中華書局 1983 年版，第 32 頁。

〔註 19〕方立天著《中國佛教哲學要義》，北京：中國人民大學出版社 2002 年版，第 408 頁。

〔註 20〕石俊等編《中國佛教思想資料選編》第 2 卷第 4 冊，北京：中華書局 1983 年版，第 35 頁。

眾生的證悟解脫而言；二是就涵蓋萬物的功能上說，因此，心性同一，也就是自心與自性同一，本心與本性同一，即「自心自性眞佛」、「自識本心，自見本性」。

禪宗「心性」理論的發展，是新禪宗革新運動中的重要一環，胡適認爲這場佛教革命運動的意義，一方面是「佛教的簡單化、簡易化；將繁瑣變爲簡易，將複雜變爲簡單，使人容易懂得。」；另一方面是就是禪宗或禪門的興起。〔註 21〕從思想史上看，禪宗革新運動的意義更重要的體現爲對宋代學術的刺激，趙樸初說，「至於宋明理學，在很大程度上是受了華嚴宗、禪宗理論的刺激與影響而產生的。」〔註 22〕錢穆也指出：「北宋學術之興起，一面承禪宗對於佛教教理之革新，一面又承魏晉以迄隋唐社會上士族門第之破壞，實爲先秦以後，第二次平民社會學術思想自由活潑之一種新氣象也。」〔註 23〕陳來也認爲，「中唐出現了三大動向，即新禪宗運動（六祖慧能爲開始），新文學運動（古文運動）、新儒家運動（韓愈、李翱），這三個運動共同推動了中國文化的新發展，這三個運動的發展持續到北宋，形成了主導宋以後中國文化的主要形態。」〔註 24〕

新禪宗運動所建立起來的「心性」學說，對傳統儒學的刺激是顯而易見的，因爲儒學的根本旨趣、或說理論的核心問題就是探討人是什麼，人的價值何在，人的理想價値是什麼，如何成爲聖賢之人，總之，是以「人」爲中心的人文主義思想學派。而人之爲人的根本就在於人有一個不同於物的「心」，這個「心」是人性的眞正承擔者，人的本性離不開「心」，因此，儒家成就聖賢之人的理想人格，就離不開「心」與「性」，然而，中國佛教，尤其是新禪宗運動建立起了發達而完善的「心性」學說，而這種學說的目的並非儒家積極入世的經世濟民的事功情懷，而相反，是出世的、寂滅的、彼岸的涅槃境界，而且，佛教的發展在社會的現實層面還帶來了巨大的社會破壞性與腐蝕性。一方面佛教寺院經濟的擴張，直接導致了中央財政的困難與社會服役人口的流失，如唐文宗、武宗朝時，「天下僧尼，不可勝數」，「寺宇招

〔註 21〕姜義華主編《胡適學術文集·中國佛教史》，北京：中華書局 1997 年版，第 144 頁。

〔註 22〕趙樸初著《佛教與中國文化的關係》，長春：吉林教育出版社 1989 年版，第 100 頁。

〔註 23〕錢穆著《國史大綱》引論，北京：商務印書館 1996 年版。

〔註 24〕陳來著《宋明理學·序》第二版，上海：華東師範大學年版，第 8 頁。

提，莫知紀極」〔註 25〕；另一方面佛教根本教義又導致僧侶對世俗倫理綱常的破壞，如韓愈所論「夫佛本夷狄之人，與中國語言不通，衣服殊制，口不言先王之法言，身不服先王之法服，不知君臣之意、父子之情。」〔註 26〕因此，在統治者階層有「三武一宗」滅法事件、在傳統儒家士大夫階層有層出不窮的反佛言論。

同時，「心性」的落實處還有待於來自形而上的確證，否則「人心」的修持便沒有一個外在的客觀形態來評判，因此，中國佛教學者又發展「理本體」的宇宙本體論，將「理」合於「心」，形成獨特的「理心」合一本原學說。這種本體論，一方面突出「心」與「理」的結合，一方面又突出心的覺性內涵，藉以構成眾生普遍具有的、永恒不變的眞心本原論，後又經眞心與妄心的內在關係的解構，最終形成了以自心、平常心爲本原的學說。《大乘起信論》和天台宗、華嚴宗、禪宗都是這一理論的構造者與倡導者。〔註 27〕應當說，從中國思想史的歷程看，中國化佛教以「理」與「心」糅合而首創的宇宙本體學說，對傳統儒家思想形成了巨大的理論挑戰，同時也構成儒家思想再出發的重要理論資源之一。

唐代一般被認爲是三教鼎立，但由於唐代帝王與老子的關係，道教在唐代一直備受統治階級的禮遇與重視，在玄宗朝時，老子教幾乎是國教，「稱老子爲大聖教元皇帝，詔諸州立玄元皇帝廟，並設立玄學館，使諸州學生皆習《道德經》，與《莊子》、《列子》等書。……設道舉之制，置博士助教以教授諸生，官吏登庸，皆由道舉出身。」〔註 28〕與道教在唐代備受禮遇相對應，道教理論此時也得到了大的發展，體現爲重玄之學的興起。道教重玄之學肇始於晉代時期的孫登，但那時期，流行的玄學著重的探討議題是天地萬物的根本是『無』還是『有』」的本體問題。對於「有」、「無」何者爲更根本，魏晉時期的玄學主要有三種代表性意見：一是王弼的「貴無論」，二是裴頠的「崇有論」，三是郭象的「獨化論」。所謂「貴無」，就是尊崇無或以無爲貴，王弼認爲「天地萬物皆以無爲本」（《晉書・王衍傳》），天地萬物有一個統一的根本，這個根本就是無；無本身沒有任何具體的規定性。但裴頠

〔註 25〕〔宋〕宋敏求編《唐大詔令集》，北京：中華書局 2008 年版，第 586 頁。

〔註 26〕〔唐〕韓愈《韓昌黎全集》卷三十九，北京：中國書店 1991 年版。

〔註 27〕方立天著《中國佛教哲學要義》，北京：中國人民大學出版社 2002 年版，第 843 頁。

〔註 28〕王治心著《中國宗教思想史大綱》，北京：東方出版社 1996 年版，第 177 頁。

卻認爲，無不能生有，有是自生的，「夫至無者，無以能生，故始生者自生也。自生而必體有，則有遺而生虧。生以有爲己分，則虛無是有之所遺者也。」（《崇有論》），絕對的無是不能生成有，故有最初都是自己生成的；既然有是自己生成，那有就是根本。裴頠批評王弼的貴無論時，強調有的重要性，郭象則沿著裴頠的路線走向極端，「把作爲具體存在的有說成絕對的，否認在萬有之上有任何終極的根本，從而徹底的取消了形而上的本體。」〔註 29〕魏晉玄學的「本末有無之辯」在理論邏輯上最終倒向了僧肇的「不眞空論」，因而，到了唐代，道教的重玄之學與佛教中觀理論及心性之學相融合才得到了發揚光大，其主要代表人物有成玄英、李榮、杜光庭等人。

「重玄」之義源自《老子》首章「玄之又玄」的概括。道教學者成玄英在解釋「玄」時說，「玄者，深遠之義，亦是不滯之名。有無二心，徼妙兩觀，源於一道，同出異名。異名一道，謂之深遠。深遠之玄，理歸與無滯。既不滯有，亦不之滯無，二俱不之滯，故謂之玄也。」〔註 30〕對於有無的「滯」論，很顯然受到了佛教中觀哲學「雙遣雙非」方法論的影響，「有欲之人，唯滯於有，無欲之士，又滯於無，故說一玄，以遣雙執。又恐行者，滯於此玄，今說又玄，更袪後病，既而非但不滯於滯，亦乃不滯於不滯。此則遣之又遣，故曰玄之又玄。」〔註 31〕「玄之又玄」在成玄英的解釋中，採用的正是否定之否定的方法，通過「以遣雙執」破除一切約束，以達至對絕對自由境界的追求，即所謂「重玄之域」:「夫道，超此四句，離彼百非，名言路斷，心知處滅，雖復三絕，未窮其妙。而三絕之外，道之根本，而謂之重玄之域，眾妙之門。」〔註 32〕同時，南北朝以後的道教在佛學心性論的影響下，發展了道教的心性論思想。唐代的重玄之學，揉入了「心性」思想，比如成玄英就將「道」解釋爲「虛通之妙理」、「眾生之正性」，亦即「一切眾生，皆稟自然正性。」〔註 33〕也就是說，人的本性是自然純一，清淨淡泊，無欲無念，

〔註 29〕向世陵主編《中國哲學智慧》，北京：中國人民大學出版社 2006 年二版，第 78 頁。

〔註 30〕〔唐〕成玄英著《道德經開題序訣義疏》，成都：《英藏敦煌文獻》（漢文佛經以外部分）第九卷 1994 年版。

〔註 31〕〔唐〕成玄英著《道德經開題序訣義疏》，成都：《英藏敦煌文獻》（漢文佛經以外部分）第九卷 1994 年版。

〔註 32〕〔西晉〕郭象著、〔唐〕成玄英疏；曹礎基、黃蘭發點校《南華眞經注疏》，北京：中華書局 1998 年版。

〔註 33〕〔唐〕成玄英著《道德經開題序訣義疏》，成都：《英藏敦煌文獻》（漢文佛經

無爲無滯，因此，人們就應當潛心修道去除來自外界影響的矯僞之性，回歸自然本性。成玄英認爲，「眾生所裏難理者，爲心多分別，不能虛忘，故難化也。」〔註 34〕「不知性修反德而會於眞常之道者，則起妄心，隨境造業，動之死地，所作皆凶也。」〔註 35〕這裏告誡人們，修得「眞常之道」需要去除因受外界干擾而起的「妄心」，很顯然是受到了佛教「眞心」、「妄心」之「心性」理論的影響。以此，杜光庭則大量地談到「心」:「無心者，令不有也；定心者，令不惑也；息心者，令不爲也；制心者，令不亂也；正心者，令不邪也；淨心者，令不染也；虛心者，令不著也。明此七者，可與言道，可與言修其心矣。」〔註 36〕「惑、亂、染」等等的一切皆因「心」而起，故，修心正性是重玄之學的重點內容，這是一種意圖把心性論與本體論相統一的傾向，「鎔鑄出心本體，以此作爲神仙學的依據，神仙之道最終是要到心上去求。」〔註 37〕道教理論在義理方面，經隋唐時期的重玄之學的興起，而得到了充分的開掘與發展，把道教源自道家思想比較豐富的宇宙本體論推進到心性論，開始轉變道教哲學的發展方向，其外在表現就是道教外丹之術轉而爲內丹之學的總體趨勢，而這種轉變又極大地衝擊了傳統儒學，引起了儒士們的惶惶不安。

二、漢唐儒學的困境

儒學在漢唐之際遭遇了來自佛道的衝擊與挑戰，這是就外因而論，一個理論若是自身在各方面都比較完備，外因對它來說也就不足成爲挑戰的因素，以佛教在宋代之後的實際遭遇就可以反證，宋代以後直至近代，佛、道哲學實際上已經再也無法對中國傳統的儒家文化形成衝擊，因爲此後的儒學理論在許多方面都較佛道哲學有更多的現實解釋性、與理論的完備性和系統性，而超越了佛道〔註 38〕。然而，漢唐之際的儒學除了因有利於現實的統治

以外部分）第九卷 1994 年版。

〔註 34〕〔唐〕成玄英著《道德經開題序訣義疏》，成都：《英藏敦煌文獻》（漢文佛經以外部分）第九卷 1994 年版。

〔註 35〕〔五代〕杜光庭著《道德眞經廣聖義》，上海：商務印書館民國年間。

〔註 36〕〔五代〕杜光庭著《道德眞經廣聖義》，上海：商務印書館民國年間。

〔註 37〕卿希泰主編《道教與中國文化》，福州：福建人民出版社 1990 年版，第 119 頁。

〔註 38〕作爲一個理論系統比較完備的佛教，除了政治上的「三武一宗」滅法、當代特殊的政治運動之外，在理論問題上，從未遭受到另外兩個學派的有力衝擊，這也是佛教僧徒在今日世界日益眾多的緣故。恰恰相反，儒學自近代以來又

秩序，而受到統治階級的青睞之外，在思想理論層面的建樹卻日漸乏力，以至於中唐韓愈卻只能以「人其人，火其書，廬其居」的粗暴態度對待佛道二教，而找不出解決這個衝擊的回應良方。

在秦皇武力統一中國後，國家的統治學說皆以法家爲準，後又發生焚書坑儒的事件，儒家學說受到了重大的打擊，「陵夷至於暴秦，燔經書，殺儒士，設挾書之律，行是古之最，道術由是遂滅。」〔註 39〕劉歆此話雖有爲古文經學迴護的目的，但也道出了儒學在當時遭遇的大部分事實。因此，漢初統治者反省秦「二世而亡」的教訓時，認識到「居馬上得之，寧可以馬上治之乎？」〔註 40〕的兩種不同時期的治理方略，由此開始逐漸重視「仁義禮樂」之儒學，「及高祖皇帝誅項籍，舉兵圍魯，魯中諸儒尙講誦習禮樂，絃歌之音不覺，豈非聖人之遺化，好禮樂之國哉？……故漢興，然後諸儒始得修其經藝，講習大射鄉飲之禮。」〔註 41〕雖然漢初統治者意識到儒術對國家統治的益處，然「孝惠、呂后時，公卿皆武力有功之臣。孝文時頗徵用，然孝文帝本好刑名之言。及至孝景，不任儒者，而竇太后又好黃老之術，故諸博士具官待問，未有進者。」〔註 42〕從漢初的整體統治方略而言，國家崇尙的並不是儒家學說，而是「刑名之言」、「黃老之術」，以無爲而治的態度來管理國家。漢初的這種無爲而治的思想到了武帝時候發生的重要的轉變，「及今上（武帝——引者注）即位，趙綰、王臧之屬明儒學，而上亦嚮之，於是招方正賢良文學之士。」〔註 43〕歷史上的「獨尊儒術」由此發端，儒家提倡的「大一統」、「德主刑輔」、「仁義禮樂」逐漸成國家的主流話語，因而導致了儒學在性質上發生了轉變——官學化、經學化與政治化成爲儒學此後的主要特徵，而漢唐之際的儒學在思想與學術上的淡出與無所作爲，正是其理論建樹嚴重不足的結果。

遭受到了各種理論、學說的衝擊，以致今天，儒家思想在世間的影響，只留存在歷史的基因中，或是博物館的展覽中，或是學術的研究中，因此，今日的中國才有「重建儒學」的「號召」。無論現在如何，將來怎樣，儒學的這種命運變遷確實都很值得我們深思與研究。

〔註 39〕〔西漢〕劉歆著《移讓太常博士書》，載於〔梁〕蕭統著《昭明文選》卷四十三，鄭州：中州古籍出版社 1990 年版（據 1935 年國學整理社影印本影印），第 609 頁。

〔註 40〕《史記・酈生陸賈列傳》。

〔註 41〕《史記・儒林傳》。

〔註 42〕《史記・儒林傳》。

〔註 43〕《史記・儒林傳》。

在儒家仁學思想史上，西漢前葉的董仲舒可以說是漢唐之際的平淡夜空中的一顆耀星，董氏對儒家「仁」思想的論述，上承先秦而下啓宋儒，雖然其思想具有濃厚的神學化特徵。在董仲舒看來，「仁」的首要意義還是在於「愛人」，他認爲，「不愛，奚足謂仁？仁者，愛人之名也。」〔註 44〕「何謂仁？仁者憯怛愛人，謹翕不爭，好惡敦倫，無傷惡之心，無隱忌之志，無嫉妒之氣，無感愁之欲，無險詖之事，無闢違之行。故其心舒，其志平，其氣和，其欲節，其事易，其行道，故能平易和理而無爭也。如此者謂之仁。」〔註 45〕做一個有仁德的人，就需要誠懇地愛人，沒有傷害、嫉妒他人的心志，心平氣和，節制欲望，如此才能稱得上「仁」。這大抵合乎孔子所言「仁者愛人」之理，正所謂「仁者君之所以愛也」〔註 46〕,但這種「愛」顯然又有超越個體與具備形而上的意味：「故聖人法天而立道，亦溥愛而亡私，布德施仁以厚之」〔註 47〕「溥」，師古曰「遍也」，「愛」需要普遍化，這在董氏看來，皆因「以仁安人，以義正我，故仁之爲言人也，義之爲言我也，言名以別矣。」〔註 48〕在孔子處，「仁義」本不並言，在思孟學派那裏，「仁義」也不如此截然之別，然董氏卻將「仁」、「義」分作對他人的「愛」，對自己的「匡正」，因爲「君子求仁義之別，以紀人我之間，然後辨乎內外之分，而著於順逆之處也。是故內治反理以正身，據禮以勸福；外治推恩以廣施，寬制以容眾。」（《仁義法》）仁義的使用範圍與對象是不能混淆或顛倒的，仁是愛他人，寬待人，對外治人；義是正自身，嚴律己，對內正我。正確區分與廣施仁義，是關係到國家正常社會秩序與治亂興衰的重要問題。

董仲舒將仁視爲「天」的美德，他說「仁之美者在於天。天，仁也。天覆育萬物，既化而生之，有養而成之，事功無已，終而復始，凡舉歸之以奉人。察於天之意，無窮極之仁也。人之受命於天也，取仁於天而仁也。」〔註 49〕董仲舒一反道家始祖老子認爲「天地不仁」的自然主義態度，天不僅有仁，而且天本身就體現了仁德的精神，正是因爲天是生養萬物與造福人類

〔註 44〕〔清〕蘇輿撰、鍾哲點校《春秋繁露義證》，北京：中華書局 1992 年版，第 251 頁。

〔註 45〕〔清〕蘇輿撰《春秋繁露義證》，北京：中華書局 1992 年版，第 258 頁。

〔註 46〕《史記・董仲舒傳》。

〔註 47〕《史記・董仲舒傳》。

〔註 48〕〔清〕蘇輿撰《春秋繁露義證》，北京：中華書局 1992 年版，第 251 頁。

〔註 49〕〔清〕蘇輿撰《春秋繁露義證》，北京：中華書局 1992 年版，第 329 頁。

的根源所在。董子這種認爲仁源於天的觀念，與思孟將「仁」立定於人的「心性」，而人的「性」又與「天道」合的思路相似，但是，他卻將陰陽五行觀念融入其思想系統之中，以天和人相通，天能干預人事，人的行爲也能使天感應的「天人感應」說。董仲舒認爲，「天」是最大的人格神，所謂「天者，百神之君也，王者之所最尊也」〔註 50〕、「天者，百神之大君也」〔註 51〕、「天地者，萬物之本，先祖之所出也」〔註 52〕、「天亦人之曾祖父也」〔註 53〕，「天」是至高無上的「神」，是「神」中的「統帥」，它通過人間的中介者帝王來統治人間，實施其意志。因此，人間的帝王的權利乃是「天」所賦予的，對「天」而言，他是「天子」。「天」創造了人，也創造了萬物以育人，受命的「天子」替天行道，治理人類社會，以實現天之意志而成就其仁德。

董仲舒認爲，「天」具備「陰」、「陽」兩重屬性，進而形成人有「貪」和「仁」兩種品質。「陰」和「陽」是一種普遍的存在，「天地之常，一陰一陽」〔註 54〕、「四海之內，殽陰陽之氣，與天地相雜」〔註 55〕，但是，這兩種品質的作用是不同的，「陽爲德，陰爲刑，刑主殺而德主生」〔註 56〕、「陽氣愛而陰氣惡，陽氣生而陰氣殺。」〔註 57〕在這兩級或對立的關係中，「天兩有陰陽之施，身亦兩有貪仁之性」，人的兩種品質，即惡質與善質，也會得到不同的報應、恩澤或懲罰。因此，統治者就應當以仁義教化民眾，「王者承天意以從事，故任德教而不任刑。刑者不可任以治世，猶陰之不可任以成歲也。爲政而任刑，不順於天，故先王莫之肯爲也。」〔註 58〕「德教」即是「漸民以仁，摩民以誼，節民以禮」〔註 59〕

由於董仲舒認爲，「天」是「陽尊陰卑」，因此，人間的關係就是君爲臣綱、父爲子綱、夫爲妻綱這三種「綱常」之道，君對臣、父對子、夫對妻就如同陽對陰的關係一樣，永遠處於主導地位；又由於天有「五行之義」，人也

〔註 50〕〔清〕蘇輿撰《春秋繁露義證》，北京：中華書局 1992 年版，第 402 頁。
〔註 51〕〔清〕蘇輿撰《春秋繁露義證》，北京：中華書局 1992 年版，第 394 頁。
〔註 52〕〔清〕蘇輿撰《春秋繁露義證》，北京：中華書局 1992 年版，第 269 頁。
〔註 53〕〔清〕蘇輿撰《春秋繁露義證》，北京：中華書局 1992 年版，第 318 頁。
〔註 54〕〔清〕蘇輿撰《春秋繁露義證》，北京：中華書局 1992 年版，第 340 頁。
〔註 55〕〔清〕蘇輿撰《春秋繁露義證》，北京：中華書局 1992 年版，第 465 頁。
〔註 56〕〔清〕蘇輿撰《春秋繁露義證》，北京：中華書局 1992 年版，第 326 頁。
〔註 57〕〔清〕蘇輿撰《春秋繁露義證》，北京：中華書局 1992 年版，第 327 頁。
〔註 58〕《漢書・董仲舒傳》。
〔註 59〕《漢書・董仲舒傳》。

有「五常之德」，仁、義、禮、智、信就成爲處理人倫關係的五種恒定的準則。劉蔚華認爲，董仲舒將維護封建社會統治的秩序的神權、君權、父權與夫權四者，聯成盤根錯節的權利體系，並在意識形態中組成了揉和讖緯神學與封建仁學的天羅地網。仁學同經學一道被神學化了，其官方教典就是《白虎通》。它對仁的解釋說：「仁者，不忍也，施生愛人也。」〔註 60〕「人皆懷五常之性，有親愛之心。」〔註 61〕這種「恩愛相流湊」之德，正是宗族的「會聚之道。」仁的宗法性被加強了，成了服從于忠君的枷鎖而失去了「仁」的生動內涵，故曰：「順諫者，仁也。出詞遜順，不逆君心，此仁之性也。」〔註 62〕在此，「仁」所具有的豐富內容成了僵化的思想禁錮，董子原本賦予「仁」以形而上的特徵也在其神學觀的籠罩之下，失去了理性的光芒。

儒學在董仲舒那裏被神學化來服務於統治階級的需要，在日益經學化的背景中，儒學成爲政治的附庸。到了魏晉時期，當人們普遍懷疑儒家仁義禮教所具有的現實功用性時，玄學家們就日漸懷疑儒家倫理的基點違反了自然人性，通常人們所倡導的「仁義」不僅不能「全性」、「保眞」，維護生命與人格的完整，而且極易將人塑造成具備虛僞的人性，因爲人們遵從仁義禮律這些道德與規範，一方面不得不壓抑個體欲求和自然人性，另一方面又容易導致因利益需求而不得不遵從的境況。〔註 63〕嵇康在《釋私論》中說：「夫氣靜神虛者，心不存於矜尙；體亮心達者，情不繫於所欲。矜尙不存乎心，故能越名教而任自然；情不能繫於所欲，故能審貴賤而通情。」他的《難自然好學論》也說：「及至人不存，大道陵遲，乃始作文墨，以傳其意，區別群物，使有類族，造立仁義，以嬰其心，制其名分，以檢其外，勸學講文，以神其教；故《六經》紛錯，百家繁熾，開榮利之塗，故奔騖而不覺。」將儒家倫理視爲違反人性的教條。在他看來，「夫民之性，好安而惡危，好逸而惡勞，故不擾則其願得，不逼則其志從。洪荒之世，大樸未虧，君無文於上，民無競於下，物全理順，莫不自得。飽則安寢，饑則求食，怡然鼓腹，不知爲至德之世也。若此則安知仁義之端，禮律之文？」因此，像嵇康這樣的許多魏晉時期的玄學家們大都接受以自然人性爲基本特徵的老莊之學，以爲至少在

〔註 60〕〔漢〕班固等撰《白虎通・性情》，北京：中華書局 1985 年版。
〔註 61〕〔漢〕班固等撰《白虎通・三綱六紀》，北京：中華書局 1985 年版。
〔註 62〕〔漢〕班固等撰《白虎通・諫諍》，北京：中華書局 1985 年版。
〔註 63〕龐樸主編《中國儒學》第一卷，北京：東方出版中心 1997 年版，第 149 頁。

人性問題上，道家實在要比儒家高明許多。魯迅在論魏晉時代士人的思想特徵時說：「大凡明於禮義，就一定要陋於知人心的，……魏晉時代，崇奉禮教的看來似乎很不錯，而實在是毀壞禮教，不信禮教的。」〔註 64〕這類型之人自然不是指眞正的玄學家，即使是「越名教而任自然」的嵇康其本性並不反對禮教，他反對的不過是借禮教之名壞禮教之實的人。在這種情境之下，「仁義」不彰，直至隋代大儒王通在批評那些欲求神仙之道的人說：「仁義不修，孝悌不立」〔註 65〕，因爲「仁義其教之本乎？先王以是繼道德而興禮樂者也」〔註 66〕。魏晉以至隋唐時期，佛道二教興旺繁榮，以「仁義禮樂」立本的儒家學說，沒能在思想界、學術界佔據與政治地位相對應的地位，眞正的理論建樹乏善可陳。

隋煬帝暴政，隋如秦一樣短命而亡。而後，李唐王朝在國家統一的優越條件中，開始嘗試發展儒學，據《貞觀政要・崇儒學》載：「貞觀四年，太宗以經籍去聖久遠，文字訛誤，詔前中書郎顏師古於秘書省考定五經。及功畢，復詔尚書左僕射房玄齡集諸儒重加詳議。時諸儒傳習師說，舛謬已久，皆共非之，異端蜂起。而師古輒引晉、宋已來古本，隨方曉答，援據詳明，皆出其意表，諸儒莫不歎服。太宗稱善久之，賜帛五百匹，加授通直散騎常侍，頒其所定書於天下，令學者習焉。太宗又以文學多門，章句繁雜，詔師古與國子祭酒孔穎達等諸儒，撰定五經疏義，凡一百八十卷，名曰《五經正義》，付國學施行。」〔註 67〕復興儒學，唐太宗所做的首要工作就是收集《詩》、《書》、《禮》、《易》、《春秋》等五部經籍，詳加考定，形成定本，頒佈天下，以此統一經學，如此引起「學者慕向，儒教聿興」〔註 68〕的局面。高宗永徽四年（653 年）三月，「頒孔穎達《五經正義》於天下，每年明經令依此考試。」〔註 69〕「明經」是唐代科舉取士的重要科目，而明經取士，皆以《五經正義》爲奉守的標準，「自《正義》、《定本》頒之國冑，用以取士，天下奉爲圭臬，唐至宋初數百年，士子皆謹守官書，莫敢異議矣。」〔註 70〕皮錫瑞的論說尚

〔註 64〕魯迅著《魯迅全集》第三卷，北京：人民文學出版社 1973 年版，第 502 頁。
〔註 65〕〔隋〕王通著《文中子・中說・禮樂》，上海：涵芬樓民國 12 年〔1923〕年版。
〔註 66〕〔隋〕王通著《文中子・中說・禮樂》，上海：涵芬樓民國 12 年〔1923〕年版。
〔註 67〕〔唐〕吳兢撰《貞觀政要》，上海：中華書局民國 25 年〔1936〕年版。
〔註 68〕《舊唐書・儒學上》。
〔註 69〕《舊唐書・高宗本紀》。
〔註 70〕〔清〕皮錫瑞著、周予同注釋《經學歷史》，北京：中華書局 1959 年版，第

比較平時，而《冊府元龜》則對《五經正義》統一經學後的社會境況給予直接的諷刺：「文宗開成四年閏正月，上謂宰相曰：『明經會經義否』？宰相曰：『明經只念注疏，不會經義』。上曰：『只念注疏，何異鸚鵡學舌！』」李唐時代盛行注疏之學，而此種學問嚴重窒息了士子對哲學義理的探究，只是爲了考取功名的死記硬背、不求甚解。

李唐社會的統治階級，陳寅恪將其劃分爲三個階層：一是北周以來的關隴貴族集團，二是北齊以來的山東士族，三是庶族出身的進士「新貴」。自從武則天出於政治鬥爭的需要著意提拔庶族出身而由科舉入仕的進士來抗拒關隴貴族集團，唐代的上層社會，就基本處於山東「舊族」與進士「新貴」的對立。〔註 71〕這種對立的思想源頭就在於科舉，而統一僵化的明經考試並沒有眞正杜絕「亂臣賊子」的產生，這樣的科舉取士在肅宗時的楊綰看來有四大弊端：「忠信之淩頽，恥尚之失所，末學之馳騁，儒道之不舉。」〔註 72〕經學化的儒學在李唐王朝並沒有穩固當時的人心，科舉固然須熟讀聖賢之書，但那不過是士子考取功名的手段，內聖之意並不爲當時士人所重視，儒學不再是向裏通向身心性命，安頓生命，昇華生命的學問。因此，楊綰認爲，安史之亂「十年不復」，實在是社會風氣敗壞的結果，「向使禮讓之道弘，仁義之道著，則忠臣孝子比屋可封，逆節不得而萌也，人心不得而搖也。」〔註 73〕人心不固，國家「中興」就無望，因此，做好教化工作，正人心、正風俗，培養良好的社會風氣與健康的精神生活，就有賴於對儒道內在義理的挖掘，而不是謹守官方欽點經書的僵化注疏，元稹說：「尙儒術而衰盛業，蓋章句之學興而經緯之文喪也。」〔註 74〕就此而論，中晚唐「疑古」、「惑經」，「捨傳求經」的新經學運動的發生就是必然的趨向。

發生於中晚唐時期的新經學運動，章權才認爲主要包涵五個方面的內容：一是以王元感爲代表的經學家對《五經正義》的抨擊；二是以元稹、白居易爲代表的旨在復興儒家詩教理論的新樂府運動；三是由劉知幾倡導的

---

207 頁。

〔註 71〕參見陳寅恪著《陳寅恪集》（隋唐制度淵源略論稿・唐代政治史述論稿），北京：三聯書店 2001 年版。

〔註 72〕《舊唐書・楊綰傳》。

〔註 73〕《舊唐書・楊綰傳》。

〔註 74〕〔唐〕元稹撰《對才識兼茂明於體用策》，載《全唐文》卷 652，北京：中華書局 1983 年版。

「疑古」、「惑經」思潮泛起；四是以啖助、趙匡、陸淳爲代表的「捨傳求經」新學風的提倡；五是以柳宗元爲代表的對「聖人之道」的人本主義的新闡釋。〔註 75〕新經學運動的內在意蘊，遠遠超越經學本身的範疇，它與古文運動相互交融，最終導向以韓、柳爲代表的新儒學運動，深刻地影響了中國思想史的進程。

漢唐之際的儒學以其經學化的政治性特徵，始終佔據著國家與社會的主導地位，當李唐王朝將整個社會的價值取向附著於統一化的經學，並以此作爲社會功名獲取的敲門磚，而不注重儒學內在意蘊的探求，整個儒學在漢唐之際的發展明顯落後於新興的佛道二教。傳統儒學缺乏佛教那種嚴密的邏輯思辨能力，在本體論與認識論方面明顯比佛教膚淺與粗糙，因此，漢唐之際的儒士們紛紛不得不通過學習佛學以提高自己的理論水平。儒家缺乏佛教那種解決內心痛苦的心性修養之學，往往只能以綱常名教束縛人、功名利祿誘惑人，終究導致大批的儒家學者倒向佛道二教，以尋求心性解脫的「靈方妙法」，直至宋代儒士張方平驚呼「儒門淡泊，收拾不住，皆歸釋氏焉」〔註 76〕。儒學在漢唐之際所遭遇的困境，最終到了不得不尋求突圍的良方，以挽救儒學於危難之局。

第二節　「定名－虛位」視域之「仁」：排佛與更新

佛教自漢代傳入中國，經過魏晉南北朝的艱苦傳播和發展，成功地移植入中國社會，到隋唐時代形成了中國化的佛教，然而，佛教的繁榮並沒有造就唐王朝持續的「盛世」，相反卻成了「衰世」之始的「籍口」之一，因而，唐宋之際開始了一場聲勢浩蕩的新儒學運動。而這場運動實際與持續批判、排斥佛老有著直接的因果關係，而韓愈（768～824）的「排佛」論無疑是當時影響最爲深遠的標誌性事件。關於這個事件，陳寅恪在《論韓愈》一文中說：「（韓愈）所持排斥佛教之論點，……，實不足認爲退之之創見。」〔註 77〕陳認爲韓氏排佛並無特別的創見，其之所以影響很大，皆在於當時的社會經濟原因。同時，湯用彤也說：「故韓文公雖代表一時反佛之潮流，而以其純爲

〔註 75〕章權才著《宋明經學史》，廣州：廣東人民出版社 1999 年版，第 22 頁。
〔註 76〕〔南宋〕釋道謙編《大慧普覺禪師宗門武庫》，上海：大綸頻伽精舍，清宣統 3 年～民國 9 年〔1911～1920〕年版。
〔註 77〕陳寅恪著《金明館叢稿初編》，北京：三聯書店 2001 年版，第 296 頁。

文人，率乏理論上之建設，不能推陳出新，取佛教勢力而代之也，此則其不逮宋儒遠矣」。〔註 78〕湯氏認爲韓氏在排佛問題上缺乏理論建設，其思想深度遠遜於宋儒。應當說，這二位先賢的論斷是有道理的，但是，從韓愈的仁學思想來看，其攘斥佛老所取得的儒家思想的再興，其功甚偉。

對於唐之前的排佛言論，許里和在《佛教征服中國》一書中總結了四種反對僧權的論點：政治及經濟、功利主義、文化優越感與道德的論點。〔註 79〕這四種論點在韓愈的排佛言論中都得到了充分的體現。韓愈說他自己「所讀皆聖人之書,楊墨釋老之學無所入於其心；其所著皆約六經之旨而成文，抑邪與正，辨時俗之所惑。」〔註 80〕此「惑」當然是釋老二教的魅力所致，尤其是佛教，形成了當時「儒門淡薄，收拾不住，皆歸釋氏。」〔註 81〕的上達天子、中爲朝臣士大夫、下致庶民的社會整體傾向性的信仰。然以儒家先行者出場的韓愈，卻將「觝排異端，攘斥佛老」（卷十二）的活動作爲他通往「明先王之道」途中的一個重要的手段。天元十四年（819 年）韓愈上《論佛骨表》（卷十六），指斥迎佛骨及宮中供養之事，集中闡發了他「排佛」的理據。其主要論點爲：

首先，他從華夷之辨出發，指斥佛教爲「夷狄」之法，與中國先王之法相背離：「佛者，夷狄之一法耳，自後漢時流入中國，上古未嘗有也。」(《論佛骨表》)「夫佛本夷狄之人，與中國言語不通，衣服殊制，口不言先王之法言，身不服先王之法服，不知君臣之義，父子之情。」；其次，他從中國歷代帝王治亂興衰的角度，分析了佛法傳入中土之後的社會變化。在佛法傳入中土之前：「天下太平，百姓安樂壽考」；自佛法傳入以後，社會動蕩、國家衰亡前後相繼不竭「運祚不長」，「宋、齊、梁、陳、元魏」因事佛頻繁、用力甚深，都「年代尤促」；更爲嚴重的是，事佛勤謹的梁武帝，卻因溺佛太深，竟最終被逼死臺城，「事佛求福，乃更得禍。」所以，韓愈認爲「由此觀之，佛不足事，亦可知矣。」；最後，韓愈認爲，侍奉佛法既不符合「高祖之志」，

〔註 78〕湯用彤著《隋唐佛教史稿》，《湯用彤全集》第 5 卷，石家莊：河北人民出版社 2000 年版，第 44 頁。

〔註 79〕〔荷蘭〕許里和著、李四龍、裴勇等譯《佛教征服中國》，南京：江蘇人民出版社 1998 年版，第 433 頁。

〔註 80〕〔唐〕韓愈著《韓昌黎集》卷十六，北京：商務印書館 1933 年初版，1958 年重印版。

〔註 81〕《大正新修大藏經》卷四十九，臺北：臺灣新文豐出版公司中華民國七十二年（1984）修訂。

也會造成「傷風敗俗，傳笑四方」的可笑徑地，應當立即將迎至宮中的佛骨舍利「付之有司，投之水火，永決根本，斷天下之疑，決後代之惑」，如此，方能夠使國家長治久安。

在這篇裁抑佛教的奏章裏，表現出韓愈對待佛教的傳統思路：從華夷之辨的華夏族本位出發，將佛教定義爲有害治國安邦與引起傷風敗俗的夷狄之教。這是中國傳統社會蘊涵著的「血緣——宗族」觀念，運用於裁汰佛教所體現出的簡單而有效的方式，此方式非韓愈首創，太祖太宗朝時的傅奕，以及在佛道交涉史中，圍繞著「老子化胡」一事的眞僞論爭此起彼伏，已充分展現了當時三教中人普遍傾向的思維方式。然韓愈排佛之所以不同於前人，就在於企圖建立一套與佛教的「法統」相抗衡的儒家的「道統」。《原道》（卷十一）一文是韓愈最具理論價值的文獻，同時也是新儒學運動興起的宣言書。在這篇綱領性的文獻中，韓愈突出闡發與佛教傳法世系的「法統」相對的儒家「道統」:「堯以是傳之舜，舜以是傳之禹，禹以是傳之湯，湯以是傳之文、武、周公，文、武、周公傳之孔子，孔子傳之孟柯。柯之死，不得其傳焉。」這個「道統論」是後來宋儒最爲樂道的命題之一，尤爲宋明新儒學中的理心二派論爭得激烈。這個「道統論」的提出，必須考慮到韓愈議論所具有的特別時代性，即他所處的時代遠則五胡亂華，近則安、史胡種兵禍害國，在社會生活中引起了極大而又長久的影響，這不能不對韓愈有深深的觸動。而佛教此時在思想文化層面又對傳統的儒家思想形成了巨大的強勢地位，一方面是「修身、正心」者都成了釋家門徒，另一方面是國家動蕩，「齊家、治國、平天下」的儒家理想無法實現，在這雙重打擊之下，韓愈「道統論」的問世，無疑具有重要的警醒作用，而且對於面臨相似的社會問題的宋儒們也具有持久的吸引力。

但是，「道統論」固然是韓愈爲排佛而提出的一個抗衡手段，其以儒家的學術淵源來化解佛教對儒家文化的蠶食，對後來宋儒的影響至爲巨大。然其對「仁義道德」的「定名－虛位」式的論述，在某種意義上，則是韓愈儒家本位意識在排佛之後的創見。首先發現韓愈「定名與虛位」論的價值的當是宋代的張九成（公元 1092～1159），其著《橫浦心傳》中有一對話是如此說的:「或問:『退之言『仁與義爲定名，道與德爲虛位』，如何？』先生曰：『此正是退之辟佛、老要害處。老子平日談道德，乃欲扌追提仁義，一味自虛無上去，反以仁義爲贅，不知道德自仁義中出，故以『定名』之實主張仁義，在此二字。』」〔註82〕張九成肯定韓愈點中了佛、老的要害處，即認爲，佛、老的「道」與「德」與儒家之道德以仁義爲本是不同的。實際上，若從是思維方式上說，這是一種意欲擺脱佛、老在最高哲學範疇中的壟斷解釋權的初步嘗試——佛教有證得涅槃這一最高境界的「道諦」、道家道教有最高的哲學範疇——「道」，那麼，儒家的最高的「道」是什麼呢？韓愈的回答是：仁義。

我們知道，韓愈所處的時代，儒釋道三家都在講道德，其「不入於老，則入於佛。」(《原道》)，但是他們每家對道德內容的界定卻大爲不同。因此，對於儒家的仁義與道德的關係，他給出了一個新命題「仁與義爲定名，道與德爲虛位。」〔註83〕。這個新命題，在朱子看來，與《孟子・離婁上》所引孔子的話：「道二，仁與不仁而已矣。」和《周易・泰》中所說的：「君子道長，小人道消」之意相似。〔註84〕作爲中國哲學史上新提出的哲學範疇〔註85〕的「定名、虛位」論，我們認爲與先賢的「名實」論有諸多的關聯。歷史上，孔子主張「名不正則言不順」(《論語・子路》)的「正名」說，墨子則認爲需要「以名舉實」，才能「察名實之理」。《墨子・經說上》進一步提出普遍性、某一類性與個別性的「達、類、私」的概念；《荀子・正名》也以「共名」與「別名」表達了相似的意思。韓愈提出「定名、虛位」的範疇與這些先哲所闡發的哲學概念，有著某種性質上的相似之處。就這兩個名詞本身來說，在唐代以前的文獻中也經常出現，而韓愈卻賦予了新的含義。荀子在《正名篇》

〔註82〕〔清〕黃宗羲原著《宋元學案》卷四十，北京：中華書局1986年版，第1310頁。

〔註83〕後世有些儒家學者雖明白韓愈將「道」虛位化的用意，但如二程這樣的道學家依然是激烈地反對韓愈的看法，他們以體用一原的關係來說明「道」與「仁義」的關係，認爲「道」不是如韓愈所言的一個空洞的容器來盛放「仁義」，而是要求「道」像種子一樣自然的生長出「仁義」。(朱剛著《唐宋四大家的道論與文學》，北京：東方出版社1997年，第57頁。)所以，張九成甚是理解韓愈似的說了折中的話：「既言行仁義之後，必繼曰『由是而之焉之謂道，足乎己無待於外之謂德』，亦未始薄道德也，特惡佛、老不識仁義即是道德，故不得不表而出之。」(《宋元學案》，第1310頁。)

〔註84〕〔南宋〕朱熹著《朱子語類》，北京：中華書局1986年版，第3271頁。

〔註85〕張岱年在《中國古典哲學概念範疇要論》(北京：中國社會科學出版社1987年版。)中認爲韓愈使用的定名、虛位可以相當於今天的「範疇」，定名可以認爲是實質的範疇，虛位可以認爲是形式的範疇。從我接觸的材料來看，對韓愈「定名與虛位」範疇最具好感的哲學家當屬張岱年，他在其著《要論》一書中就應用了這對範疇作爲劃分中國古代哲學範疇的一種獨特的標準。

中說「王者之制名，名定而實辨。」這裏與韓愈在二字的用法順序上是顛倒的，《管子・九守》則與韓愈用法更接近了：「修（循）名而督實，按實而定名」、《尹文子》裏也說：「名以檢其差。故亦有名以檢形、形以定名、名以定事……」，「定名」之「定」在這裏都是以「確定」的動詞形式出現，而韓愈卻是以形容詞「確定的」來使用「定」字；「虛位」二字至遲在《漢書》中就出現了：「號位已絕於天下，尙猶枝葉相持，莫得居其虛位，海內無主，三十餘年。」〔註 86〕，這裏說的是空缺的帝位，《晉書》也以相同的用法說到：「宣皇未升，太祖虛位。」〔註 87〕這裏的「虛位」若理解爲「空缺的帝位名號」與「實際佔據此位置的人」的關係，則與韓愈的「虛位」之意也不太遠了。韓愈認爲，定名是有確定內涵的名稱，虛位是空格子，不同學派可以塡入不同的內容，也就是說，道釋的道德與儒家的道德在實際內涵上是不同的，儒家主張的道德是「仁義」，這個詞有其固定的含義，道釋可不同意儒家所說的仁義，但不能借用仁義二字而賦予它以另外的意義，只是對仁義加以批評指責而已，以此，宋代崇佛很深的張九成說「此正是退之辟佛、老要害處」。原來，這個「定名、虛位」論，實際上與宋儒從世界觀上總體批判佛教，既而構建儒家自身的道德形而上學的理論基礎有著某種內在的關聯。

宋代理學家們在思考如何解決儒家思想應對佛教的挑戰時，最重要的發現之一就在於，在世界觀上，他們認爲佛教將世間萬物視爲虛妄與空，即所謂「五蘊皆空」、「諸法空相」，而儒家則認爲世界皆有實理，有人倫物理，是眞實而非虛幻的。這個批判的視角可以說是遠朔先秦的「名實」論，近承韓愈的「定名、虛位」論，既而雜糅成頗具時代特色的「佛虛儒實」論的批判新旗幟。張載認爲「知太虛即氣」，才能「使儒、釋、老、莊混然一塗（途）。」〔註 88〕所以「釋氏不知天命而以心法起滅天地，以小緣大，以末緣本，其不能窮而謂之幻妄，眞所謂疑冰者與！」〔註 89〕，正是佛法本末倒置，以空幻爲眞，不知虛空實際是實有，「故《正蒙》辟之以天理之大」〔註 90〕；二程也說：「物生死成壞，自有此理，何者爲幻？」〔註 91〕「皆是理，安得謂之

〔註 86〕《漢書・諸侯王表》。

〔註 87〕《晉書・志》。

〔註 88〕〔北宋〕張載著、章錫琛點校《張載集》，北京：中華書局 1978 年版，第 8 頁。

〔註 89〕〔北宋〕張載著《張載集》，北京：中華書局 1978 年版，第 26 頁。

〔註 90〕〔北宋〕張載著《張載集》，北京：中華書局 1978 年版，第 4 頁。

〔註 91〕〔北宋〕程顥、程頤著、王孝魚點校《二程集》，北京：中華書局 2004 年 2 版，第 4 頁。

虛？天下無實於理者。」〔註 92〕，事物的生死變化，都是有自己的「實」理；朱熹也說：「儒釋言性異處，只是釋言空，儒言實，釋言無，儒言有。」「吾儒心雖虛而理則實。若釋氏則一向歸空寂去了。」〔註 93〕，「佛說萬理俱空，吾儒說萬理俱實」〔註 94〕。在世界觀上，宋代儒家學者以這種「佛虛儒實」論來排佛，可以說達到了相當高的理論水平，也可以說是對韓愈「定名、虛位」論的理論發展，它的深遠意義，直到明代，佛門高僧也都不得不承認其批判的力量：「宋儒……，乃曰：佛說萬理俱空，吾儒說萬理俱實。理是實理，他卻空了，所以大本不立。彼謂萬理俱實者，乃指事物當然之則也，此當然之則，有名可識，有相可指，故曰皆實。」〔註 95〕爲何儒、佛有「實有」與「虛空」的論辯？從哲學思想上說，二者只是從不同的進路來闡發對自身與外部世界及其關係而得出的不同結論，這些結論在石峻看來，儒家學者「並未擊中佛道的要害」〔註 96〕，他認爲，張載創制「氣本論」、程朱提出「天理」論都不過是「用一種本身很難說是正確的觀點來反對另一種他（指朱熹——引者注）認爲是錯誤的觀點」〔註 97〕。韓愈之排佛無論是事實還是從理論上看都沒有推翻佛教，但是不可否的是「定名－虛位」視角所批判的與所樹立的都可以說是具有了一定的思想高度。

韓愈當然沒有在批判佛教中體貼出二程的「天理」二字，但他在《原道》裏也說：「今其法曰：必棄而君臣，去而父子，禁而相生養之道，以求其所謂清淨寂滅者。」「清淨寂滅」即是佛教中「自性」的另一說法，而佛教認爲，世間一切萬象皆無自性，而是因緣和合而起，緣起緣滅，故「萬法皆空」。那麼，我們就可以很清晰的發現，韓愈所說的佛法「清淨寂滅」的「道」實際就是對應於「虛位」，而與儒家「定名」之「仁」〔註 98〕對應的佛教倫理規範就應該是「慈悲」。當然，韓愈本人並沒有如此來解說佛教中「定名－虛位」的具體內涵，也正因爲如此，宋儒張耒批評韓愈「愈者擇焉而不精，語焉而不詳。」〔註 99〕這種「不詳」實際爲在佛教問題上與韓愈唱反調的柳宗元所

〔註 92〕〔北宋〕程顥、程頤著《二程集》，北京：中華書局 2004 年 2 版，第 66 頁。
〔註 93〕〔南宋〕朱熹著《朱子語類》，北京：中華書局 1986 年版，第 3015 頁。
〔註 94〕〔南宋〕朱熹著《朱子語類》，北京：中華書局 1986 年版，第 380 頁。
〔註 95〕《大藏新纂卍續藏經》卷七十二，石家莊：河北省佛教協會倡印 2006 年版。
〔註 96〕石峻著《石峻文存》，北京：華夏出版社 2006 年版，第 500 頁。
〔註 97〕石峻著《石峻文存》，北京：華夏出版社 2006 年版，第 148 頁。
〔註 98〕〔北宋〕程顥、程頤著《二程集》，北京：中華書局 2004 年 2 版，第 182 頁。
〔註 99〕〔北宋〕張耒著、李逸安等點校《張耒集》，北京：中華書局 1990 年版，第

點明：「儒以禮立仁義，無之則壞，佛以律持定慧，去之則喪，是故離禮於仁義者，不可與言儒，異律於定慧者，不可與言佛。」〔註 100〕柳氏將儒家的禮仁義直接對應於佛教的「戒（律）定慧」三學，可謂是說了韓愈所未言盡的話。所以朱熹贊同韓愈的界說，「定名虛位卻不妨。」〔註 101〕爲什麼？「蓋仁義禮智是實，此『道德』字是通上下說，卻虛。如有仁之道，義之道，仁之德，義之德，此道德只隨仁義上說，是虛位。」〔註 102〕而且，朱熹在繼承二程的思路的基礎上前進，其本身也是在依照佛教所謂「至極」的本體論模式、以儒家本有的哲學範疇來改造佛教已有的概念，進而創制出儒家的道德形而上根據來。〔註 103〕這可以說是一種最徹底的吸取佛教的運思方式與命題形式，進而開挖出儒學的本質內涵的融佛又非佛的絕妙境界。

而這種境界，在韓愈看來，就是以「博愛」謂「仁」的界定。韓愈以「博愛」謂「仁」，學界大都認爲與佛教的「慈悲」有關，所謂「慈者即是眾生佛性」〔註 104〕，「慈悲是及於一切人的愛，不限於自己、自己的家族、自己的宗派、或自己的國家。本來的愛是對自己、自己的家族、自己的宗派、或自己的國家的執著。」〔註 105〕然就儒家而言，孔子確實也說過「泛愛眾而親仁」，也認爲子貢所言「博施於民而能濟眾」不僅是「仁」，而且是「聖」了。而把「博愛」與「仁」相聯繫早在董仲舒的時候就出現了，如他說：「泛愛群生，不以喜怒賞罰，所以爲仁也」〔註 106〕，「聖人之道，不能獨以威勢成政，必有教化。故曰：先之以博愛，教以仁也」〔註 107〕前句「群生」有「推己及物」的意味，後句認爲「仁」播於民眾，需要以「博愛」爲前提。東漢末人徐幹（約 170～約 217）在《中論》：「夫君子仁以博愛，義以除惡，信以立情，禮

678 頁。

〔註 100〕〔唐〕柳宗元著《河東先生集》卷七，北京：商務印書館 1929 年初版，1958 年重印版。

〔註 101〕〔南宋〕朱熹著、〔宋〕黎靖德編、王星賢點校《朱子語類》，北京：中華書局 1986 年版，第 3271 頁。

〔註 102〕〔南宋〕朱熹著、〔宋〕黎靖德編、王星賢點校《朱子語類》，北京：中華書局 1986 年版，第 3271 頁。

〔註 103〕周繼旨：《關於儒家道德理想主義的理論根據上的內在矛盾問題的若干思考》，載《國學研究》（第六卷），北京：中華書局 1999 年版。

〔註 104〕《大正新修大藏經》卷十二，石家莊：河北省佛教協會倡印 2006 年版。

〔註 105〕〔日〕中村元著、江支地譯《慈悲》，臺北：東大圖書公司 1997 年版，第 82 頁。

〔註 106〕〔清〕蘇輿撰《春秋繁露義證》，北京：中華書局 1992 年版，第 165 頁。

〔註 107〕〔清〕蘇輿撰《春秋繁露義證》，北京：中華書局 1992 年版，第 319 頁。

以自節。」〔註 108〕顯然，在徐氏看來，「博愛」與「仁」極具內在一致性了，因此，三國魏晉時期，以具備「定義」色彩的「謂」字用於了二者的連結，三國時期韋昭（204～273）爲《國語・周語》做注時就直接說出「博愛於人爲仁」〔註 109〕，晉代袁宏（約 328～約 376）《後漢紀》云：「夫名者心志之標榜也，故行著一家，一家稱焉，德播一鄉，一鄉舉焉，故博愛之謂仁，辨惑之謂智，犯難之謂勇，因實立名，未有殊其本也。」〔註 110〕這些都是帶有「定義」色彩的說法。在李唐一朝，對「博愛」與「仁」相對待之說也不少，比如朱敬則（635～709）在《五等論》中說：「蓋明王之理天下也，先之以博愛，本之以仁義」〔註 111〕張九齡（678～740）稱讚東漢徐稚（公元 97～168 年），「博愛以體仁」〔註 112〕常袞（729～785）稱讚楊靈貺「德行孝悌，溫良博愛，故宗族稱其仁」〔註 113〕柳宗元（773～819）稱揚其叔父「用柔和博愛之道以視遇孤弱，仁著於內焉。」〔註 114〕長孫無忌（約 597 年～659 年）於《唐律疏議》中說「心則主於博愛之仁」〔註 115〕漢唐之際以「博愛」說「仁」不在少數，這種「愛」實際與墨子之「兼愛」是不同的，通常所認爲的差異在於「仁愛」體現血緣之親的推廣與擴充，其根基在於「親」，如《古文孝經孔氏傳》於「是故先之以博愛」下注云：「博愛，泛愛眾也，先垂博愛之教以示親親也，故民化之而無有遺其親者也。」《孝經・天子章》云：「子曰：『愛親者，不敢惡於人』」，唐玄宗注曰：「博愛也。」宋代邢昺疏云：「此依魏注也，博，大也，言君敬親又施德教於人，使人皆敬其親，不敢有慢其父母者，是博愛也。」〔註 116〕可見，血緣之親乃是「博愛」之「仁」的出發點，而「以禮教民」推恩其愛則是其實現的方式，這都是與墨子「兼愛」

〔註 108〕〔漢〕徐幹撰《中論》，臺北：世界書局 1967 版。

〔註 109〕徐元誥撰《國語集解》，北京：中華書局 2002 年版，第 88 頁。

〔註 110〕〔東晉〕袁宏撰《後漢紀》，上海：上海書店 1989 年版。

〔註 111〕《舊唐書・朱敬則傳》

〔註 112〕〔唐〕張九齡撰、劉斯翰校注《曲江集》，廣州：廣東人民出版社 1986 年版，第 661 頁。

〔註 113〕〔唐〕常袞撰《滑州匡城縣令楊君墓誌銘》，載《全唐文》卷 419，北京：中華書局 1983 年版。

〔註 114〕〔唐〕柳宗元著《柳河東集》卷十二，北京：商務印書館 1929 年初版，1958 年重印版。

〔註 115〕〔唐〕長孫無忌等撰、劉俊文點校《唐疏議議》卷一，北京：中華書局 1983 年版。

〔註 116〕〔清〕阮元校刻《十三經注疏》，北京：中華書局 1980 年版，第 2546 頁。

的不同，因此，韓愈則會說「孔子泛愛親仁，以博施濟眾爲聖，不兼愛哉。」〔註 117〕韓愈在攘斥佛老的背景中，釋「仁」爲「博愛」，顯然具備了超越人與人之間的「爾我親愛」而達至人「類」的愛，而這種愛在韓愈看來還需要「義」的規訓，如《史記·樂書》所云：「仁以愛之，義以正之」，他則說「行而宜之之謂義」，何謂「義」？《中庸》云：「仁者人也，親親爲大；義者宜也，尊賢爲大。親親之殺，尊賢有等，禮所生也。」合「仁與義」言，就是所謂「發乎情，止乎禮」的根本大義。

就韓愈而言，「仁與義」還沒有提升到形而上的高度，如何在「情、禮」之中具體落實「使人爲人」的價值取向，那就有待於倫常觀念的確立。韓愈所處時代「周道衰，孔子沒，火於秦，黃老於漢，佛於晉、魏、梁、隋之間。其言道德仁義者，不入於楊，則入於墨，不入於老，則入於佛。入於彼，必出於此。入者主之，出者奴之。入者附之，出者污之。噫，後之人其欲聞仁義道德之說，孰從而聽之。」〔註 118〕在這樣的情況之下，完善禮制倫常，以明確各人的秩序地位：君王朝廷行仁義之治、禮樂刑政；施行癢序教化，改善社會風氣。先秦孔子欲救周之亡，而倡「復禮」，現有韓愈欲挽救李唐之亡，而呼喚施行「定名」之實：「其位，君臣、父子、師友、賓主、昆弟、夫婦……其爲道易明，而其爲教易行也。」〔註 119〕韓愈在此將「五常」改爲「六位」，「朋友」一倫易爲「師友」與「賓主」，這種更換與其千古名文《師說》相貫通：「師者，所以傳道、受業、解惑也。」韓愈所論之「道」與同時之柳宗元的自然之「道」、宋明儒的程朱、陸王的形而上之「道」完全不同，他將「道」命繫於「師」的傳授，不是「天」，而是「師」眞正賦予人類以眞理，就此，「尊師」就是「重道」。而形而上的「天理」、先驗的「天賦」都不在韓愈所論的「師道」範疇之內，它的重點在於保證「定名」爲內容，而不是僅存的「虛位」；正因爲有了師授的存在，傳承的統緒才得以再興、得以綿綿不絕地留傳。因此，韓愈的師道論是其道統論與「定名－虛位」論之間的橋梁。〔註 120〕

「道」之「定名」爲「仁義」有待於師道的樹立，韓愈於此呼喚復興教

〔註 117〕《韓昌黎集》卷十一。
〔註 118〕《韓昌黎集》卷十一。
〔註 119〕《韓昌黎集》卷十一。
〔註 120〕朱剛著《唐宋四大家的道論與文學》，北京：東方出版社 1997 年版，第 62 頁。

育，以續儒家之學脈道統，而這有著深刻的現實背景，也有著重要的後續影響。就前者而言，自中唐之後，學校在戰爭的混亂之中、國家財政的匱乏之下，所謂「國之大事，戎馬爲先」，而無法顧及，貢舉之事只得停罷。自肅宗至德（755～757）以後，兵革未息，國學生的稟食都無法供給，以致生徒盡散，軍隊借住學校，校舍都被破壞。〔註 121〕永泰二年（766）國子祭酒蕭昕上書「崇儒尚學，以正風教。」代宗卻說道：「治道同歸，師氏爲上，化人成俗，必務於學。……頃以戎狄多虞，急於經略，太學空設，諸生蓋寡。弦誦之地，寂寥無聲，函丈之間，殆將不掃，上庠及此，甚用閔焉。」〔註 122〕由此可以看出，當時學校破壞、教育荒廢已到了非常嚴重的地步。在這樣的情況之下，韓愈於貞元十九年（803），在任四門館博士時寫了《請復國子監生徒等狀》，對當時國子監生徒皆達官貴冑之後的少數人所把持，頗爲不滿，認爲「儒風復振，恐需革正」〔註 123〕，不僅在錄取的人員上的官階應當降低至「八品」，而且應當允許「亦量取許無資蔭有才業人充」〔註 124〕，韓愈之所以需要有此說法，乃是基於戰爭的破壞、社會的動蕩所導致教育的衰落的事實。而實際上，韓愈的願望並沒有眞正實現，唐中後期社會的持續動蕩與衰敗，五代十國更是各地軍閥割據混戰，無暇關注教育。因此，到了宋初復興教育就成了一個亟待解決的重要問題，陳鍾凡在論述宋學發生的原因時候，認爲「至宋學形成之近因，則在書院之設立。」〔註 125〕這可以說是韓愈振臂倡呼「師道」復興的回應，且看全祖望描述宋初的教育講學的情形，就可以清楚的明白，來自中唐時期的「一個聲音」在新時期裏的對於新學術的興起所具有的重要意義：「有宋眞仁二宗，儒林之草昧也。當時濂洛之徒，方萌芽而未出；而睢陽戚氏在宋，泰山孫氏在齊，安定胡氏在吳，相與講明正學，自拔於塵俗之中。亦會值賢者在朝，安陽韓忠獻公，高平范文正，樂安歐陽文忠公，皆卓然有見於道之大概。左提右挈，於是學校遍於四方，師儒之道以立。」〔註 126〕宋初時期，凡在思想史上具有重要意義的人物，如孫復、胡瑗、范仲淹、歐陽修等，都無不是興癢序、倡講學、育人才的積極組織者、參與者，於是乎，

〔註 121〕孫培青著《中國教育史》，上海：華東師範大學出版社 2009 年版，第 270 頁。
〔註 122〕《舊唐書・代宗本紀》。
〔註 123〕《韓昌黎集》卷三十七。
〔註 124〕《韓昌黎集》卷三十七。
〔註 125〕陳鍾凡著《兩宋思想述評》，北京：東方出版社 1996 年版，第 12 頁。
〔註 126〕黃雲眉選注《結埼亭文集選注》，濟南：齊魯書社 1982 年版，第 343 頁。

宋代學風方才大興，闢佛老、崇儒術，破迷信、重人事，黜文辭、尚節義，窮理而盡性等等的言論與著述日漸而富，「北宋時期州縣學校興起，書院林立，促進了學術思想的發展。」〔註 127〕《中國儒學史》(宋元卷）分析了三個方面宋學興起的外緣因素：朝廷倡導編書，圖書編纂蔚然成風；書院自由講學、寬容對待知識分子；印刷發達，書籍大增，文化相對普及〔註 128〕等等，這些因素都與教育極爲密切，也就形成了宋代包括哲學思想在內的文化大發展。而這些都同中唐之時的韓愈對「師道」的呼籲與倡導分不開的。

韓愈以「定名－虛位」攘黜佛老，又以「仁」爲續成「道」學的眞正內容，「仁」依據儒家自來有之的「博愛」解釋，將「人之爲人」的道理納入傳統的人倫五常的範疇之中。同時，韓愈又將「五常」的「朋友」一倫易換爲「師友」與「賓主」，將崇尚「師道」的傳授踐履賦予「仁」學實現的必備路徑，進而使得「仁義」之「道」成爲「天下之不亡」的力量之源。韓愈在理論思路上爲「仁」建構了一個眞實無妄的哲學意義，他認爲「道」乃是宇宙眞理的「虛位」，唯有「仁義」的賦予才能成就其人文主義的「道統」之命脈。在韓愈看來，「道」不過是「仁義」這一爲人所眞正能夠體悟的人文價值的存儲器而已，「仁義」的傳統理念並不源生於「道」之本體，這在宋儒看來，是不可饒恕的。因此，宋代道學對於「仁」的意義與地位的尋求就有待於建構其形而上模式，將「性與天道」眞正落實於對「仁」的訴求，而並非只是有待於「師」來復興與傳授的一種人間之愛。

第三節　以「易」釋「仁」：論范仲淹、胡瑗的「仁」學

清人章學誠說：「儒術至宋而盛，儒學亦至宋而歧。道學諸傳人物，實與儒林諸公迥然分別。」〔註 129〕章氏所言「盛、歧與分別」，指的就是宋代儒學紛繁複雜的實際境況。《宋史》所載道學家大抵是程朱一系，今書《宋明理學史》統合共同探討了「性與天道」問題的「理」、「心」二派爲道學，

〔註 127〕侯外廬、邱漢生、張豈之主編《宋明理學史》上冊《緒論》，北京：人民出版社 1997 年第二版，第 7 頁。

〔註 128〕姜林祥主編、韓鍾文著《中國儒學史》(宋元卷)，廣州：廣東教育出版社 1998 年版，第 68～73 頁。

〔註 129〕〔清〕章學誠著、馮惠民點校《乙卯札記　丙辰札記　知非札記》，北京：中華書局 1986 年版，第 66 頁。

亦稱「理學」，認爲理學乃是哲學化的儒學〔註 130〕，從思想淵源來說，是儒學融合了佛教與道教而形成的新思潮、新學派。呂思勉言：「理學者，佛學之反動，而亦兼採佛學之長，以調和中國之舊哲學與佛學者也。」〔註 131〕這裏所言舊哲學者，是說中國固有的宇宙觀與人生觀哲學。從思想史的角度看，中國固有哲學中對宇宙觀探討比較豐富的當屬《老子》與《周易》二書，就儒家經典文本而言，「六經之中，惟《易》包眾理，事事可通。〔註 132〕」《四庫》館臣說，聖賢之人覺世牖民，大概都是依事而寓教，「《易》則寓於卜筮，故《易》之爲書，推天道以明人事者也。」〔註 133〕易學思想在儒學中的地位可以說是以「天道」之學爲核心的形而上層面，清人黃宗羲（1610～1695）說：「夫《易》者，範圍天地之書，廣大無所不備。故九流百家之學，俱可竄入焉。」〔註 134〕故宋儒對《周易》情有獨鍾，馬宗霍也說「宋之道學，同源與希夷，……然要不外乎象數與義理兩派，兩派之於經學，初不外乎《周易》一經。」〔註 135〕馬氏的話道出了《周易》一書在宋儒新思想創造過程中的核心地位，因此，抬出中土固有之學術淵源以抗拒佛教宇宙論的泛濫，周敦頤（1017～1073）說「一部《法華經》只消一個艮卦可了。」〔註 136〕誠如第一節所論，佛學宇宙本體論對傳統儒學的衝擊，宋儒回應的策略就是抬出蘊涵着形而上意味的《周易》文本，這種做法，近人范文瀾認爲：「宋學以《周易》來代替佛教的哲學。」〔註 137〕張豈之也認爲，宋儒將經學改造爲理學，其解釋的路徑深受佛教哲學的影響，而所承載的主要經典文本即有《周易》一書，「《易》富於哲理，他們通過對《易》的注疏，闡述他們對於宇宙和人生的見解，構築了新的思想學派，即理學。」〔註 138〕對

〔註 130〕侯外廬、邱漢生、張豈之主編《宋明理學史》上冊，北京：人民出版社 1997 年第二版，第 20 頁。

〔註 131〕呂思勉著《理學綱要》，北京：東方出版社 1996 年版，第 3 頁。

〔註 132〕《四庫全書總目・春秋類一》。

〔註 133〕《四庫全書總目・春秋類一》。

〔註 134〕〔清〕黃宗義撰《黃宗義全集・南雷文約・易學象數論序》，杭州：浙江古籍出版社 2005 年版。

〔註 135〕馬宗霍著《中國經學史》，上海：上海書店 1984 年版，第 114 頁。

〔註 136〕〔北宋〕程顥、程頤著《二程集》，北京：中華書局 2004 年 2 版，第 408 頁。

〔註 137〕范文瀾著《經學講演錄》，載《范文瀾歷史論文選集》，北京：中國社會科學出版社 1979 年版，第 325 頁。

〔註 138〕張豈之著《儒學・理學・實學・新學》，西安：陝西人民出版社年 1991 版，

於儒家核心概念之一的「仁」，宋初儒士在闡釋的過程中，烙印著《易》學思想的範型，主要以范仲淹和邵雍爲代表。

一、范仲淹：宋代宇宙論「仁」學的先河

范仲淹（989～1052），字希文，蘇州吳縣人，生於河北成德軍（今河北正定縣）。二歲而孤，家世衰落，往應天府依戚同文〔註 139〕學。宋時就有人曾說：「國朝人物當以范文正爲第一，富、韓皆不及。」〔註 140〕此語是以論「用兵」說，實際上，范仲淹的事功與學問皆是「卓絕一時」，而可謂是「明體達用」，《四庫》館臣云：

> 仲淹人品事業，卓絕一時，本不借文章以傳。而貫通經術，明達政體，凡所論著，一一皆有本之言，固非虛飾辭藻者所能，亦非高談心性者所及。……蓋行求無愧於聖賢，學求有濟於天下，古之所謂大儒者，有體有用，不過如此，初不必說太虛、衍先天而後謂之能聞聖道，亦不必講封建、議井田而後謂之不愧王佐也。觀仲淹之人於仲淹之文，可以知空言實做之分矣。〔註 141〕

此處言仲淹「有體有用」，大抵是說他爲學「大通六經之旨，爲文章論說必本於仁義。」〔註 142〕與拯救時弊的政治事功。以儒家「仁義」作爲根本，是范氏的爲學宗旨。蘇軾在《范文正公文集敘》中說他爲文「雖弄翰戲語，率然而作，必歸於此」，「此」即是指「其仁義禮樂忠信孝悌，蓋如饑渴之於飲食，欲須臾忘而不可得。如火之熱，如水之濕，蓋其天性有不得不然者。」〔註 143〕仲淹言必以「仁」爲要，其學又「泛通《六經》，長於《易》，學者多從質問，爲執經講解，亡所倦。」〔註 144〕這樣一個博學且有深刻造詣的人，其學術思想並不成體系，然事實上，「范仲淹在中國學術思想史具有重

第 106 頁。

〔註 139〕關於范仲淹是否從學於戚同文本人，學界尚有不同意見。薛正興點校《范仲淹全集》時，在元人牟巘《義學記》的注釋〔1〕中考證云，仲淹從學的乃是戚同文之孫戚舜賓，此觀點不同《宋元學案》中所持的范仲淹從學於戚同文的觀點。

〔註 140〕〔南宋〕羅大經著《鶴林玉露》，北京：中華書局 1983 年版，第 152 頁。

〔註 141〕《四庫全書總目・范文正集提要》。

〔註 142〕〔清〕范能濬編集《范仲淹全集》，南京：鳳凰出版社 2004 年版，第 963 頁。

〔註 143〕〔清〕范能濬編集《范仲淹全集》，南京：鳳凰出版社 2004 年版，第 2 頁。

〔註 144〕《宋史・范仲淹傳》。

要地位並不是因爲其學術成就，而主要是因爲其在宋代儒學發展史中的開風氣的作用。」〔註 145〕張豈之主編的新作《中國思想學說史》將范仲淹的這種作用概括爲三個方面：確立新的人格典範；興學重教，推動文化教育事業；提攜人才、獎掖後進，促進新儒家學者群體的形成。〔註 146〕這些分析是從宏觀方面對范仲淹的歷史貢獻所作的總結，然就其如《四庫》館臣所云「有體有用」之學的微觀分析，尚有不足。我們認爲，范仲淹在儒家思想史上的重要地位，其中一個方面就在於他開創了宋儒以「易」解「仁」的序幕，對後世儒學影響至深。

「君子去仁，惡乎成名？君子無終食之間違仁，造次必於是，顛沛必於是。」孔子始終以仁居心，一生以仁爲己任，強調在任何情況下都要堅持仁的原則，不違背仁德。范仲淹繼承了這種「仁德」爲重心的儒家傳統，他說「前王詔多士，咸以德爲先。道從仁義廣」〔註 147〕。仲淹一生「粹然無疵」，以「仁德」爲己任，也就是以天下爲己任，他指出，人們之所以對堯舜這樣的大聖賢人「兆民就目，萬國慕膻」，皆是因爲他們「帥天下以仁」：

> 穆穆虞舜，巍巍帝堯。伊二聖之仁化，致四海之富饒。協和萬邦，蓋安人而爲理；肆覲群后，但復禮以居朝。當其辱天者堯，繼堯者舜，守位而時既相接，行仁而性亦相近。內睦九族，善鄰之志咸和；外黜四凶，有勇之風遐振。聰明作聖，濬哲如神。一則命羲和而欽曆象，一則舉稷契而演絲綸。孰謂各行其道？但見同致於仁。謗木設時，惻隱之情旁達；薰弦奏處，生成之惠皆臻。民保淳和，政無譎詐。實博施而可大，亦無爲而多暇。茅茨何恥？方不富以爲心；璿璣有倫，惟罕言而自化。故得兆民就目，萬國慕膻。誠同心而同德，又何後而何先？水沴久憂，曷三月而違也；朝綱歷試，非一日而用焉。然則帝者民之宗焉，仁者教之大也。帝居大於域內，仁者教之大也。〔註 148〕

〔註 145〕張豈之主編《中國思想學說史》〔宋元卷〕，桂林：廣西師範大學出版社 2008 年版，第 324 頁。

〔註 146〕張豈之主編《中國思想學說史》〔宋元卷〕，桂林：廣西師範大學出版社 2008 年版，第 324～326 頁。

〔註 147〕〔清〕范能濬編集《范仲淹全集・四民詩》，南京：鳳凰出版社 2004 年版，第 26 頁。

〔註 148〕〔清〕范能濬編集《范仲淹全集・堯舜帥天下以仁賦》，南京：鳳凰出版社

堯舜以「仁」教化四海，就使得四海富饒；使人民遵從禮儀規範，君君臣臣就可以和諧相處；小至九代家族宗親、大至國家外交政治，從曆法天象到從事農作物生產，乃至成就聖德之人，仲淹認為，雖然這些看起來很不相同的事情，從根本上說，都是要達至「仁」的境界，因此，「仁」是教化手段中最重要的環節，作為代天立言的皇帝，就應當以「仁」德來表率天下，成為天下人傚仿的對象。

君王以「仁」表率天下，首要的是「人主當用天下心」為「心」：

> 至明在上，無遠弗賓。得天下為心之要，示聖王克己之仁。政必順民，蕩蕩洽大同之化；禮皆從俗，熙熙無不獲之人。……夫如是則愛將眾同，樂與人共，德澤浹於民庶，仁聲播於雅頌……不以己欲為欲，而以眾心為心……何以致聖功之然寧？從民心而已矣。〔註149〕

> 王者廣育黔首，誕布皇明。闡邦政而攸敘，順民心而和平。……我則撫之以仁慈。於以見百姓為心，萬邦惟慶。〔註150〕

子曰：「克己復禮為仁」，這裏，范仲淹實際是置換為「克己心為仁」，也就是要去除帝王自己的「私心」，以「眾心為心」，以天下之「公心」為仁，才能「達彼群情，侔天地之化育；洞夫民隱，配日月之照臨。」〔註151〕，也就是《中庸》說的「可以贊天地之化育，則可以與天地參」的境界了。

因此，君王就應當「以民為體」，視民如子：

> 「聖人居域中之大，為天下之君，育黎庶而是切，喻肌體而可分。正四民而似正支，每防怠惰；調百姓而如調百脈，何患糾紛？先哲格言，明王佩服。愛民則因其根本，為體則厚其養育。勝殘去殺，見遠害而在斯……莫不被以仁慈，躋於富庶……每視民而如子，復使臣而以禮。故能以六合而為家，齊萬物於一體。」〔註152〕

2004年版，第424頁。

〔註149〕〔清〕范能濬編集《范仲淹全集·用天下心為心賦》，南京：鳳凰出版社2004年版，第23～24頁。

〔註150〕〔清〕范能濬編集《范仲淹全集·政在順民心賦》，南京：鳳凰出版社2004年版，第448頁。

〔註151〕〔清〕范能濬編集《范仲淹全集·用天下心為心賦》，南京：鳳凰出版社2004年版，第24頁。

〔註152〕〔清〕范能濬編集《范仲淹全集·君以民為體賦》，南京：鳳凰出版社2004年版，第425～426頁。

范仲淹認爲，「六合爲家」、「萬物一體」的天人一體的境界，於君王言需要「愛民如子」，從根本上說，就是要以「仁慈」對待天下子民。因此，

> 聖人以正茲盛位，御彼兆民，故稱之於大寶，實守之於至仁。……是謂國之寶也，故得人皆仰之。……亦如位於高明者，天故生成而莫極；位於博厚者，地則養育於無疆。〔註 153〕

仁德之守，乃是光大君位的要義所在，在范仲淹看來，「上德不矜，至仁博施。……得天道益謙至義」〔註 154〕，最高的「仁」德可以說是一種「天道」，是通彼天地人爲一體的精神境界與要求。

「《易》之爲書，推天道以明人事者也。《左傳》所記諸占，蓋猶太卜遺法。漢儒言象數，去古未遠也；一變而爲京、焦，入於機祥；再變而爲陳、邵，務窮造化，《易》遂不切民用。王弼盡黜象數，說以老莊；一變而胡瑗、程子，始闡明儒理；再變而李光、楊萬里，又參證史事。《易》遂日啓其論斷。」〔註 155〕這是《四庫》館臣對《易》學史上的主要流傳派別的概述，即象數、義理與史事三大派別。王弼雖以義理講《易》，但卻以老莊之學解《易》，《四庫》館臣認爲以《易》始闡儒學之理的是胡瑗和程子，實際上，早在他們之前的范仲淹就開創了宋代以義理解《易》的先河。方健在《范仲淹評傳》中說，范仲淹作《易義》與易學諸賦，雖然具體寫作時間難以考定，但依范所作的《賦林衡鑒序》撰於天聖五年（1027），當時，范正守制於南都，應留守晏殊之辟，主持應天書院，其時應有較多的學術研究時間，其《易》學研究當是天聖五年前後。因而，范之《易》學研究當是遠早於歐陽修、胡瑗與張載等人。〔註 156〕我們認爲，這個判斷是有道理的。以思想學術的承繼先後言，朱子就曾說：「自范文正以來，已有好議論。如山東有孫復明，徂徠有石守道，湖州有胡安定，到後來遂有周子、程子、張子出……」〔註 157〕朱子將仲淹置於宋初三先生、北宋五子之首，肯定其開創

〔註 153〕〔清〕范能濬編集《范仲淹全集・聖人大寶曰位賦》，南京：鳳凰出版社 2004 年版，第 431 頁。

〔註 154〕〔清〕范能濬編集《范仲淹全集・天道益謙賦》，南京：鳳凰出版社 2004 年版，第 447 頁。

〔註 155〕《四庫全書總目・易類一》。

〔註 156〕方健著《范仲淹評傳》，南京：南京大學出版社 2001 年版，第 306 頁。

〔註 157〕朱傑人、嚴佐之、劉永翔主編《朱子全書・朱子語類・自國初至熙寧人物》，上海：上海古籍出版社 2002 年版、合肥：安徽教育出版社 2002 年版，第 4020 頁。

宋代「好議論」的風氣，也就是注重形而上的哲學思辨領域的思考，以應對佛道二教對儒家學說的挑戰，而這之中，仲淹致力於以義理的方式闡發《易》，又以形而上的《易》理重新解釋「仁者教之大」、「克己之仁」、「守之於至仁」的儒家最高人文理想，開創了宋儒「義理」解「仁」的序幕。

范仲淹認爲，《易》兼三材，乃是會同天人、天人一體的：

> 大哉！《易》以象設，象由意通。兼三材而窮理盡性，重六畫而原始要終。二氣分儀，著高卑於卦内；五行降秀，形動靜於爻中。所以明乾坤之化育，見天人之會同者也。昔者有聖人之生，建《大易》之旨。觀天之道，察地之紀。取人於斯，成卦於彼。將以盡變化云爲之義，將以處物先，取法乎天，所以顯不息之義，所以軫行健之權。保合太和，純粹之源顯著；首出庶物，高明之象昭宣。此立天之道也，御陰陽而德全。又若卑而得位，下蟠於地，所以取沉潛之體，所以擬廣博之義。寂然不動，既侔厚載之容；感而遂通，益見資生之利。此立地之道也，自剛柔而功備。於是卑高以陳，中列乎人。剛而上者宜乎主，柔而下者宜乎臣。愼時行止時止之間，寧迷進退；察道長道消之際，自見屈伸。此立人之道，敦仁義而有倫。既明三極之端，知八象之謂。存擬議而無爽，周變通而曷既？君子用之而消息，聖人執之而經緯。亦由璿璣測象，括運動於七辰；玉琯侯時，含慘舒於四氣。豈不以《易》之爲書也，範彼二儀？……統三材而成《易》。〔註 158〕

這裏說「《易》兼三材」，指《易》——物而三才皆備，是天地人三才合一之道。《易・繫辭傳上》有曰：「有天道焉，有人道焉，有地道焉」，范仲淹認爲：「《易》以象設，象由意通，兼三材而窮理盡性，重六畫而原始要終」，從「人道」而言，爲「敦仁義而有倫」，正是從《易・說卦傳》：「立人之道，曰仁與義」中闡發而來，所謂立人，即是指在社會上立身爲人。人之立，必本乎仁義。德以仁義而立，則德爲純德；功以仁義而立則爲宗功；言以仁義立，則言爲格言。固未有無所立而能不朽者，亦未有外仁義而能卓然有立者。〔註 159〕「統三材」，實際也就是以「人道」的「仁與義」統「天地人」於一

〔註 158〕〔清〕范能濬編集《范仲淹全集・易兼三材賦》，南京：鳳凰出版社 2004 年版，第 437～438 頁。

〔註 159〕〔清〕范能濬編集《范仲淹全集・前言》，南京：鳳凰出版社 2004 年版，第

體，以人文理想化約「天人合一」的終極價值。

范仲淹在《四德說》中提出，卦有四德，是爲元亨利貞，它們分別代表「道」之純、通、用與守四個方面，「元」德的表現形式雖然多種多樣，但「仁」是爲元之基，既是統攝「元」德的「分殊」形態，也是負責統攝「四德」的根本德目：

> 《易》有《說卦》，所以明其象而示其教也。卦有四德，曰元亨利貞。雖《文言》具載其端，後之學者或未暢其義，故愚遠取諸天，近取諸物，復廣其說焉。夫元者何？道之純者也。於《乾》爲資始；於《坤》爲發生；於人爲溫良，爲樂善，爲好生；於國爲行慶，爲刑措；於家爲父慈，爲子孝；於物爲嘉穀，爲四靈。其跡異，其道同，統而言之，則善之長也。夫亨者何也？道之通者也。……夫利者何也？道之用者也。……夫貞者何也？道之守者也。行此四者之謂道，述此四者之謂教。四者之用，天所不能違，而況於人乎？況於萬物乎？故君子不去也。天微四德，天道不行；地微四德，坤儀不寧；人微四德，則天無令名；國家無四德，則風教不倫；物無四德，則祥瑞不生。惟《乾》《坤》之德，統其四者焉，餘卦則鮮克備矣。惟聖人體《乾》而行，發之希聖者，亦鮮克備矣。堯舜帥天下以仁，乾元之君也。湯武應天順人，開國除亂，履其亨而闡其利者也。夏禹治水，乾之成功，乾其事者也。體其元而兼其三者，堯舜也與！後之人孰能生知？宜乎跂踵而勤行矣。處必親仁，元之基也；動能俟時，亨之始也；進思濟物，利之方也；守誠不回，貞之道也。四者未能兼行，則出乎彼而入乎此，出乎此而入乎彼。周旋進退，不離四者之中，如是則其殆庶幾乎！」〔註160〕

《易・彖》曰：「大哉乾元，萬物資始，乃統天。」這裏，范仲淹直接將乾元之天德賦予儒家核心觀念之一的「仁」，爲「仁」在宋代的再出發，開出了一付廣爲傳用的「藥方」：儒家之「仁」德不再是僅僅依託於「人心」的內在需求，「仁」德更重要的是根植於「萬物終始」的「生生之德」。因此，作爲君子就需要時刻「體仁」，在「體仁」之中「長人」，使老者能夠「安之」、朋友

33頁。

〔註160〕〔清〕范能濬編集《范仲淹全集・四德說》，南京：鳳凰出版社2004年版，第161～163頁。

能夠「信之」、少者能夠「懷之」，從更大的範圍，即萬物一體的角度說，也就可以說「天地生物之心」，如此才能夠眞正稱得上爲有仁德的「君子」：

> 聖人受天命，體《乾》文。既克仁而是務，遂長人而不群。法元善之功，可處域中之大；奉博施之德，宜爲天下之君。原夫《易》象洞分，《乾》元光啓。謂元之德也，莫大乎始生之道；生之善也，莫若夫至仁之體。所以法而用也，既不由幹事之貞；體之長焉，又不預亨嘉之禮。君子乃時法斯道，力行乎仁。……蓋本生成之禮，益見尊崇之道。安仁爲念，我則俯視於黎氓；克己存誠，我則上居於大寶。豈不以體其仁則物皆尊戴，居其長則民咸悅隨？……不曰仁何以見爲生之妙？不曰長何以見居上之美？故得萬民以濟，咸承煦育之恩；百姓不知，盡荷發生之理。不然，何以握圖在上，御宇居尊？侔《乾》之罔息，酌仁恩而不煩。念茲爲器之人，未足與議；審彼樂山之士，始可與言。方今道化惟微，神功至廣。用《乾》剛而不紊，奉仁道而無爽。所以吾皇體斯道而御寰中，故是尊而是仰。」〔註 161〕

范仲淹將儒家的核心價値觀念「仁」通過卦辭進入易學，「元」先是被解釋爲長，如前文所言，擴大來說，即是「生之善」者，沒有「仁」，萬物生長的神妙景觀又如何能夠得到顯現？如其在《窮神知化賦》中所言：

> 《大易》格言，先聖微旨。神則不知不識，化則無終無始……原其不測，識陰陽舒慘之權；察彼無方，得寒暑往來之理。莫不廣生之謂化，妙用之謂神。視其體則歸於無物，得其理則謂之聖人。……載審聰明，見日居月諸之象；寧迷肹蠁，合春生夏長之仁。〔註 162〕

「天地之大德曰生」，因而，「元」就是一種善的、有德的，也就與諸德之首的「仁」發生了聯繫。元之德，始生之道；生之善，至仁之體。「仁」是元，是諸善之長，而「生」所具有德性，即是「仁」的本體。范仲淹以易學的語言表達了對「仁」的新理解，這與後來〔註 163〕周敦頤的「生，仁也」看法

〔註 161〕〔清〕范能濬編集《范仲淹全集・體仁足以長人賦》，南京：鳳凰出版社 2004 年版，第 442 頁。

〔註 162〕〔清〕范能濬編集《范仲淹全集・窮神知化賦》，南京：鳳凰出版社 2004 年版，第 433 頁。

〔註 163〕范仲淹與周敦頤是否有交誼，作者尚缺歷史資料予以證實與否證。依《通書》

尙有細微的不同：周敦頤從宇宙生成論角度考察「仁」的內涵，以爲天地萬物「生生之德」、「好生之德」的「power」（力量）乃是「仁」的內在規定；而范仲淹顯然以爲「生」乃「仁」之體，而「仁」爲「天道」生生之德在人類社會中的用，「生」與「仁」具有了一種體用關係。《易》在范仲淹的思想觀念中，其本體思想的意味當要多於生成論範疇，畢竟，通觀仲淹的著述，我們並沒有看到其意圖構造一副宇宙生成變化的圖景，以解釋萬事萬物產生、變化、發展與衰弱的過程的文字。〔註 164〕范仲淹一生「貫通經術，明達政體」，都是在：

究《大易》之指歸，見上古之仁聖。〔註 165〕

這就是范仲淹研究《易》學，闡發《易》理，達乎「體用之學」的眞正用意。因此，全祖望說：「高平一生粹然無疵，而導橫渠以入聖人之室，尤爲有功。」〔註 166〕對於范仲淹，固然導橫渠讀《中庸》、一生粹然無疵值得頌揚，其解《易》以闡發儒理，彰顯儒家核心價值觀念——「仁」，並以此爲根本，通過治《易》，清心澄慮，返求內聖外王之道，這樣的理論探求，及其對後世儒者的影響，於范而言同樣是值得表彰的。

二、胡瑗：宋代心性論「仁」學的端倪

胡瑗（993～1059），字翼之，泰州海陵人，學者稱安定先生。景祐三年（1036），朝廷下詔求賢，范仲淹舉薦胡瑗。胡掌太學後，曾出現了「四方之

（《易通》）所出三個版本有兩個版本皆爲二程門人，二程始師事周敦頤在慶曆六年（1046），此年離范仲淹歿尚有六年，而文正公研《易》乃是在天聖五年前後（1027）。因此，我們認爲，范仲淹以「生」解釋「仁」當毫無疑義地早於周敦頤。

〔註 164〕蒙培元於《理學範疇系統》（北京：人民出版社 1989 年版，第 489 頁。）中說：「范仲淹以所謂天之『四德』（即元亨利貞）爲人性來源時，實際上眞正揭開了理學仁論的序幕，但還沒有把『仁』從『四德』中概括出來，變成『天人合一』的根本範疇。」又說：「周敦頤……從宇宙論的觀點解釋了仁，實際上爲理學天人合一論，奠定了理論基礎。」從「天人合一」範疇上論，范仲淹的確沒有提煉出這樣的論點，然其早於周敦頤提出以「生」生之德釋「仁」，並將生生之「仁」確立爲一種「體」，一個宇宙萬物立基於此的根源處，這於宋初以來崇尚「明體達用」之學不能說是一個重要的創舉。

〔註 165〕〔清〕范能濬編集《范仲淹全集・製器尚象賦》，南京：鳳凰出版社 2004 年版，第 683 頁。

〔註 166〕〔清〕黃宗羲原著《宋元學案》卷三，北京：中華書局 1986 年版，第 133 頁。

士歸之，至黌序不能容，旁拓軍居以廣之」〔註 167〕的盛況，其講授的內容被弟子劉彝概括爲「明體達用之學」，推進了宋初儒學的發展：

> 聖人之道，有體、有用、有文。君臣父子，仁義禮樂，歷世不可變者，其體也。《詩》、《書》史傳子集，垂法後世者，其文也。舉而措之天下，能潤澤斯民，歸於皇極者，其用也。國家累朝取士，不以體用爲本，而尚聲律浮華之詞，是以風俗偷薄。臣師當寶元、明道之間，尤病其失，遂以明體達用之學授諸生。」〔註 168〕

「明體達用」是胡瑗爲學、講授的主旨。其所謂「體」，即指「仁義禮樂，歷世不可變者」；其所謂「用」，是指「舉措天下，潤澤斯民，歸於皇極」。前者其實是指心性修養，偏向於內聖之學；後者重在經世致用，偏向於外王事功。《宋元學案》載，胡瑗教人之法，立「經義」、「治事」兩齋：經義則選擇其心性疏通、有器局、可任大事的人，對他們講授《六經》，著重於明體；治事則一人各治一事，又兼攝一事，如治民安生，講武禦寇，堰水利田，算曆明數著重於達用。「既能明體，又能達用，這是政教之本，也是儒家的內聖外王之學所追求的最高目標。」〔註 169〕劉彝概括其師「明體達用」的爲學旨歸，也揭示了胡瑗在宋代儒學復興運動中的理論貢獻所在。胡瑗闡揚明體達用之學，可以說是宋代理學先驅的眞正宣言書，也是在倡揚儒家「仁」學思想上對范仲淹的進一步發揮。

作爲儒家核心觀念要素的「仁」思想，自漢魏而下爲佛老「橫乎中國，彼以死生禍福、虛無報應爲事，千萬其端，紿我生民絕滅仁義，以塞天下之耳。」孫復此言並不能說是點到了要害，但其所言，對於儒家思想在漢魏以來的表現，是指出了要點的，正所謂「仁義不行、禮樂不作，儒者之辱歟。夫仁義禮樂，治世之本也，王道之所由興、人倫之所由正，捨其本則何所爲哉？」〔註 170〕仁義禮樂之所不彰，成爲儒家學者的恥辱，是因爲這些代表著儒家思想要素的特質性並沒有在國家社會生活中確立起「體」的地位，「聖人體用，政教之本」，「體」之不立，則「用」無根基，因此，「儒門淡薄，皆入釋氏」。

〔註 167〕〔清〕黃宗羲原著《宋元學案》卷一，北京：中華書局 1986 年版，第 25 頁。
〔註 168〕〔清〕黃宗羲原著《宋元學案》卷一，北京：中華書局 1986 年版，第 25 頁。
〔註 169〕余敦康著《漢宋易學解讀》，北京：華夏出版社 2006 年版，第 130 頁。
〔註 170〕〔北宋〕孫復著《孫明復小集・辱儒》，文淵閣《四庫全書》本第 1090 冊，第 176 頁。

從思想史的角度看，宋初儒者在構建新儒學的系統中，《易》學、《春秋》學與《孟》學是其三大思想支柱。胡瑗在《易》學理論的闡發上，尚乏突出的創新，但其在治學方法上掃除象數，以義理解釋《易》，同於早其研《易》的范仲淹，這也是一種重要的歷史貢獻。程頤在指導門人讀《易》時曾說：「若欲治《易》，先尋繹令熟，只看王弼、胡先生、王介甫三家文字，令貫通。餘人於《易》，無取枉費功。」〔註171〕這種說法，清代《四庫》館臣亦是如此認爲：「是書在宋時，固以義理說《易》之宗已。」，胡瑗以義理解釋《易》，則是他意圖建立儒家思想之「體」的嘗試，就「仁」學思想在宋代發展而言，其以《易》釋「仁」，即以「義理」闡釋「仁」，是繼范仲淹之後的一個過渡階段。

胡瑗對宋初義理之學的貢獻，主要在他解釋《易》的過程中，著重討論了性、情命題，進而探討了「仁」的問題：

> 義曰，性者，天所稟之性也。天地之性，寂然不動。不知所以然而然者，天地之性也。然而元善治氣，受之於人，皆有善性。至明而不昏，至正而不邪，至公而不私。聖人得天地之全性，純而不雜，剛而不暴。喜則與天地共喜，怒則與天地共怒。以仁愛天下之人，以義宜天下之物。繼天下之善性，以成就己之性。既成就己之性，又成就萬物之性。既成就萬物之性，則於天地之性可參矣。是能繼天地之善性者，人之性也。〔註172〕

> 言之人事，則聖人能生成天下民物，使皆獲其利爾不失其正者，蓋能性其情也。何則？蓋性者，天地之質，仁義禮智信五常之道，無不備具，故稟之爲正性。喜怒哀樂愛惡欲七者之來，皆由物誘於外，則情見於內，故流之爲邪。情，唯聖人則能使萬物得其利，而不失其正者，是能性其情，不使外物遷之也。〔註173〕

胡瑗認爲人性爲「天所稟」，是「天生之質」，至善至正，其中仁義禮智信五常之道都是天性之善所具備的，這是對孟子性善論的繼承。就「情」而言，它本身並非邪惡，情與欲都有正與不正之分，聖人未嘗沒有七情六欲，但是，

〔註171〕〔北宋〕程顥、程頤著《二程集》，北京：中華書局2004年2版，第613頁。
〔註172〕〔北宋〕胡瑗《周易口義》卷一，《摛藻堂四庫全書薈要》第001冊（經部第001冊），臺北：世界書局1988年版，第349頁。
〔註173〕《摛藻堂四庫全書薈要》第001冊（經部第001冊），第352～353頁。

他卻能使其情得到控制以達到「正性」，發於外則爲中和之教，而讓天下人都得到他的好處。聖人之所以能使物得其利而不失去其正，是因爲其能能夠「正其性」、「性其情」，不受外物的干擾與誘惑：「所以不爲之邪者，但能以正性制之耳。不私於己而與天下同也。」

因爲性乃是天之所稟，因此，君子就應當效法天道的四種德性，即乾卦所言的元亨利貞：

> 言君子法天四德而行也。君子體仁足以長人者，言天以一元之氣生成萬物，而萬物得遂其性，各安其所。故君子以至仁之德陶成天下，使一民一物莫不受其賜，是故於一家施仁，則一家之內愛敬而尊事之，一國施仁，則一國之內愛敬而尊事之，雖有鰥寡孤獨窮民智無告者，均使之不失其所，如此，是爲眾人之長也。〔註 174〕

結合上文的「性情」之論，我們大抵可以看出胡瑗在論「仁」上的囫圇與粗糙：「性情」問題的探討，必將區分性與情，從「性」上看，胡瑗認爲「仁」乃「性」具備的一種「道」，而且「以仁愛天下之人」，也就意味著「仁」並不同於「愛」，「仁」可以理解爲「愛」的內容與方式；如他還說：「執其中庸而不有妄動，以至推仁義以愛人示恩、信以撫物，其德業恢廣無所不至，使天下至賢智者可以俯就，天下之愚不孝者可企及，此皆由博學審問居仁行之然也。」從「情」上看，「愛」乃「七情」之一種，是「情」而非「性」。「性」、「情」之不同，在宋代的主流話語系統中，必然導向「仁」與「愛」的不同，就這點而言，胡瑗的思想確是缺失精緻與細密，因他還說：「以仁愛生成於萬物，故與天地合德」，此「仁」與「愛」並不區分，同於孔子所言「仁者，愛人」之意。從胡瑗的闡發《易》理上看，他說：「元者始也，言天一元之氣始生萬物，聖人法天以仁而生成天下之民物，故於四時爲春，於五常爲仁。」〔註 175〕此語雖有以「效法」方式貫通「天人」之意圖，卻沒有將「仁」上陞爲宇宙之「生意」，「仁」在胡瑗看來，終究是聖人所爲，而非宇宙本身的價値所在，因此，在宇宙論意義上是對范仲淹「仁」思想闡釋上的一種倒退。但因其「明體達用之學」之倡導，從《易》學的角度著重探討儒家長期丟失的「性情」之論〔註 176〕，從心性論上看，則爲此後宋儒

〔註 174〕《摛藻堂四庫全書薈要》第 001 冊（經部第 001 冊），第 346 頁。
〔註 175〕《摛藻堂四庫全書薈要》第 001 冊（經部第 001 冊），第 337 頁。
〔註 176〕近年出土的《郭店楚簡》，其中有許多探討「性情」的文字，這可以使我們

確立「仁是性、愛是情」的思想依然產生了積極的效用。從這個意義上說，胡瑗開出了宋儒以心性論探討、解釋「仁」的道路，與范仲淹在本體意義上探求「仁」之體，即「生」，同是展示了宋儒釋「仁」的不同方向。〔註 177〕

同時，胡瑗還提出了「天地以生成爲心」的命題，是其探求宇宙「生生之意」的努力：

> 「復其見天地之心乎」者，夫天地所以肅殺萬物者，陰也；生成萬物者，陽也。天地以生成爲心，故常任陽以生成萬物。今復卦一陽之生，潛於地中，雖未發見，然生物之心於此可得而見也。故董仲舒曰，陽常居大夏以生育長養爲事，以此見天地之心在於生成而已。猶聖賢之心，以生成天下爲心，雖始復其位，其事業未大被於天下，而行道之初已有生育之心也。……言天地之氣，始雖幽晦而不可見，然生物之心可得而推矣。〔註 178〕

陰肅殺萬物、陽生成萬物，生生之意爲天地之心，故生成萬物，所以常任者是陽而不是陰。但是，一陽初生之時，是處於潛伏狀態而不可見到，而生物之心卻可尋見。董仲舒說，陽的主要功能就在於長養生物。胡瑗認爲，陽的這種生成天下萬物的「心」與聖人教化天下的心跡是同一個性質的存在，也就是他們生育天下萬物之心自初始之時就存在了。所以，天地之間的生物之心是可以推而尋得的。

上文曾提及程頤指導門人學《易》，當著重於王弼、胡瑗等人，同釋《易》之《復卦》，王弼則以「天地以本爲心」來解釋，他說：

> 復者，反本之謂也，天地以本爲心者也。凡動息則靜，靜非對

清晰地瞭解到，先秦儒家對性情問題的熱衷。正如前文所論，漢魏以來至宋初，儒家的「性情」思想並沒有太大的發展；相反，佛道二教，尤其是佛教的「性情」思想發達，此時的儒家「性情」思想沒有在思想界取得支配的地位。中唐人李翱所著《復性書》，開宋儒言「性情」探討之先河。

〔註 177〕馮友蘭在其著《中國哲學史》上指出，宇宙論可分兩個部分，一是研究「存在」之本體及「眞實」之要素者，此是所謂「本體論」(Ontology)；另一部分是研究世界之發生及其歷史，其歸宿者，此是所謂「宇宙論」(Cosmology)。張岱年在其著《中國哲學大綱》中提出本根論與大化論，内容大抵分別對應馮氏兩個部分。就中國哲學特殊性看，在儒學思想史上，心本體與理本體的確立可以説一種典型的本體論思想，但以「仁」在宋代的解釋史而言，對「仁」作過宇宙論思考的思想家，大都雜糅著馮氏所說的宇宙論的兩個部分，只是他們各自有些側重而已。

〔註 178〕《摛藻堂四庫全書薈要》第 001 冊（經部第 001 冊），第 457 頁。

動也，語息則默，默非對語者也。然則天地雖大，富有萬物，雷動風行，運化萬變，寂然至無是其本矣。故動息地中，乃天地之心見也。若其以有爲心，則異類未獲具存矣。〔註 179〕

王弼以「本」爲天地之心，又以「無」爲本，貫串起來，就是以「無」爲天地之心，這是以道家的核心觀念「無」來解釋《易》理的結果，宋初的胡瑗當然不會同意這樣的解釋，因此以「生成」爲天地之「心」。但是，「生成」是爲一種過程性、動態性宇宙存在方式，正如高亨所云：「天地之中心規律」〔註 180〕。此天地之「心」爲客觀規律於此並沒有與有「心」之物的人發生直接的聯繫，這同樣也是胡瑗沒有直接得出「天地之心」爲「仁」命題的根源所在。

稍後於胡瑗的歐陽修一反王弼以「靜」、以「無」釋「天地之心」，同時也修正胡瑗客觀化「天地之心」的說法。他說：

「『《復》，其見天地之心乎』者，何謂也？」曰：「天地之心見乎動，《復》也，一陽初動於下矣。天地所以生育萬物者本於此，故曰『天地之心』也。天地以生物爲心者也，其《彖》曰『剛反，動而以順行』是矣。」童子曰：「然則《象》曰『先王以至日閉關，商旅不行，後不省方』，豈非靜乎？」曰：「至日者，陰陽初復之際也。其來甚微，聖人安靜以順其微，至其盛然後有所爲也，不亦宜哉！」〔註 181〕

歐陽修一方面反對以「靜」來說明「天地之心」，既是對王弼道家化《易》理的修正、也是反對佛教主靜的哲學，進而指出儒家主「動」思想的傳統；另一方面則是將「生物」確立爲「天地之心」，而具有了目的論的色彩，爲自然主義目的論向人文主義目的論的過渡，即爲人文價值賦予「天地」展開了通途。當然，歐陽修最終同樣沒有將「仁」的價值賦予「天地之心」，但我們應當說，他推進了胡瑗關於「天地之心」思想的闡釋。

〔註 179〕〔三國〕王弼著、樓宇烈校釋《王弼集校釋》，北京：中華書局 1980 年版，第 336～337 頁。
〔註 180〕高亨著《周易大傳今注》，濟南：齊魯書社 1979 年版，第 241 頁。
〔註 181〕〔北宋〕歐陽修著《歐陽修全集》，北京：中華書局年版，第 1110 頁。

第四節　從「事功之學」走向「道德性命」：論李覯到王安石的「仁」學

自韓愈以「仁義」樹立起儒家道德性命之學的內在根據之後，「內聖外王」的儒家理想便從漢唐偏向於「外王」的路徑轉向側重「內聖」的思路。孔子由失落的周「禮」發現了「仁」，以「仁」的「心理要素」性的特徵規訓「禮」，思孟學派則徑直造出個身心一體的「𢗵」，以「仁，人心」強化道德心性所涵蓋的本體地位，儘管孟子的理想也在於「仁政」，但這樣的「外王」理想在他心目中終究要讓位於內在心性之「仁」的追求。因此，我們能理解韓愈「道統」中以孟子爲最初的終結者，正是中唐以來尋求儒家心性之學以對抗佛老的努力。孔子「以仁釋禮」，就其思路而言，「一是立足於『禮』，使其在經過創造性解釋，獲得新的理論定位之後，承負起文化秩序生長點於立足點的責任，約略言之，這也即是所謂『外王』；二是立足於『仁』，以造就理想的社會成員，首先是塑造個體道德性的內在人格，這大體也即所謂得『內聖』。」〔註182〕這是孔子的理想圖景，也正是孟子所繼承的，但如本文第一章所論，荀子專注於外在之「禮」的建構，恰恰是對由「內聖」推廣於「外王」的邏輯必然性的糾正，荀子的這種思路依宋儒的話說，就是遺忘其「體」，執著於「用」，也就是知「人」而蔽「天」。牟宗三說：「夫既曰外王，則其不能背乎內聖亦明矣。並列言之，曰政道、曰事功、曰科學。總持言之，皆賅於外王。內聖之學即儒家之『心性之學』。其直接之本分乃在道德宗教之成立。然儒教之屬教與普通宗教本不同。其以道德實踐爲中心，始能得其究極之圓滿。故政道、事功與科學，亦必爲其所肯定而要求其實現。反之，政道、事功與科學亦必統攝於心性之學，而不能背離此本源。」〔註183〕牟宗三接續孔孟的思考路徑，以爲外在的政治事功必將統攝於內在心性的內聖心法，作爲一種理想圖景，它在宋代儒家學者中的思想探求與政治實踐，事實上是經歷著一種漸化的過程。在「仁」學的闡釋史中，江西的兩位同鄉學者：李覯與王安石，他們爲我們展示了由外王轉向內聖，由事功之學轉向有體、有用，體用皆備的聖人之學這樣一個艱苦探索的歷程。

一、李覯：功利主義與「仁」學

〔註182〕韓德民著《荀子於儒家的社會理想》，濟南：齊魯書社2001年版，第510頁。
〔註183〕牟宗三著《政道與治道·序》，臺北：廣文書局1974年版，第2頁。

李覯（1009～1059），建昌軍南城（今江西南城縣）人，字泰伯，學者稱盱江先生。他關注社會現實問題，其學術研究以經世致用爲宗旨，對「禮」的研究在於確立「人道之準，世教之主」〔註 184〕，對「易」的研究也在於「急乎天下國家之用」〔註 185〕。故，同時代的學者祖無擇說他的著作「皆極當時只病，眞醫國之書耳。」〔註 186〕這種看法是符合李覯思想特質的。

李覯曾是宋初非孟思潮中的一員猛將。自韓愈以孟子爲儒家道統的繼承人，從中唐開始，儒學界就掀起了一股尊孟的思潮，逐漸形成以「孔孟之道」代替「周孔之道」或曰「孔顏之道」的歷史共識。在這過程之中，疑孟、非孟、反孟的聲音也沒有停止過，李覯就曾尖銳地批評孟子的「仁政」思想：

> 或曰：孟子之言，諸侯實不聽之也。謂迂闊者乎？曰：迂闊有之矣，亦足憚也。孟子謂諸侯能以取天下矣，位卿大夫，豈不能取一國哉？爲其君不亦難乎？然滕文公嘗行孟子之道矣，故許行、陳相目之曰仁政、曰聖人。其後寂寂，不聞滕侯之得天下也，孟子之言故無驗也。

李覯認爲，孟子倡言「仁政」不僅迂闊，而且足以使人害怕，因爲「仁政」在治理國家之中實在不能取得實際的效果。對於孟子提倡「仁義之道」，李覯也懷疑其未必眞正明白什麼是「仁」：

> 孟子不肯枉尺直尋，謂以順爲正者，妾婦之道，其肯屑砮之如此乎！夫仁義有豈速售之物也！子噲不得與人燕，子之不得受燕於子噲，固知有周室矣。天下之所廢，必若桀、紂，周室其爲桀、紂乎？盛之有衰，若循環然，聖王之後不能無昏亂，尚賴臣子扶救之爾。天下之地，方百里者有幾？家家可以行仁義，人人可以爲湯、武，則六尺之，可以託者誰乎？孟子自以爲好仁，吾知其不仁甚矣。〔註 187〕

王朝更迭與盛衰相繼，自有其原因可尋，但卻不是滿口將「仁義之道」就可

〔註 184〕〔北宋〕李覯著、王國軒校點《李覯集·禮論第一》，北京：中華書局 1981 年版，第 5 頁。

〔註 185〕〔北宋〕李覯著《李覯集·刪定易圖序論》，北京：中華書局 1981 年版，第 52 頁。

〔註 186〕〔北宋〕李覯著《李覯集·外集·祖學士五書》，北京：中華書局 1981 年版，第 478 頁。

〔註 187〕〔北宋〕李覯著《李覯集·常語》，北京：中華書局 1981 年版，第 517～518 頁。

以使國家由衰而盛，「仁義」不是「速效藥方」。在李覯看來，「仁義」還是有其作用的，「由孟子之言，則是湯武修行仁義以取桀紂爾。嗚呼！吾乃不知仁義之爲篡器也。」〔註188〕湯武革命若從桀紂角度來看，那是政權的「篡奪」，李覯的這種看法並不能說他具有超階級、客觀地看待歷史的視野，從非孟的立場上看，孟子曾說，「賊仁者謂之賊，賊義者謂之殘，殘賊之人謂之一夫。聞弒一夫紂矣，未聞弒君也。」（《孟子・梁惠王下》）而李覯認爲「王道」更爲重要：

言仁義而不言王道，彼說之爾行仁義，固知尊周矣。言仁義可以王，彼說之責假仁義以圖王，唯恐行之之晚也。尚何周室之顧哉！嗚呼！今之學者雷同甚矣。是孟子而非六經，樂王道而忘天子。吾以爲天下無孟子可也，不可無六經；無王道可也，不可無天子。故作常語以正君臣之義，以明孔子之道，以防亂患於世爾。人知之非我利，人不知非我害，悼學者之迷惑，聊復有言。〔註189〕

李覯由非孟而走向了極端，重視「天子」固然有著特定的歷史背景爲根據，宋初統治者的主要政治目標就是要加強中央集權統治，這是源自唐末五代社會持續動蕩所得出的歷史教訓，然不講「王道」，忽視政權統治的正當性論證，則是有失偏頗的。

批判孟子，在某種程度上否定由「人心之仁」的道德性命之理自然開顯出「外王」事功的必然性與絕對性，李覯的思考可以說是上承荀子的立論思路而來的。荀子從現實主義的立場出發，著重於「禮」的現實效用性，進而爲實現聖人賢者的至善至仁境界開闢有效的道路。宋初的李覯與先秦最後一個大儒——荀子一樣，也將「禮」作爲自己的理論大廈的奠基石：

禮，人道之準，世教之主也。聖人之所以治天下國家，修身正心，無他，一於禮而已矣。〔註190〕

孔子將「心理要素」性特徵的「仁」限定「禮」、孟子則以「人皆有不忍人之心」奠基「禮」的生發機制，李覯則繼續荀子所闡發的外在規訓性的「禮」爲自己理論的根本前提：「禮者，虛稱也，法制之總名也。」〔註191〕

禮是如何產生的？李覯說：

〔註188〕〔北宋〕李覯著《李覯集・常語》，北京：中華書局1981年版，第513頁。
〔註189〕〔北宋〕李覯著《李覯集・常語》，北京：中華書局1981年版，第518～519頁。
〔註190〕〔北宋〕李覯著《李覯集・禮論第一》，北京：中華書局1981年版，第5頁。
〔註191〕〔北宋〕李覯著《李覯集・禮論後語》，北京：中華書局1981年版，第24頁。

> 夫禮之初，順人之性欲而爲之節文者也。人之始生，饑渴存乎內，寒暑交乎外。……以正夫婦……以親父子……以辨君臣……豐殺有等，疏數有度。貴有常奉，賤有常守。賢者不敢過，不肖者不敢不及。此禮之大本也。〔註 192〕

與荀子一樣，李覯也是從人的自然本性出發探討「禮」的根源。「禮」既生成於社會物質層面的自然需求，其獲得的途徑，李覯認爲在於「教」，實際同於荀子所言之「學」：

> 民之於禮，既非所樂，則勉強而制者，何與？君與師之教也。去自然之情而就勉強，人之所難也。而君欲以爲功，師欲以爲名，命之曰仇敵，不妄也。〔註 193〕

「君師」之教禮，使「民」獲得禮，實際上，聖人「制禮作樂」乃是因爲禮「順人情」而來：

> 人之生也，沒不愛其親，然後爲父子之禮。莫不畏其長也，然後爲兄弟之禮。少則欲色，長則謀嗣，然後爲夫婦之禮。爭則思決，患則待救，然後爲君臣之禮。…推事父之恩，而爲養老之禮。廣事兄之義，而爲鄉飲酒之禮。凡此之類，難以遽數，皆因人之情而把持之，使有所成就耳。〔註 194〕

將「禮」根植於自然人性的情感生成，在某種意義上也沒有割裂「心理要素」對「禮」的規訓與統攝，然這種「情」並非眞正意義上的、或曰純粹的「心理」之「情」，乃是人倫——文化境遇中的情理，而這種情理在李覯的解釋中，又是基於人際關係的差別性所爲，因此，他以「禮」釋「仁」，認爲「仁」出於「禮」，源自「禮」之中的「溫厚廣愛」：

> 在禮之中，有溫厚而廣愛者，有斷決而從宜者，有疏達爾能謀者，有固守而不變著。是四者，禮之大旨也，同出於禮而不可缺者也。於是乎又別而異之。溫厚而廣愛者，命之曰仁；斷決而從宜者，命之曰義；疏達而能謀者，命之曰智；固守而不變者，命之曰信。此禮之四名也。

〔註 192〕〔北宋〕李覯著《李覯集·禮論第一》，北京：中華書局 1981 年版，第 6 頁。

〔註 193〕〔北宋〕李覯著《李覯集·與胡先生書》，北京：中華書局 1981 年版，第 317～318 頁。

〔註 194〕〔北宋〕李覯著《李覯集·與胡先生書》，北京：中華書局 1981 年版，第 317～318 頁。

曰樂，曰政，曰刑，禮之支也。而刑者，又政之屬矣。曰仁，曰義，曰智，曰信，禮之別名也。是七者，蓋皆禮矣。〔註 195〕

「禮」之中的「溫厚廣愛」，李觀名之曰「仁」，是屬於「禮」的四個不同方面的別稱之一；從根本上，「仁」是從屬於「禮」的。那麼，什麼才是「溫厚廣愛」之「仁」？李覯是這樣解釋的：

百畝之田，不奪其時，而民不饑矣。五畝之宅，樹之以桑，而民不寒矣。達孝悌，則老者有歸，病者有養矣。正喪紀，則死者得其藏。修祭祀，則鬼神得其饗矣。征伐有節，誅殺有度，而民不橫死矣。此溫厚而廣愛者也，仁之道也。〔註 196〕

這樣的「仁」道，完全是經濟學的、功利主義的，是完全不同於「性與天道」視界中的「仁」，有別於宋儒之中正統理學家的詮釋路徑，可謂是獨具匠心、別具一格。

於此，李觀還專門作文一篇《本仁》，進一步探討何爲「仁」？爲「仁」者當如何去做：

術於仁者皆知愛人矣，而或不得愛之說。彼仁者，愛善不愛惡，愛眾不愛寡。不愛惡，恐其害善也；不愛寡，恐其妨眾也。如使愛惡而害善，愛寡而妨眾，則是仁者天下之賊也。安得聖賢之號哉？舜去四凶而謚以仁聖，湯初征自葛放桀南巢，而仲虺謂之寬仁。武王梟紂白旗，而孟子曰：「以至仁伐不仁。」仁者固嘗殺矣。世俗之仁則諱刑而忌戮，欲以全安罪人，此釋之慈悲，墨之兼愛，非吾聖人所謂仁也。

夫守國在政，行政在人。人不忠而亂乎政，政亂則國將從之。而且以不誅爲仁，是輕國而重仁也。故明主持法以信，馭臣以威。信著則法行，威克則臣懼。法行臣懼，而後治可圖也。〔註 197〕

孔子言「仁」，也沒有脫離合乎歷史背景的現實功效而論，如他稱讚管仲曰「如其仁，如其仁。」以「愛」言「仁」當然是「仁說」的根骨，但一切都「愛」，「愛」而無原則，必將導致現實社會的混亂，是非混淆、善惡不分，所以主

〔註 195〕〔北宋〕李覯著《李覯集・禮論第一》，北京：中華書局 1981 年版，第 5～6 頁。

〔註 196〕〔北宋〕李覯著《李覯集・禮論第三》，北京：中華書局 1981 年版，第 9～10 頁。

〔註 197〕〔北宋〕李覯著《李覯集・本仁》，北京：中華書局 1981 年版，第 235 頁。

「殺」就未必不是「仁」，以「不誅」為「仁」的主要根據，李覯認為，從理論上說，那是墨家的兼愛、佛教的慈悲：

> 浮屠以不殺為道，水飲而蔬食，舉世稱其仁。夫雞豚狗彘，待人而後生者也。食人之粟，以滋其種類，一日無人，則饑而死。然而天下之民所以不愛其資，豢而畜之者，用於其家故也。神靈之祭，賓客之奉，於是乎取之。今且使民無搖手於其間，則何待而粒之哉？吾見其無遺種矣。抑將不殺其身而務絕其類乎？仁者不為也。抑將奪人之食以飽無用之禽乎？仁者不為也。嗚呼！浮屠之仁與，止於是而已矣！〔註 198〕

李覯於此批判了佛教的偽善性、於現實的不可能性，因為真正徹底地不殺只能消解自身而無法落實。儒學回應佛道的衝擊所作出的應對策略，具有兩個方向出口：一是理論上的內在性構築，即建構儒家人文價值立場的心性學說；二是消解佛道終極理想追求，而以儒家入世精神與經世情懷批判之。重塑儒家經世之學，就需要批判無原則的「愛己」與「愛人」，樹立自孔子而確立的「等差之愛」。李覯在反對孟子中讀出「仁」與「殺身」的關係，而在學術思想上與李覯完全相反的尊孟學者孫抃（996～1064），則他在《辨孟中》中說：

> 孟子曰：「盡信書，不如無書。吾於《武成》取二三策而已。仁人無敵於天下，以至仁伐至不仁，何其血流漂杵？」吾謂非孟子之言，記錄者誤摭非語爾。請得以推而辨之。夫博施以安動植，仁之道也；資殺以止暴戾，仁之權也。道可常執而不可常用，用之者時也。……梁木壞，橫議作，天下之人不之楊則之墨，加以締邪搆偽、放蕩不法者屬而和焉，憲章之猶存空言耳。孟子懼，抗辭以訶詆之，故其書曰：「能言距楊墨者，皆聖人之徒也。」盡瘁如是，尚若以杯水救一車薪之火；艱哉其為力也，豈復有授戈饋糧而資勍敵乎？則斯言也，謂之記錄紙罪可矣，若固執己咎孟子，非吾所聞。〔註 199〕

孫抃批判的是楊墨之學，但他又不願意降低儒家最為珍視的「仁」，因而，以「仁之道」與「仁之權」區分「仁」與「殺」的關係，他從孔子所說的「可

〔註 198〕〔北宋〕李覯著《李覯集・潛書二》，北京：中華書局 1981 年版，第 215 頁。

〔註 199〕曾棗莊、劉琳主編《全宋文》卷四七四，上海：上海辭書出版社；合肥：安徽教育出版社 2006 年版，第 365 頁。

與立，未可與權」中讀出了這樣的「權論」：

> 聖人之所謂道者，利民惠國而言之……依道而變，權也；悖道而變，僞也。非聖賢則大亂之術，前所謂「可與立，未可與權」，難之之辭也，可不謹與！〔註 200〕

孫抃所認爲的「道」當然是源自於「仁」，而他的「仁」也與李覯贊同的經濟之學——「利民惠國」相吻合，一個是尊孟視「仁」爲最高的「道」，一個卻非孟視「仁」爲「禮」之一種別名而已，兩個人可謂是「殊途而同歸」

言「仁」當要以人的現實物質利益爲依歸、爲準繩，這也是世俗社會對儒家只是注重道德價值而忽略物質訴求的不滿之處，李覯說：

> 利可言乎？曰：人非利不生，曷爲不可言？欲可言乎？曰：欲者人之情，曷爲不可以言？言而不以禮，是貪與淫，罪矣。不貪不淫而曰不可言，無乃賊人之生，反人之情，世俗之不喜儒以此。〔註 201〕

正如前文所論，李覯論「禮」，是源自人的自然欲求之情而來，是順「人情」、導「人欲」的，因此，「利」與「欲」的正面性價值就是值得肯定的：

> 孟子曰：「何必曰利」，激也。焉有仁義而不利者乎？其書數稱湯武將以七十里、百里而王天下，利豈小哉？孔子七十，所欲不逾矩，非無欲也。〔註 202〕

孟子倡言治理國家天下當以「仁義」替代「利」，李覯認爲這不符合歷史實際，比如湯武革命就不是專言「仁義」可以做到的，孔子也有根本物質欲求，只是他沒有超越一定的規矩而已。

宋儒自韓愈以「仁義」規定「道德性命」之學的內在根底後，偏向於內在心性探求的儒家學者都無不以「人心之仁」爲求得聖人之途的價值交集點，從上行路線說，可以上達天道生生之仁而爲「生物之心」，從下行路線說，則可將本屬「人心之仁」人文價值凸顯進而爲上達天道開闢新途。通觀李覯的思想脈絡，他在主觀上並沒有意圖貫通這兩條路線，即使他研究《易》理，也不過是說：「聖人作《易》，本以教人，而世之鄙儒，忽其常道，競習異端。」

〔註 200〕曾棗莊、劉琳主編《全宋文》卷四七四，上海：上海辭書出版社；合肥：安徽教育出版社 2006 年版，第 370 頁。

〔註 201〕〔北宋〕李覯著《李覯集・原文》，北京：中華書局 1981 年版，第 326 頁。

〔註 202〕〔北宋〕李覯著《李覯集・原文》，北京：中華書局 1981 年版，第 326 頁。

〔註 203〕他並不爲研究《易》理而解《易》，其研《易》之根本目的而在於人倫日用之常事、外王事功之法門，其重「用」而不重「體」，他說：「吉凶由人，乃《易》之教也」。〔註 204〕

李覯也曾探討過「性命之學」，認爲「天」使人爲善可稱之爲「命」，使人明於善的稱之爲「性」，因此看到「性」也就知道「命」，他說：

> 本乎天謂之命，在乎人謂之性，非聖人則命不行，非教化則性不成。是以制民智法，足民之用，而命行矣；導民以學，節民以禮，而性成矣。則是聖人爲天之所爲也。〔註 205〕

李覯的這種「性命之學」並沒有太多的新意，他與荀子一樣都重視「學」，以爲教化則可「成性」。需要知道的是，李覯以爲「學」所以成就的並非是「復性」而是「成性」，既是「成性」，他當然就可以說孟子的「仁義之性」並非人人所具有，因此也就不存在「復性」一說了：

> 孟子以爲人之性皆善，故有是言耳。古之言性者四：孟子謂之皆善，荀卿謂之皆惡，揚雄謂之善惡混，韓退之謂性質品三：上焉者善也，中焉者善惡混，下焉者惡而已矣。今觀退之之辯，誠爲得也，孟子豈能奪之？〔註 206〕

李覯從學術研究上認爲，古人探討何爲「性」時有多達四種理論，孟子言「性善」只是其中的一種而已，實際上他贊同的是韓愈所言的「性三品」說，故此：

> 聖人者，根諸性者也。賢人者，學禮而後能者也。〔註 207〕

聖人之所以爲聖人，是聖人至始至終都表現爲本性的存在，因此，聖人不待學而能，而賢者則是需要依靠學習來完善自己的，如此，「學」與「教化」就顯得非常重要。

李覯以「性三品」之說，隔絕了普遍意義上的「天人」貫通的可能性，人文價值的「仁」德就不可能成爲上達「天道」的價值本體，在李覯的視野裏「仁」也只能成爲「禮」的附屬物，成爲功利主義道德觀的一種選擇而已。因此，從重「用」過渡到「體用皆備」的「致廣大而盡精微」的儒家「仁」

〔註 203〕〔北宋〕李覯著《李覯集·易論第一》，北京：中華書局 1981 年版，第 27 頁。
〔註 204〕〔北宋〕李覯著《李覯集·易論第六》，北京：中華書局 1981 年版，第 66 頁。
〔註 205〕〔北宋〕李覯著《李覯集·易論第六》，北京：中華書局 1981 年版，第 66 頁。
〔註 206〕〔北宋〕李覯著《李覯集·禮論第六》，北京：中華書局 1981 年版，第 18 頁。
〔註 207〕〔北宋〕李覯著《李覯集·禮論第三》，北京：中華書局 1981 年版，第 11 頁。

學，歷史的任務留給了他的同鄉：王安石。

二、王安石：道德性命與「仁」學

王安石（1021～1086），字介甫，號半山，江西臨川人，因元豐二年（1079）被封爲荊國公，又因以《三經新義》爲學術根底，故其學被稱爲「荊公新學」。新學「獨行於世者六十年」〔註 208〕，是北宋中後期，乃至南宋前期學術界與國家意識形態的主導力量。就理論形態而論，學界一般認爲荊公新學具有前期與後期兩個發展階段，早期以道德性命之學爲主題，而後期則側重事功之學。〔註 209〕王安石生平講學重於道德性命，從經學歷史的發展看，他多從己意詮釋經典，將重經術的漢唐傳注之學轉爲重性理的道德之學，自應有其歷史地位：

> 宋興，文物盛矣，然不知道德性命之理。安石奮乎百世之下，追堯舜三代，同乎晝夜陰陽所不能測而入於神。初著《雜說》數萬言，世謂其言與孟軻相上下。於是天下之士，始原道德之意，窺性命之端。〔註 210〕

此語是宋蔡京所撰《安石傳》中所云，從中可以看出王安石道德性命之學在當時社會的影響。但是，在理學家眼中，王安石的道德性命之學又是備受詬病之處，如湖湘學者張栻（1133～1180）曾說：「熙寧以來人才頓衰於前，正以王介甫作壞之故。介甫之學乃是祖虛無而害實用者，伊洛諸君子蓋欲深救茲弊也。」〔註 211〕「高談性命，特竊取釋氏之近似者而已。」〔註 212〕理學家的批判是站在判荊公新學爲學態度與方法上的綜合性與融通性，或曰「雜而不醇」的立場上的學派之爭，就王安石所處時期的理學或曰道學與新學的紛爭，則更多的表現爲政治黨派之爭在學術上的表現。若從「仁」學思想史的角度著眼，金人趙秉文（1162～1235）下面兩段話則在一定程度上點出王安石

〔註 208〕〔南宋〕陳振孫著《直齋書錄解題》卷二，文淵閣《四庫全書》第 674 冊，上海：上海古籍出版社 1987 年版，第 545 頁。

〔註 209〕張豈之主編《中國思想學說史》〔宋元卷〕，桂林：廣西師範大學出版社 2008 年版，第 378 頁。

〔註 210〕〔南宋〕晁公武著《昭德先生郡齋讀書志‧後志二》，《四部叢刊》三編史部。

〔註 211〕〔南宋〕張栻著《南軒集》卷十九，文淵閣《四庫全書》第 1167 冊，上海：上海古籍出版社 1987 年版，第 578 頁。

〔註 212〕〔南宋〕張栻著《南軒集》卷十九，文淵閣《四庫全書》第 1167 冊，上海：上海古籍出版社 1987 年版，第 580 頁。

道德性命之學與仁（義）之學的密切關聯：

> 自韓子言仁義而不及道德，王氏所以有道德性命之說也。然學韓而不至，不失爲儒者，學王而不至，其弊必至於佛老，流而爲申韓。〔註213〕
>
> 自王氏之學興，士大夫非道德性命不談，而不知篤厚力行之實，其蔽至於以世教爲「俗學」。而道學之蔽，亦有以中爲正位，仁爲種性，流爲佛老而不自知，其蔽反有甚於傳注之學。此又不可不知也。〔註214〕

在本章韓愈論「仁」一節中，我們知道，韓愈以「仁義爲定名」之說重新舉起儒家人文價值的旗幟，但是「道德爲虛位」則僅僅只是爲儒家道統的開創點出了與佛老平行的另一條線索而已，他並沒有在根底裏排除佛老對「道德」的闡釋權。在趙秉文看來，王安石定然是知道韓愈理論的限度所在，因而才著力倡言道德性命之學，同是，趙又認爲荊公新學的興起導致了「篤厚力行之實」、經世致用之學蔽而不見。若以荊公論道德性命，進而導致坐而論道、空談性命，這是歷史的絕大誤解，近人陳鍾凡認爲王安石等人「以禮制爲立國之大經，富強爲政教之墩的，力立矯迂遠空疏之談，以事功爲天下倡。當時學者交口攻之，目爲異端之見也。」〔註215〕今人鄧廣銘則認爲，包括王安石在內的「北宋的這些學者們，全都是以『致廣大，盡精微』爲其治學宗旨的。惟其要廣大，故都有其治國平天下的抱負；惟其要盡精微，故都要把儒家學說的義理進行深入的探索。」〔註216〕「盡精微」可謂是內聖之學，「致廣大」則可謂是外王之學，「王安石變法」固然沒有成功，但他致力於富國強兵的外王之努力是無人可以忽視的，而其「盡精微」的內聖之學則可通過他探討「道德之學」與「仁（義）之學」內在關聯來管中窺豹：

> 萬物待是而後存者，天也；莫不由是而之焉者，道也；道之在我者，德也；以德愛者，仁也；愛而宜者，義也。〔註217〕

〔註213〕〔清〕黃宗羲原著《宋元學案》卷一百，北京：中華書局1986年版，第3320頁。

〔註214〕〔清〕黃宗羲原著《宋元學案》卷一百，北京：中華書局1986年版，第3322頁。

〔註215〕陳鍾凡著《兩宋思想述評》，北京：東方出版社1996年版，第2頁。

〔註216〕鄧廣銘《談談有關宋史研究的幾個問題》，載《社會科學戰線》1986年第2期。

〔註217〕〔北宋〕王安石著、唐武標校《王文公文集・久變而賞罰可言》，上海：上海

語道之全，則無不在也，無不爲也，學者所不能據也，而不可以不心存焉。道之在我者爲德，德可據也。以德愛者爲仁，人譬則左也，義譬則右也。德以仁爲主，故君子在仁義之間，所當依者仁而已。孔子之去魯也，知者以爲爲無禮也。乃孔子則欲以微罪行也。以微罪行也者，依於仁而已。禮，體此者也；智，知此者也；信，信此者也。孔子曰：「志於道，據於德，依於仁。」而不及乎義禮智信者，其說蓋如此也。楊子曰：「道以道之，德以得之，仁義人之，義以宜之，禮以體之，天也。合則渾，離則散，一人而兼統四體者，其身全乎。」老子曰：「失道而后德，失德而後仁，失仁而後義，失義而後禮。」揚子言其合，老子言其離，此其所以異也。韓文公知「道由君子小人，德有凶有吉」，而不知仁義之無以異於道德，此爲不知道德也。〔註 218〕

王安石認爲韓愈將「道德」虛位處理，是「不知道德」，從邏輯貫通性上說，儒家道德性命之學的根本落腳點就在於「道德」與「仁義」相互涵括，進而構成一個不可分割的整體。「天人一體」的理論思考路徑，必然需要確立一個本根的邏輯基點，因而，道就成爲萬物所共同遵循的原則與規律，德是道在人中的體現，或是人體認道之後的所得，通過德而生發出來的愛便是仁，但愛並非無根由、無條件的或曰博愛、兼愛，在愛的生發過程中需要義的節度與約束進而表現爲適宜與恰當。在這裏，仁不再是道德容器中的盛放之物，道德實際是仁德之愛生長的種子，但是這粒種子卻不是人所能直接依據的，因爲「道」是「自本自根，未有天地，自古以固存，無所法耶」〔註 219〕「無不在也，無不爲也」，換言之，道具體存在於何處、其作用如何並不規定，所謂「古之聖人，其道未嘗不入於神，而其所稱止乎聖人者，以其道存乎虛無寂寞不可見之閒，苟存乎人，則所謂德也。」〔註 220〕道實際存於「虛無寂寞不可見之間」，只有「入於神」的聖人方可把握它；道既無處不在，當也涵括

人民出版社 1974 年版，第 324 頁。

〔註 218〕〔北宋〕王安石著、唐武標校《王文公文集·答韓求仁書》，上海：上海人民出版社 1974 年版，第 80 頁。

〔註 219〕〔北宋〕王安石著、容肇祖輯《王安石老子注輯本·有物混成章帝二十五》，北京：中華書局 1979 年版，第 29 頁。

〔註 220〕〔北宋〕王安石著、容肇祖輯《王文公文集·大人論》，北京：中華書局 1979 年版，第 338 頁。

「存乎人」，以體現爲德。德對於人是「可據」的，而德又是人去愛的規定要素，其展現出來的效果即是仁與義，而仁則更根本，故實際而論，人「所當依者，仁而已」，義禮智信只是從不同的方向對於人之「依於仁」起到知解與扶持作用。同實，王安石認爲道德仁義作爲統一整體，其宇宙論的根基則在於「天」，萬物之持存者爲「天」，「天」生成萬物萬理。在王安石看來，「天」乃是一種頗具形象性特徵，而道則更具備內在的、理論的規定性，因此，道在此就更具有理論上的原始義，通過這個原始義，最初體現爲德，再經過人的內心之愛傳播以「仁」爲最初的儒家人文精神要素。〔註 221〕

王安石如此精密地論證道德仁義的內在邏輯關係，是因爲他對當世學者熱議道統之說，提出自己的看法而作的論證。儒學復興運動正是始自於韓（愈）、柳（宗元）興起的「文以載道」的「古文運動」，在政治上尋求國家統治的正統性、在學術上追求闡釋「道」之權利，王安石是如此闡釋說的：

> 昔者道發乎伏羲，而成乎堯、舜，繼而大之於禹、湯、文、武。此數人者，皆居天子之位，而使天下之道寖明寖備者也；而又有在下而繼之者言，伊尹、伯夷、柳下惠、孔子是也。夫伏羲既發之也，而其法未成，至於堯雖能成聖人之法，未若孔子之備也。……蓋所謂聖人者，莫不預有力也。孟子曰「孔子集大成者」，蓋言集諸聖人之事，而大成萬世之法耳。〔註 222〕

這段話可以歸納爲兩個要點：其一，王安石認爲「道」有一個傳遞的序列，最初從伏羲開始，經過堯舜禹湯文武周公，而傳給孔孟；其二，孔子是成就聖人之法的「道」的集大成者，相比較而言，他的德才都要「賢於堯舜」。至於後來，王安石還將道統的接續者歸之於揚雄，「揚雄者，自孟軻以來未有及之者，但後世士大夫多不能深考耳」，這是後世宋儒批判他的原因之一，畢竟「擇焉而精，語焉而不詳」是宋儒對揚雄學問的普遍看法。

「道」的傳續系列既明，傳的何種「道」，在前文所論的基礎上，王安石又說：

> 若夫道隆而德駿者，又不止此，雖天子北面而問焉，而與之迭

〔註 221〕楊柱才《王安石的儒學思想》，載《國學研究》第八卷，北京：北京大學出版社 2001 年版，第 442 頁。

〔註 222〕〔北宋〕王安石著、容肇祖輯《王文公文集·夫子賢於堯舜》，北京：中華書局 1979 年版，第 322 頁。

爲賓主，此舜所謂承之者也。〔註 223〕

先王之道德，出於性命之理，而性命之理，出於人心。〔註 224〕

嗚呼！道之不一久矣。楊子曰：「如將復駕其所說，莫若使諸儒金口而木舌。」蓋有意乎辟廱學校之事，善乎其言，雖孔子出，必從之矣。今天子以盛德新即位，庶幾能及此乎？今之守吏，實古之諸侯，其異於古者，不在乎施設之不專，而在乎所受於朝廷未有先王之法度；不在乎無所於教，而在乎所以教未有以成士大夫仁義之材。〔註 225〕

蓋繼道莫如善，守善莫如仁，仁之施自父子始。積善而充之，以至於聖而不可知之謂神，推仁而上之，以至於聖人之於天道，此學者之所當一位事也。〔註 226〕

「道隆德駿」是作爲天子所應承繼的施政原則，「道」之本身從宇宙論上說源自於「天」，而從人的方向上論又來自「人心」通過「性命」而達至的。「道之不一」是思想論者的紛爭，也是國家施政的不統一，唯有立足於「仁」的聖人之道方是朝廷應該遵循的「先王之法度」。從這些話中，我們能夠明白王安石將「道德性命之學」與「外王事功之學」統合一起的良苦用心。也因此，他對於「仁」學的思考深度要更勝於李覯，畢竟在「性與天道」的形而上問題上，李覯並沒有融入於他的「仁」學建構中，在「致廣大而盡精微」上確是沒有很好地貫通。王安石的努力與貢獻，也就使得我們能夠理解爲何宋人就曾將其列爲道統的繼承人的原因了，清代學者費密（1623～1699）在論述宋儒講道統時說：「獨言孟軻之傳，開於唐儒韓愈。至宋蔡京遂以王安石上下孟軻，程頤又以程顥爲孟軻後一人，而尚無道統接傳之論也。」〔註 227〕「道統」之說自朱熹闡釋後而爲儒家主要學者所接受，這裏頭沒有王安石的地位，

〔註 223〕〔北宋〕王安石著、容肇祖輯《王文公文集・虔州學記》，北京：中華書局 1979 年版，第 402 頁。

〔註 224〕〔北宋〕王安石著、容肇祖輯《王文公文集・虔州學記》，北京：中華書局 1979 年版，第 402 頁。

〔註 225〕〔北宋〕王安石著、容肇祖輯《王文公文集・虔州學記》，北京：中華書局 1979 年版，第 403 頁。

〔註 226〕〔北宋〕王安石著、容肇祖輯《王文公文集・太平州新學記》，北京：中華書局 1979 年版，第 403～404 頁。

〔註 227〕【明】費密著、《統典論》，轉引自饒宗頤著《中國史學上之正統論》，上海：上海遠東出版社 1996 年版，第 359～363 頁。

但卻不妨礙我們撥開歷史的面紗，發現王安石曾經的重要貢獻與歷史地位。

「仁」源自於「天道」的根本確證，而「天道」又是「自本自根」，因而，對於何爲「仁」之內在屬性規定，還是當從另外一個地方去尋找，於此，作爲人心之「仁」，它的端的，王安石認爲是「愛親」與「愛己」，他說：

> 父子之親，仁義之所由始，而長子者繼祖考之重，故喪之三年，所以重祖考也。今季子不爲之盡禮，則近於棄仁義、薄祖考矣。〔註 228〕

「仁義」開始之處是父子相親相愛之情，在喪親祭祖上沒有盡到相應的禮義，便是不仁不義。自孔子始，一般將血親之情作爲「仁」的發端之處，而王安石卻將「義」也涵括在內，是其比較特意的解釋。同是，他還說：

> 荀卿載：「孔子之言曰：『由，智者若何？仁者若何？』子路曰：『智者使人知己，仁者使人愛己。』子曰：『可謂士矣。』子曰：『賜，智者若何？仁者若何？』子貢曰：『智者知人，仁者愛人。』子曰：『可謂士君子矣。』子曰：『固，智者若何？仁者若何？』顏淵曰：『智者知己，仁者愛己。』子曰：『可謂明君子矣。』」是誠孔子之言與？吾知其非也。夫能近見而後能遠察，能利狹而後能澤廣，明天下之理也。故古之欲知人者必先求知己，欲愛人者必先求愛己，此亦理之所必然，而君子之所不能易者也。請以事之近而天下共知者諭之。〔註 229〕

皆知何爲「仁」最經典的釋義是爲孔子所云「愛人」，而對於「己」則是「克己復禮」，王安石卻說「愛人」要先從「愛己」始，引出這個論斷是來自荀卿所載孔子與其弟子的談話，當然，他認爲荀卿所載並非孔子本人的言論。從「利狹而後能澤廣」的思維邏輯分析，王安石所說的「愛人必先愛己」顯然不同於張載所說的「以愛己之心愛人則盡仁」命題。張載的話中之意在於他人與自己需要一同對待，不可以在「心」上有所區別，也就是說，他人皆是自己的兄弟，包括萬事萬物在內，所謂「民吾同胞，物吾與也」（《正蒙・乾稱》），就是要把愛他人要如同愛自己那樣「感同身受」。張載之意並非是要完全平等地去愛所有的人，包括自然萬物，也就是當下我們所堅守的

〔註 228〕〔北宋〕王安石著、容肇祖輯《王文公文集・季子》，北京：中華書局 1979 年版，第 304 頁。

〔註 229〕〔北宋〕王安石著、容肇祖輯《王文公文集・季子》，北京：中華書局 1979 年版，第 307 頁。

形式平等的「愛」，即對待他人可以像對待自己的父母那樣，對待君王可以像對待朋友一樣，在人格上確認一切人皆平等，一切物皆平等，若論張載思想中具有當下社會所涵蓋的平等之意義，我以爲那絕然是犯過渡詮釋的錯誤，不符合思想史的特徵。王安石提出「愛己」爲「仁之端」，實際是借用揚雄的說法，揚雄說：「人必其自愛也，而後人愛諸；人必其自敬也，而後人敬諸。自愛，仁之至也；自敬，禮之至也。未有不自愛、敬，而人愛、敬之者也。」〔註230〕把「仁」解釋爲「自愛」，在文字學上是有一定根據的，思孟學派所造的身心一體的「𢟪」，最初的釋義很可能就「自愛」，因爲該字形的構造乃是心上有「身」，而「身」就有指代「自己」之意。但顯然，王安石並非此意：

> 今有人於此，不能見太山於咫尺之內者，則雖天下之至愚，知其不能察秋毫於百步之外也，蓋不能於近則察於遠明矣。而荀卿以謂知己者賢於知人者，是猶能察秋毫於百步之外者爲不若見太山於咫尺之內者之明也。今有人於此，食不足以厭其腹、衣不足以周其體者，則雖天下之至愚，知其不能以贍足鄉黨也，蓋不能利於狹則不能澤於廣明矣。而荀卿以謂愛己者賢於愛人者，是猶以贍足鄉黨爲不若食足以厭腹、衣足以周體者之富也。由是言之，荀卿之言，其不察理已甚矣。故知知己者，智之端也，可推以知人也；愛己者，仁之端也，可以推以愛人也。夫能盡智、仁之道，然後能使人知己、愛己，是故能使人知己、愛己者，未有不能知人、愛人者也。今荀卿之言，一切反之，吾是以知其非孔子言而爲荀卿之妄矣。楊子曰：「自愛，仁之至。」蓋言能自愛之道，則足以愛人耳，非謂不能愛人而能愛己者也。噫，古之人愛人不能愛己者有之矣，然非吾知所謂愛人，而墨翟之道也。若夫能知人而不能知己者，亦非所謂知人矣。〔註231〕

這段比較長論證性語言大抵分爲兩個層次：第一層次王安石爲自己「愛己爲仁」作正面的陳述與證明，他從人的感官視覺乃是由近及遠，感官欲求也是從先滿足自己開始然後到他人，最後才滿足達至天下，因而，自己是出發點；第二層次則是批判荀卿「愛己」賢於「愛人」，滿足自己勝過滿足他人，也批

〔註230〕〔西漢〕揚雄著、韓敬注《法言注》，北京：中華書局1992年版，第326頁。
〔註231〕〔北宋〕王安石著、容肇祖輯《王文公文集・荀卿》，北京：中華書局1979年版，第307～308頁。

判墨家只知道「愛人」，而不知道「愛己」，王安石認爲荀、墨都走向兩個極端，沒有把「愛己」與「愛人」的關係搞清楚，在他看來，「愛己」是出發點，但「愛己」的目標指向乃是「愛人」，因而「愛己」與「愛人」應當統一起來，若截然分開，則會陷入「不仁不義」的境地：

楊墨之道，得聖人之一而廢氣百者是也……墨子之道，摩頂放踵以利天下，而楊子之道，利天下拔一毛而不爲也。……楊墨之道，獨以爲人、爲己得罪於聖人者，何哉？此蓋所謂得聖人之一而廢其百者也。是故由楊子之道則不義，由墨子之道則不仁，於仁義之道無所遺而用之不失其所者，其唯聖人之徒歟？……由是言之，楊子之道雖不足以爲人，固知爲己矣。墨子之志雖在於爲人，吾知其不能也。嗚呼，楊子知爲己之爲務，而不能達於大禹之道也，則亦可謂惑矣。墨子者，廢人物親疏之別，方以天下爲己任，是其所欲以利人者，適所以爲天下害患也，豈不過甚哉？故楊子近於儒，而墨子遠於道，其異於聖人則同，而其得罪則宜有間也。〔註 232〕

如果依據王安石的標準進行分類，楊朱可以說「爲仁而不義」，墨子則完全是「不仁不義」，因爲王安石把「義之端」都歸結爲「父子之親」。王安石排楊朱墨子卻發揮揚雄的觀點，與他列揚雄爲儒家之道的傳承人〔註 233〕是密切相關的，但這僅只是就「道德性命」之學方面而論，從其「外王事功」之學方面看，他是如此說的：

然先王之爲天下，不患人之不爲，而患人之不能，不患人之不能，而患己之不勉。……何謂不患人之不能，而患己之不勉？先王之法，所以待人者盡矣，自非下愚不可移之材，未有不能赴者也。然而不謀之以至誠惻怛之心，亦未有能力行而應之者。故曰：不患人之不能，而患己之不勉。陛下誠有意乎成天下之材，則臣願陛下勉而已。〔註 234〕

嘉祐三年（1058）王安石《上皇帝萬言書》，初步提出改革法度的主張，以圖

〔註 232〕〔北宋〕王安石著、容肇祖輯《王文公文集·楊墨》，北京：中華書局 1979 年版，第 308～309 頁。

〔註 233〕王安石爲何列揚雄爲儒家聖人之道的傳承人，楊柱才《王安石的儒學思想》一文有簡要論述，可資參考。

〔註 234〕〔北宋〕王安石著、容肇祖輯《王文公文集·上皇帝萬言書》，北京：中華書局 1979 年版，第 14 頁。

達至「先王之政」，在人才方面，他希望仁宗皇帝能夠「勉」，就是鼓勵、重用人才，爲何須要「勉」？因爲「己」並沒有被重視與彰顯，對應於何者爲「仁」的界定，我們就可以知曉，原來王安石是要給「己」鬆綁，給「愛己」以道德的制高點，以使國家能夠得到更多的人才，才能使其後的變法圖強得以眞正的落實。聯繫王安石的「外王事功」之學與「道德性命」之學，我們可以非常清楚的明白，「致廣大而盡精微」對他而言，實在是能夠體現他爲學的規模而非如下這般偏見之詞所能涵括：

> 古人自格物致知以至平治天下，初無二本，自本身徵民以至考建質俟，初無二理。今曰：「不通政事卻深於經術」，又曰：「其人節行過人甚多」，審如其說，是能格致誠正而不能行之天下國家，本諸身矣而庶民且不合，他可知也。此理曉然易知，而能惑世誣民於十九年間，以養成亂本，又能使紹聖以後，守其說而莫之改也，嗚呼！〔註 235〕

這是了齋於《日錄辯》中的一段概括了反對王安石之人之學之功的兩點基本看法：其一，列「道德性命之學」與「外王事功之學」爲「二本」；其二，荊公新學是「惑世誣民」的根本，而且主導了紹聖之後學術界。所謂「二本」之說，在我們上面的分析中，我們已經可以判別是錯誤的；「惑世誣民」則有黨派之爭的火藥味了；至於紹聖之後，荊公新學在學術界的主導地位，了齋先生倒是說了大實話。

小　結

本章主要探討了兩個方面的內容：北宋「仁」觀念再出發的理論背景與新時期「仁」闡釋模式的逐步形成。一個學術觀念的興起總是伴隨著內外諸多因素而來，儒家「仁」觀念在北宋逐漸成爲一個重要的「話頭」，其外在的功勞不能不歸於佛道理論的高深與玄妙對學者的普遍吸引，而儒學流於經學的繁瑣、失於義理的探究則不可謂不是學術話語權流失的內在緣由。

因此，中唐的韓愈以「定名－虛位」的模式首先突出儒家的「仁義」之道，以爲這是儒與佛老區別的核心所在，將儒家學說的「仁義」內核扣在其

〔註 235〕〔清〕黃宗羲原著《宋元學案》卷九十八，北京：中華書局 1986 年版，第 3251 頁。

「道統」的命脈之上，韓愈的做法對後世儒家學者闡釋儒家之「道」形成了積極的效應。經過佛老的理論浸潤，宋初儒士對「仁」道的闡釋發生了不同於先秦儒家的特點，其表現就在於「仁」的宇宙論色彩的加重，「一般人類的心理要素」爲「仁」的內涵開始弱化。如果說韓愈突顯儒家「仁義」只是在標立一面旗幟，從范仲淹開始，挖掘「仁」的義理內涵則爲一種歷史的趨向。范仲淹開啓宋代以宇宙論視角言「仁」的先河，將「仁」建立於宇宙生生之德的「體」上，雖然此「體」尙未有以「宇宙生成論圖景」的體系化爲基礎，但范氏的首倡此種不同於先秦儒家「心理要素」言「仁」的模式，其功甚偉。胡瑗固然有以「性情」言「仁」，然就其思想的獨特性而言，此「性情」非先秦儒家、尤其是孟子「人心」之「性情」，而是「天地之心」視域中的「性情」，因此，胡瑗言「仁」也是在宇宙論的視角。李覯顯然是依著「一般人類的心理要素」來理解「仁」，因此，他與荀子一樣都不認爲「仁」是現實社會最切要的實現「平治天下」的手段，而認爲秩序化的「禮」才是最重要的、最有效的。經濟學的、功利化的「仁」道在宋儒看來無法切合「體用」皆具的「貫通性」要求，如果一切都是利害計算，這顯然是以「用」爲本，以「體」爲末的做法，這確然不符合儒學的歷史走向。因此，王安石的「道德性命」之學的出現、政治事功的實施充分展示了儒學「體用一貫」、「致廣大而盡精微」的爲學宗旨。實際上，荊公新學在「仁」觀念的義理闡發上，也沒有脫離「心理要素」範疇，他只是依憑對「仁」的闡釋，爲實現其政治理想而做的理論鋪墊。

北宋「仁」觀念的再出發，其特點就表現在宇宙生生之德開始進入「仁」的闡釋範疇，然「一般人類的心理要素」爲「仁」的核心義理，依然是這個階段中「仁」思想的主要構成。

第三章　北宋理學的「仁」思想：以「北宋五子」爲中心

宋初的新儒學運動中，仁學思想表現出形而上走向與回歸儒家禮義倫理文化的雙重線索，這種趨向在理學思想形成時期，出現了新的表徵：「仁」觀念日益融合哲學化的思維方式與人倫之理的內核，也就是說，儒家仁學思想在宋初以前的主要理論形態無論表現爲是全德之名，還是體現爲泛眾之愛，都不過是源生自從禮儀到禮義的人倫之理的文化特徵，但是，在理學勃興的運動中，作爲倫理形態的「仁學」在主流的話語體系之中開始被哲學形態的「仁學」所取代，而體現爲道德形而上學的總體趨向。北宋中期是理學形成時期，這個階段儒學的主題轉入「內聖之學」或曰「爲己之學」，「仁」觀念的新闡釋成爲這種轉換的重要內容。

第一節　「元者，仁也」：論邵雍的「仁」學

邵雍（1011～1077），字堯夫，諡康節，祖籍河北范陽，後隨父先遷衡漳（今河北南部），再遷共城（今河南輝縣），晚年定居河南洛陽。根據《宋史》記載，邵雍年少之時就很有抱負和才幹，希望能幹一番偉業，能見到的書都拿來研讀，寒不爐，暑不扇，夜以繼日刻苦用功數年之久，他還訪學四方，足跡遍及中原河淮一代，學問日益精進，當其到達洛陽之後不久，就定居於此，耕稼著書，還將他所住之處名之「安樂窩」，自號安樂先生。

一、「淳一不雜」與「空中樓閣」

邵雍與當時許多著名學者皆有往來，如司馬光、張載、程顥、程頤等，他去世後，程顥還撰寫《邵堯夫先生墓誌銘》一文，稱其學問「淳一不雜，汪洋浩大，乃其所自得者多矣。」〔註 1〕其實，邵雍之學是否「淳一不雜」，程顥記於墓誌銘的話未必完全符合歷史事實。

其實，邵雍還在世的時候，對其學問的批評和頌揚是並存的，比如，程頤就曾指出邵雍的思想學說「猶如空中樓閣」。當然，對邵雍之學大加讚揚的莫過於於朱熹，他在《六先生畫像贊》中稱邵雍「天挺人豪，英邁蓋世。駕風鞭霆，歷篤學力行，清修苦節。有德有言，有功有烈。深衣大帶，張拱徐趨。遺象凜然，可肅薄夫。」〔註 2〕這是對邵雍一生人品氣質、思想學問和德性踐履的高度稱頌，以至於成爲後世論邵雍之學問與人品的重要根據。唐明邦先生在邵雍的評傳著述中指出，邵雍在歷史上的學術思想評價是存在分歧的，「作全面肯定評價的有朱熹、胡安國、蔡元定、張行成、黃畿等學者，他們的評價得到康熙帝的認可。對此作否定性評價的主要有程頤、王夫之、黃宗羲等思想家，影響到清代乾嘉學派。」〔註 3〕

即便朱熹高度評價邵雍之學，但其在編寫《伊洛淵源錄》的康節先生部分時，還是將其列在程頤之後，這也就直接影響了《宋史・道學傳》人物安排的次序，而確認周敦頤才是理學的創始人，雖然邵雍的《先天圖》系統和周敦頤《太極圖》系統，一般認爲都源自穆修的傳授，而最後也都源自陳。近幾十年來，對邵雍的思想學說的解讀，除了部分研究易學的學者，如唐明邦先生贊同朱熹等人之說而持較爲肯定之外，學界更多的是持批評性的態度，比如侯外廬主編的《中國思想通史》指出「邵雍之學更多地出於緯學，特別是《易》緯。」〔註 4〕讖緯之學是盛行於兩漢之時，將經學神學化、迷信化解釋的思想潮流，張豈之主編的《中國思想史》認爲「邵雍的象數學不符合歷史的實際情況，是用先驗的認爲數學模式套在歷史過程中」〔註 5〕，仔細閱讀《皇極經世書》，相信這個判斷是恰當的。錢穆先生認爲邵雍之學「其實是更近莊周。康節精於象數之學，近似西漢陰陽家。……我想稱此一派爲『觀

〔註 1〕〔北宋〕邵雍著《邵雍集》，中華書局 2010 年版，第 580 頁。
〔註 2〕《朱子全書・晦庵先生朱文公文集・六先生畫像贊》，第 4003 頁。
〔註 3〕唐明邦著《邵雍評傳》，南京大學出版社 1998 年版，第 261 頁。
〔註 4〕侯外廬主編《中國思想通史》第四冊上，人民出版社 1959 年版，第 522 頁。
〔註 5〕張豈之主編《中國思想史》，西北大學出版社 1993 年版，第 321 頁。

物哲學』。前有莊周，後有康節，這一派哲學，在中國思想裏更無第三人堪與鼎足媲美。莊周是撇脫了人的地位來觀萬物，康節則提高了人的地位來觀萬物。莊周是消極的，康節是積極的。」〔註6〕錢穆先生雖然對康節多爲溢美之詞，然其所言也確認其思想的雜糅性。而韋政通則更是直接地說，邵雍「不是什麼數理家，他是一個推算世運的預言家。」〔註7〕顯然，這也是指認了邵雍之學的「緯學」特質。勞思光則從二程的言論之間的蛛絲馬蹟，分析認爲邵雍與二程的學說思想距離極大、相距極遠，而朱熹所云康節之學乃承自孔子的觀點是鹵莽之論，認爲二程推尊康節之學與事實不符。〔註8〕康節之學爲何在當世學者與後學學者中會有如此之對立論斷，這很可能與他的閱讀經歷、思想追求有所應和，正如他的兒子邵伯溫所言，「康節先公於書無所不讀，獨以六經爲本，蓋得聖人之深意。平生部位訓解之學，嘗餘額：『經意自明，苦人不知耳。屋下蓋屋，床下安床，滋惑矣。』……以老子爲知《易》之體，以孟子爲知《易》之用。論文中子，謂佛爲西方之聖人，不以爲過。於佛老之學，口未嘗言，知之而不言也。故有詩曰：『不佞禪伯，不諛方士；不出戶庭，直際天地。』」〔註9〕儒、道、佛，無所不學，思想自然雜糅，而難有「淳一不雜」了。

二、「先天之學，心法也。」

邵雍的思想學說，學者們有很多不同的歸納，有學者認爲主要可以分爲三個方面，「先天之思」、「象數之學」、「觀物之術」〔註10〕，「象數」之學主要是以數學運算的方式來推論歷史的變遷歷程，而「先天」與「觀物」涉及的是哲學思想的假設前提與哲學思想的推演方法。

邵雍「先天」思想的形成與他受傳的《先天圖》有密切的關係。《先天圖》實際是解釋八卦和六十四卦重卦組成順序的圖式，包括了「八卦次序圖」、「八卦方位圖」、「六十四卦次序圖」、「六十四卦圓圖」、「方圖」、「卦氣圖」等等，狹義上主要指《先天八卦方位圖》，以八卦方位，配合奇偶，重合獲得六十四卦，以此來解釋現實世界的各類事象，這就是邵雍「先天之學」的出處。「先

〔註6〕錢穆著《中國思想史》，九州出版社2011年版，第165頁。

〔註7〕韋政通著《中國思想史》（下），吉林出版集團有限公司2009年版，第737頁。

〔註8〕勞思光著《新編中國哲學史》（三上），三聯書店2015年版，第118～120頁。

〔註9〕〔北宋〕邵伯溫著《邵氏聞見錄》，中華書局1983年版，第215頁。

〔註10〕張豈之主編《中國思想學說史》（宋元卷），廣西師範大學2008年版。

天之學」首要構成是對「天」的解釋，邵雍在和他的弟子討論問時，當弟子讀到《擊壤集》有一句云：「若問先天一事無，後天方要著功夫」，邵雍就問弟子：「如何是『一事無』？」弟子答曰：「出於自然，不用安排。」邵雍默認了這個回答。「廣云：『「一事無」處是太極。』先生曰：『嘗謂太極是個藏頭底物事，重重推將去，更無盡期。有時看得來頭痛。』廣云：『「先生所謂」迎之而不見其首，隨之而不見其後』，是也。」〔註 11〕「自然而然者，天也，唯聖人能索之。效法者人也，若時行時止，雖人亦天也。生者性，天也；成者形，地也。」〔註 12〕邵雍在這裏所言的「天」，皆爲「自然」之義。

出於「自然」的「天」是何特徵？它的作用何在？首先，天具有「陰陽」兩種性質：「天之大，陰陽盡之矣；地之大，剛柔盡之矣。」「天」的本性是「動」的，因爲「動」才有生成「天」的可能：「天生於動者也，地生於靜者也。一動一靜交，而天地之道盡之矣。」而「動」的產物是「陽和陰」：「動之始則陽生焉，動之極則陰生焉。一陰一陽交，而天之用盡之矣。」〔註 13〕「靜」的產物是「柔和剛」：「靜之始則柔生焉，靜之極則剛生焉。一柔一剛交，而地之用盡之矣。」〔註 14〕其實，邵雍在這裏循環地解釋了「天」、「動」、「陰陽」之關係，雖然令人頗爲費解，然他將天之特質最後歸結爲「動」，這就與現代科學對宇宙初始「運動」根據的探索，有所相通，畢竟「運動」作爲理解宇宙萬物的起點，有著重要的意義。

那麼，「天」和「人」是何種關係？邵雍認爲，「天與人相爲表裏。天有陰陽，人有邪正，邪正之由繫乎上之所好也。」顯然，天爲自然之存在，而人是有道德之分的，故以「邪正」區分。「人」對於「天」，或曰「人」對於「物」而言，乃是一個「觀」可以去感知和理解，邵雍說：

> 夫物之物者，至物之謂也；人之人者，至人之謂也。以一至物而當一至人，則非聖人而何人？謂之不聖，則吾不信也。何哉？謂其能以一心觀萬心，一身觀萬身，一物觀萬物，一世觀萬世者焉；又謂其能以心代天意，口代天言，手代天功，身代天事者焉。〔註 15〕

〔註 11〕《朱子全書·朱子語類·邵子之書》，第 3352 頁。

〔註 12〕《皇極經世書》卷八。

〔註 13〕〔北宋〕邵雍著《邵雍集》，中華書局 2010 年版，第 1 頁。

〔註 14〕〔北宋〕邵雍著《邵雍集》，中華書局 2010 年版，第 1 頁。

〔註 15〕〔北宋〕邵雍著《邵雍集》，中華書局 2010 年版，第 7 頁。

「物」和「人」都有最高級的、最本眞的樣態，即所謂「至物」和「至人」，而「至人」其實也就是「聖人」的換一種說法罷了，而「聖人」之所以爲聖人，是因爲他的「心」、「身」皆能「觀」到「萬心」和「萬物」，也能通過一個「物」，其實是「至物」來統攝「萬物」，通過「一世」的現象背後之「規律」來掌握「萬世」之表象，所以，「聖人」之「心」就是「天意」，聖人之「口」就是「天言」等等。以天下人之「心」爲自己之「心」，以老百姓的看法爲準繩，那麼「心靈」與「視界」就會有很大的改變，「用天下之心爲己之心，其心無所不謀矣。夫天下之觀，其於見也，不亦廣乎？」〔註16〕

「夫所謂以心觀物者，非以目觀之夜；非觀之以目，而觀之以心也；非觀之以心，而觀之以理也。聖人之所以能一萬物之情者，謂其能反觀也。所以謂之反觀者，不以我觀物也；不以我觀物，以物觀物之謂也。」〔註17〕從字面上看，「觀物」一開始以「心」，後來是「理」，最後是以「物」直接「觀物」，其實，「先天之學，心法也，故圖皆自中起，萬化萬事生乎心也。」〔註18〕所謂「以物觀物」，實爲由「心」而來的「至物」，表面上是「物」的詞，其實是以「物」爲名的「心」，因爲一個「反觀」字，透露出了邵雍「以心觀物」才是「正觀」的邏輯。

「以心觀物」的「土觀法」是其眞實的意蘊，邵雍與後來者的陸九淵「無心便是宇宙」的論斷有內涵上的相通之處：

> 人或告我曰：天地之外別有天地萬物，異乎此天地萬物，則吾不得而知之也。非惟吾不得而知之也，聖人亦不得而知之也。凡言知者，謂其心得而知之也。〔註19〕

「先天之學」，是以「心」來「觀」萬事萬物，無「心」則萬物皆「不得而知」。雖然邵雍尚未有言，「無知」之外是否「有物」的這樣命題，然其所言也只能認爲「心」爲第一位的合乎邏輯的推論，這就是「先天之學，心也；後天之學，跡也。」〔註20〕。

「先天之學」在邵雍看來，最重要的並不是萬物之自然存在，而在於自然存在所顯現出的「誠」的德性品質：「先天學主乎誠，至誠可以通神明，不

〔註16〕〔北宋〕邵雍著《邵雍集》，中華書局2010年版，第557頁。
〔註17〕〔北宋〕邵雍著《邵雍集》，中華書局2010年版，第557頁。
〔註18〕〔北宋〕邵雍著《邵雍集》，中華書局2010年版，第159頁。
〔註19〕〔北宋〕邵雍著《邵雍集》，中華書局2010年版，第8頁。
〔註20〕〔北宋〕邵雍著《邵雍集》，中華書局2010年版，第152頁。

誠則不可以得道」〔註 21〕「誠」既是邵雍「先天之學」的依歸，也是與他同是源自於穆修學問的周敦頤的哲學思想出發點：「聖，誠而已矣。誠，五常之本，百行之原也。」〔註22〕邵雍則在《皇極經世》中說：

> 言發於眞誠則心不勞而逸，人久而信之，作僞任數，一時雖可以欺人，持久必敗。智數或能施於一朝，蓋有時而窮，惟至誠與天地同久。爲學養心患在不由直道，天地之道直而已，當以直求之。若用智數由徑以求之，是屈天地而徇人欲也，不亦難乎。〔註 23〕

眞誠則能持久，至誠才能與「天地同久」，因爲天地的道本然是「直」，而不是厚此薄彼、虛僞刻意，而非眞誠的人，總是想著投機取巧、機關算盡來爲人處世，這當然也就不是「先天之學」所爲。

三、「仁」乃「盡人之聖」

邵雍通過「先天圖」構造其「先天之學」，以「天」和「人」的之間的落實在「觀」的方法論上，實際是以人之所以人的「心」來統攝「天人之際」，又以「誠」的道德品性來確立他的理論之價值歸依。

邵雍說，「聖，誠而已矣」，聖人所具之最核心的品質乃是「誠」，因此，「盡人之聖」的「仁」的精神，實際也就是以「誠」爲核心的表現形態，對此康節先生云：

> 夫意也者盡物之性也，言也者盡物之情也，象也者盡物之形也，數也者盡物之體也。仁也者盡人之聖也，禮也者盡人之賢也，義也者盡人之才也，智也者盡人之術也。〔註 24〕

如果說「意、言、象、數」表達的是對自然之物的本性描述，那麼「仁、禮、義、智」則是對人之社會的人倫關係的規範要求，而人要達到的最高標準就是以「仁」的要求來成就「聖」的境界。

不僅仁是追求「聖人」境界的價值標準，也是「民之德」的必備要素，邵雍云：

> 士士民者仁仁也，士農民者仁禮也，士工民者仁義也，士商民

〔註 21〕〔北宋〕邵雍著《皇極經世書》卷十三。

〔註 22〕〔北宋〕周敦頤著《周子通書》，第 32 頁。

〔註 23〕《皇極經世書・心學篇》。

〔註 24〕〔北宋〕邵雍著《邵雍集》，中華書局 2010 年版，第 16 頁。

者仁智也。農士民者禮仁也，農農民者禮禮也，農工民者禮義也，農商民者禮智也。工士民者義仁也，工農民者義禮也，工工民者義義也，工商民者義智也。商士民者智仁也，商農民者智禮也，商工民者智義也，商商民者智智也。(45)

中國古代將百姓分爲四個不同類型：「士民、農民、工民、商民」，這四種類型的人要分別達到自身所處位置的較高修養層次，都是要具備「仁」德的，因此上至「聖人」，下至百姓，「仁」皆爲修身的最高標的。

將「仁」與「名」對接，可以說是康節先生的一大發明。他說：

名也者，命物正事之稱也。利也者，養人成務之具也。名不以仁，無以守業。利不以義，無以居功。〔註25〕

他對「名」的界定一方面是對事物的命名之意，同時也繼承了孔子「名不正則言不順，言不順則事不成」的說法，正名，既要確立名稱的恰當，也要給於恰當的名分，如果行政人事不能有「仁」的品質爲底色，那麼即使有了很好的功業，恐怕遲早要失去的。反過來，如果一個有「仁」德之人，如果過於追求名分和地位，過分的追求利益，則必然會導致「仁爲名所敗，義爲利所擠。」〔註26〕

以「生」言「仁」是宋儒一大特色。宋代道學的創始人周敦頤就明確地說「生，仁也」〔註27〕，年長濂溪七歲的邵雍，幾乎也是以相同的意思表達了這個意思，「長生者修夫仁者也」〔註28〕，這裏「長生」爲「仁」大概是說，能夠使萬事萬物獲得「生長」的力量，則可以說是「仁」了，聯繫邵雍這句話的前後，言「生生」爲「意」，言「收生」爲「性」，言「藏生」爲「聖」，可以說明，他尚未將「仁」貫通「生」的全過程，其實也就是萬物生長的一個階段而已。

如果「長」的階段是謂之「仁」德力量所驅使，那麼，事物之「原初」和「始端」也是「仁」，以「元」言「仁」，可以說在宋初是頗爲受到重視的命題，如前文所言的范仲淹以《周易》中的「元亨利貞」言「仁義禮智」四德，將「仁」德對接於「元」，這樣的觀念也被邵雍所闡發。

〔註25〕〔北宋〕邵雍著《邵雍集》，中華書局2010年版，第15頁。
〔註26〕〔北宋〕邵雍著《邵雍集》，中華書局2010年版，第181頁。
〔註27〕〔北宋〕周敦頤著《周子通書》，上海古籍出版社2008年版，第36頁。
〔註28〕〔北宋〕邵雍著《邵雍集》，中華書局2010年版，第12頁。

他首先闡發「元亨利貞」的相互之變化：

> 天變而人傚之，故元亨利貞，《易》之變也；人行而天變之，故吉凶悔吝，《易》之應也。以元亨爲變，則利貞爲應；以吉凶爲應，則悔吝爲變。元則吉，吉則利應之〔註29〕

「元亨利貞」之所得來，乃是人道傚仿天道的結果，他還說，「元」有兩個主要表現：「元有二：有生天地之始者，太極也；有萬物之中各有始者，生之本也。」〔註30〕元既是「太極」，也是「生之本」，因此，

> 元者春也，仁也。春者時之始元者，德之長。時則未盛，而德足以長人。故言德不言時。亨者夏也，禮也。夏者時之盛，禮者德之文，盛則必衰，而文不足以救之，故言時不言德。故曰『大哉乾元』，而上九有悔也。利者秋也，義也。秋者時之成，義者德之方，萬物方成而獲利。義者不通於利，故言時而不言德也。貞者冬也，智也，冬者時之未也。智者德之衰，正則吉，不正則凶，故言德不言時也，故曰「利貞者，性情也」。〔註31〕（148）

「春」爲一年之始，「元」則爲萬物之始，這些「始端」的內在德性力量就是「仁」的體現，或者本身就是「仁」，「仁義禮智」屬於「人」的「四德」配「元亨利貞」屬於「天」的「四德」。

「『天地之心』者，生萬物之本也。」〔註32〕這裏的「心」當然也就是「仁」，當然也就是「先天之學，心法也」的「心」。「人類」自有的「心」與「天地」所有的「心」，其實都是「仁」的力量所召喚的。邵雍的那個時代，當然也會知道物質之世界本來也無關人類之「心」，因爲讀過老子書當然知道「天地不仁」之語，然人之主觀世界所探求的是意義的範疇、價值的範疇，因此，以「仁」德來涵括天道與人道的應然性，那就是「仁配天地，謂之人，唯仁者，眞可以謂之人矣。」〔註33〕

第二節　「愛」與「生」：論周敦頤的「仁」學

黃百家（1643～1709）云：「若論闡發心性義理之精微，端數元公之破暗

〔註29〕〔北宋〕邵雍著《邵雍集》，中華書局2010年版，第147頁。
〔註30〕〔北宋〕邵雍著《邵雍集》，中華書局2010年版，第163頁。
〔註31〕〔北宋〕邵雍著《邵雍集》，中華書局2010年版，第148頁。
〔註32〕〔北宋〕邵雍著《邵雍集》，中華書局2010年版，第163頁。
〔註33〕〔北宋〕邵雍著《邵雍集》，中華書局2010年版，第149頁。

也。」〔註34〕牟宗三也說：「詮表宋、明心性之學，從北宋起，直接斷自周濂溪。」〔註35〕以濂溪學問的主要構成而論，其在宇宙生成論上的創發，提出宋儒的首幅宇宙圖景，尤有貢獻。《宋史・道學傳》云：

> 孔子沒，曾子獨得其傳，傳之子思，以及孟子，孟子沒而無傳。兩漢而下，儒者之論大道，察焉而弗精，語焉而弗詳，異端邪說起而乘之，幾至大壞。千有餘載，至宋中葉，周敦頤出於舂陵，乃得聖賢不傳之學，作《太極圖說》、《通書》，推明陰陽五行之理，命於天而性於人者，了若指掌。〔註36〕

周敦頤於此，既被認定爲孔孟道統的繼承者，所傳「乃聖賢不傳之學」，成爲宋代道學的開創人，也指明其學問重在闡明「陰陽五行之理」，貫通「天道」與「人道」的生生不息的人文精神。

周敦頤（1017～1073），字茂叔，原名惇實，因避宋英宗舊諱而改名。湖南道州（今湖南道縣）人。謚元，稱元公，人稱濂溪先生。對於濂溪，黃庭堅稱其「人品甚高，胸懷灑落，如光風霽月。廉於取名而銳於求志，薄於徼福而厚於得民，菲於奉身而燕及煢嫠，陋於希世而尚友千古。」〔註37〕思想品性等諸多特點躍然紙上。周敦頤著有《太極圖說》、《通書》等作品，由於其學術及其流佈上的原因，被後繼宋世學者推爲道學「宗主」。張豈之先生主編的新著《中國思想學說史》認爲，周敦頤作爲宋明理學的開創者，最大的貢獻就是首次爲儒學創建了一個宇宙論體系，這種論斷是恰宜的。周敦頤所開創的宇宙論體系，是以生成論作爲表述的線索，進而確立儒家人文信仰的天人化生秩序：

> 惟先生（周敦頤）崛起千載後，獨得微旨於殘篇斷簡之中，推本太極以及乎陰陽五行之流佈，人物之所以生化，於是知人之爲至靈而性之爲至善，萬理有其宗萬物循其則，舉而措之則可見先生之所以爲治者，皆非私知之所出，孔孟之意於以復明。〔註38〕

張栻盛讚周敦頤通過「推本太極」，建立起一幅包含太極、陰陽、五行、

〔註34〕〔清〕黃宗羲原著《宋元學案》卷十一，北京：中華書局1986年版，第482頁。

〔註35〕牟宗三著《心體與性體》中冊，上海：上海古籍出版社1999年版，第274頁。

〔註36〕《宋史・道學傳》，中華書局1985年版，第12709～12710頁。

〔註37〕《宋史・道學傳》，中華書局1985年版，第12711頁。

〔註38〕〔南宋〕張栻著《南軒集》卷十，《四庫全書》本。

萬物生化的宇宙論生成論圖景，進而為人道倫理、先王之治確立大本大源的理論根基，最終復明先儒孔孟之道的精神信仰。

周敦頤《太極圖說》是學術史上最為聚訟紛紜的作品之一，有關這方面的文字各種思想史、哲學史的通史與專史著作都作了翔實的考察，本文不再著墨於此。「性與天道」是宋儒的重要思想命題之源，於「天道」與「人道」的貫通最終落實於「立人之道」的確立——「仁與義」，在周敦頤看來，都無不是源自「無極」：

> 無極而太極。太極動而生陽，動極而靜，靜而生陰，靜極復動，一動一靜，互為其根，分陰分陽，兩儀立焉。陽變陰合，而生水、火、木、金、土，五氣順布，四時行焉。五行一陰陽也，陰陽一太極也。太極本無極也。五行之生也，各一其性。無極之眞，二五之精，妙合而凝，乾道成男，坤道成女。二氣交感，化生萬物，萬物生生，而變化無窮焉。〔註39〕

萬物生化的過程，都包含於這個宇宙生成論的圖式之中：無極 → 太極 → 陰陽 → 五行 → 萬物。「無極」一語源自道家老子：「常德不忒，復歸於無極。」〔註40〕任繼愈解釋「無極」為「最後的眞理」，極具本體的意蘊。莊子亦說：「余將去女，入無窮之門，以遊無極之野。」〔註41〕郭慶藩疏云：「反歸冥寂之本，入無窮之門；應變天地之間，遊無極之野。」〔註42〕東晉時期的佛教僧侶僧肇也使用此語說：「物不異我，我還異物。物我玄會，歸乎無極。」〔註43〕這是一種玄妙的境界。就周敦頤所言的「無極」，一方面是指一種無限性：在空間上的無邊界，在時間上的無始終；另一方面是指一種無形無象的特徵：無任何規定性的形而上存在。「無極」作為一種無限性與無形無象的規定性，體現了宇宙生成論上最終本原的原初態要求，這就朱子看來即是「周子所謂『無極而太極』，非謂太極之上別有無極也，但言太極非有物而。如云『上天之載，無聲無臭。』故云『無極之眞，二吾之精』，既言無極，則不復別舉太極也。」〔註44〕朱子反對「無極而生太極」、「自無極而為太

〔註39〕〔北宋〕周敦頤著《周元公集・太極圖說》，文淵閣《四庫全書》第1101冊，第416頁。
〔註40〕任繼愈著《老子繹讀》，北京：北京圖書館出版社2006年12月版，第63頁。
〔註41〕〔清〕郭慶藩著《莊子集釋・在宥》，北京：中華書局1987年版，第384頁。
〔註42〕〔清〕郭慶藩著《莊子集釋・在宥》，北京：中華書局1987年版，第385頁。
〔註43〕〔東晉〕釋僧肇等著《肇論》，臺北：新文出版公司1993年版。
〔註44〕《朱子全書・朱子語類・周子之書》，第3117頁。

極」的論說，反對太極之先還有個無極爲本，而只承認宇宙唯一之本原乃是太極，太極即是理，無極不過是描述太極的特點而發。但就周敦頤的宇宙生成論的本意來看，「五行一陰陽也，陰陽一太極也，太極本無極也。無極之眞，二五之精，妙和而凝」，可以看出，無極確有先於太極而爲宇宙之最本原的意蘊。

《周易・繫辭傳》云：「易有太極，是生兩儀，兩儀生四象，四象生八卦。」此語表明太極是爲最高的範疇，是天地未分的統一體，爲八卦與萬事萬物生成的本原。鄭玄《周易注》解釋太極曰：「極中之道、淳和未分之氣也。」（《周易鄭注》緝本）。《漢書・律曆志》述劉歆之說云：「太極元氣，函三爲一。極，中也，元，始也。」太極與元氣本爲一物，到唐孔穎達撰《周易正義》時亦是如此詮釋：「太極謂天地未分之前元氣混而爲一，即是太初，太一也。故老子云：道生一，即此太極是也。又謂混元既分即有天地，故曰太極生兩儀，即老子云一生二也。」孔氏認爲太極即是「道生一」之「一」，而道在太極之先，這是老莊以「道」爲本根的道家觀點的延生，但同時也將太極混同爲元氣。周敦頤《太極圖說》也將太極認作是陰陽未分元氣一類，元氣的運動生成陰陽二氣，二氣交合形成五行，二氣、五行相互作用而化生萬物：「乾道成男，坤道成女，二氣交感，化生萬物。」此處男、女非指人的性別，而是陰陽五行相互交合化生萬物所具有的陽性與陰性兩種力量。

宇宙生成論探討的是宇宙空間事物的生成過程及其內在的規律，周敦頤以無極作爲宇宙第一本原，經太極、陰陽、五行的生化過程，最終產生宇宙萬事萬物。但很顯然，這並非周氏所論的重點所在，天道落實於人道，規範人間社會的倫理秩序，才是幾乎所有儒家學者的共同使命，濂溪也不例外。因此，從無極開始的宇宙生成論，必然落腳於人的產生及「人極」的目標：

> 惟人也得其秀而最靈，形既生矣，神發知矣，五性感動而善惡分，萬事出矣。聖人定之以中正仁義（原注：聖人之道，仁義中正而已矣。）而主靜，立人極焉。故聖人與天地合其德，日月合其明，四時合其序，鬼神合其吉凶。君子修之吉，小人悖之凶。故曰：「立天之道，曰陰與陽。立地之道，曰柔與剛。立人之道，曰仁與義。」又曰：「原始反終，故知死生之說。」大哉《易》也，斯其至矣。（《太極圖說》）

此段言論亦是將人與宇宙相聯繫，從宇宙生成論的視角把人納入自然氣化過程，說明人乃宇宙的一個有機組成部分。但是，人與宇宙其它萬物的區別，正如余敦康所言的，則在於人獨得陰陽五行之秀而爲萬物之靈，具有與其它萬物不同的五常之性以及爲善爲惡的道德選擇。如果說宇宙生成論的描述過程體現了人的自然本性，那麼，突出「中正仁義」的「立人極」則是強調人的社會本性。人的社會本性是人之異於禽獸的本質所在，孟子反對告子的自然人性論即是這種意思，於是聖人依據此種人性的本質，確立中正仁義而主靜，建立了人極。「順而下推，由太極以至於人極，莫非陰陽五行的氣化，逆而上推，人極本於太極，性即天道，中正仁義無適而非太極之全體。」〔註45〕余敦康指出，周敦頤將自然與社會的兩條線索結合起來，溝通天人關係，建立起儒家倫理文化的宇宙論框架，一方面與佛教相抗衡，另一方面又區別於道教：儒家的人格理想既不是成佛，也不是成仙，而是成就聖賢之人。

要成就儒家聖賢之人的理想目標，周敦頤認爲其主要的通達道路或曰構成要素，就在於「中正仁義」，更根本上說是「仁與義」：「立人之道曰陰與陽，立地之道曰柔與剛，立人之道曰仁與義。」周敦頤將「立人極」的通達路徑落實於「仁與義」，乃是援引《周易・說卦》的本意，而我們都知道，孔子實際並不「仁義」並稱，雖墨子書中也曾較多地「仁義」並舉，但大量地使用確是源自思孟學派及其後學，《說卦》一章年代難考，「仁義」並舉的流行當是子思及其門徒們的功勞則是無疑的。以「仁義」立定「人道」的基本原則，我們可以清晰的看到濂溪運用的聯鎖推導邏輯在宇宙本原之「無極」→「太極」→「人極」的生成論路徑。而反向論說，「仁義」則是通向體貼、領悟宇宙本原的另一端基石與邏輯起點。

周敦頤是如何論說這個「仁與義」呢？他說：「德，愛曰仁，宜曰義」。以「愛」言「仁」、以「宜」言「義」，在濂溪之前，儒家學者大都有明確的論述，從這個意義上說，他是繼承前人的思想遺產。樊遲問仁，孔子曰：「愛人」，這是以「愛」言「仁」的端的，孟子論仁，強調仁的內心基礎，以爲仁是人的「不忍人之心」的發展，他說：「人皆有不忍人之心……所以謂人有皆有不忍人之心者，今人乍見孺子將入於井，皆有怵惕惻隱之心，非所以內交於孺子之父母也，非所以要譽於鄉黨朋友也，非惡其聲而然也……惻隱之心，仁之端也。」（《孟子・公孫丑上》）不忍人之心即是同情心，孟子認爲這是仁的內在根據與發端之處。中唐韓愈以「博愛」謂「仁」，突出「愛」

〔註45〕余敦康著《漢宋易學解讀》，北京：華夏出版社2006年版，第247頁。

的廣泛性，儘管他對佛道並不顯得那樣「博愛」:「人其人，火其書，廬其居」。對於「義」，孔子也嘗說：「君子義以爲上」(《陽貨》)，「見義不爲，無勇也。」(《爲政》)，這是一種道德之「義」。郭店楚簡《六德》篇云：「仁，內也。義，外也。禮樂，共也。」，這是仁義關係第一次明確的解說。「內外」關係解釋「仁義」，就思想史上最爲通行的看法是認爲，「仁愛之心生於內，而事物之宜（義）由乎外」(朱熹《孟子集注》卷十一)，這是就告子與孟子的對「仁義」關係論辯後對告子思想的詮釋，因告子也主張郭店楚簡中對「仁內義外」，而孟子則主張「仁義禮智根於心」，「非由外鑠我也」(《孟子告子上》)。今人龐樸對這一看法提出疑義，他認爲，告子所謂的「仁內」，是愛吾弟而不愛秦弟，仁愛在告子看來是局部的、有範圍的體愛，不是普遍性的、無邊際的兼愛，在這個範圍以「我」爲邊界，故謂之內；而「義外」則是敬楚長亦敬吾長，義敬的範圍不限於我，而是延伸至「我」之外，凡長皆敬之，故謂之外。這種血緣、族群意義上的「內」，並非心性層面上的「內」，因爲在心性層面上，吾與秦、兄與弟，大家同時異於禽獸的人之「類」，無有內外之別；這個規定內外之別的「我」，在事實上，既非一己之小我，也非人之「類」的大我，而僅僅只是與秦楚相當的族群之我。〔註46〕周敦頤對「仁義」之所解說，並沒有明言內外，但我們可以很確定地說，他對「仁義」的看法與韓愈所認爲的「博愛之謂仁，行而宜之謂義」一樣很合乎心性層面之「內」與「外」，而上文朱熹的看法也合乎濂溪的思維世界：

> 誠無爲，幾善惡。德，愛曰仁，宜曰義，理曰禮，通曰智，守曰信。性焉安焉之謂聖，復焉執焉之謂賢，發微不可見、充周不可窮之謂神。《誠幾德第三》〔註47〕

周敦頤顯然認爲，仁義禮智信這「五德」是屬於「性」的，乃人之本性所屬，是「出乎於天而不繫乎人」的，如果能穩固地保存這樣的「天性」就可以說是「聖人」了；如果一旦丟失又能夠「復性」而且把持住也可以稱之爲「賢者」了。

以「愛」言「仁」是作爲道德品性的首要內容被周敦頤所論述，可見發自內在心理因素的「愛」是所有屬於「誠」之本體所衍生之「德」的首要「義理心性」。當然，周子本人並沒有在此特意突出「仁」，把「仁」作爲一切道

〔註46〕龐樸：《試析仁義內外之辨》，載《文史哲》2006年第5期。
〔註47〕〔北宋〕周敦頤著《周子通書》，上海：上海古籍出版社2000年版，第32頁。

德品性的根本來表述，畢竟「誠」才是周子最爲本原的倫理觀念：

> 誠者，聖人之本。「大哉乾元，萬物資始」，誠之源也。「乾道變化，各正性命」，誠斯立焉。純粹至善者也。故曰：「一陰一陽之謂道，繼之者善也，成之者性也。」元亨，誠之通；利貞，誠之復。大哉《易》也，性命之源乎！《誠上第一》〔註48〕

> 聖，誠而已矣。誠，五常之本，百行之原也。靜無而動有，至正而明達也。五常、百行，非誠，非也，邪暗塞也。故誠則無事矣。至易而行難。果而確，無難焉。故曰：「一日克己復禮，天下歸仁焉。」《誠下第二》〔註49〕

「誠」源自萬物資始的「乾元」，是至善的本性，是五常百行的基礎。作爲先驗道德意識的「誠」，「仁愛」也必然是生發於這樣的「乾元」之本體，因爲「誠」源自「天道」本然無欺與對「人道」一律平等之「愛」，也即是「仁」。因此，以「誠」爲中介，周子對「仁」又有一個獨特的「仁說」。

周敦頤在《通書·順化第十一》中說：

> 天以陽生萬物，以陰成萬物。生，仁也；成義也。故聖人在上，以仁育萬物，以義正萬民。天道行而萬物順，聖德修而萬民化。大順大化，不見其跡，莫不知其然，之謂神。故天下之眾，本在一人。道豈遠乎哉！術豈多乎哉！〔註50〕

陳來在《朱熹的〈仁說〉與宋代道學話語的演變》一文中認爲，張岱年指出周敦頤、張載都紹述孔子「仁者愛人」的觀點，以愛說仁，如周敦頤云「愛曰仁」，張載云「以愛己之心愛人則盡仁」……最後，陳來說：「張岱年的敘述可謂扼要而簡明」。〔註51〕本文以爲，先賢張岱年先生的「敘述可謂是簡明」但確有遺漏，其原因就在於，周敦頤重要的命題：「生，仁也」既不在張氏所著《中國古典哲學概念範疇要論》的「仁、仁義」節中，也不在「生、生命」節中。我們認爲，作爲周子比較重要的這一「仁說」，也是最切合其思想內核的重要命題之一，故，發掘這一命題的內涵實是豐富周敦頤仁學思想的不可或缺的組成部分。

〔註48〕〔北宋〕周敦頤著《周子通書》，上海：上海古籍出版社2000年版，第31頁。
〔註49〕〔北宋〕周敦頤著《周子通書》，上海：上海古籍出版社2000年版，第32頁。
〔註50〕〔北宋〕周敦頤著《周子通書》，上海：上海古籍出版社2000年版，第36頁。
〔註51〕陳來主編《早期道學話語的形成與演變》，合肥：安徽教育出版社2007年版，第182～183頁。

「生」，是中國思想史的一個重要命題。「生」的含義在中國古典著述中有著多個層次，有生命之生，也成爲生靈；有生存之生，亦即生養之生。有生成之生，亦即化生之生。〔註 52〕《說文解字》云：「生，進也，象草木生出土上。」《廣雅・釋詁》二曰：「生，出也。」劉巘《易注》說：「自無處有曰生。」這些都是生成之義。首先將「生」提高到哲學高度來探討的是《易傳》。《繫辭上傳》云：「生生之謂易」，韓伯注云：「陰陽轉易，以成化生。」孔穎達疏云：「生生不絕之辭。陰陽變轉，後生次於前生，是萬物恒生，謂之易也。」生而又生，生生不息，就是所謂的變易，也就是出生、生成的意義。《繫辭下傳》曰：「天地之大德曰生。」孔穎達疏：「以其常生萬物，故云大德也。」天地恒常生成萬物，萬物生生不已，是爲天地的根本德性。《繫辭下傳》又說：「天地絪緼，萬物化醇；男女構精，萬物化生。」孔穎達疏云：「絪緼，相附著之義……唯二氣絪緼，共相和合，萬物感之，變化而精醇也。……構，合也，言男女陰陽相感……故合其精而萬物化生也。」化生即是變化生成。《易傳》把「生」看作天地之間萬物萬象的一個根本要素與內涵，這個思想被周敦頤繼承了下來。

《宋明理學史》認爲，周敦頤政治哲學的中心思想是「順化」〔註 53〕，本文認爲，「順化」思想不唯是周子思維世界的一個組成內容，從某種意義上說，「順化」作爲與現代學術語言的宇宙生成論相當的中國傳統術語，實際是貫穿周子思想全部的一條線索，一根主軸，作爲道德論的「誠」與「仁」事實上都是體現「順化」思想的具體內容。且不說周敦頤在《太極圖說》中運用「生化」、「順化」原理描繪出了一幅生動的儒家宇宙圖景，進而將溝通「天人之際」的願景付諸文字；就如薛文清所云的「《通書》一『誠』字括盡。」〔註 54〕的道德論中心「誠」，既是關涉道德論，也關涉宇宙論，〔註 55〕因爲周子認爲「誠」是「聖人之本」，是「五常（仁義禮智信）之本」，百行之原。誠，資始於乾元，即源於乾元，產生於性命，是「純粹至善」的存在，因此，

〔註 52〕張岱年著《中國古典哲學概念範疇要論》，北京：中國社會科學出版社 1987 年版，第 148 頁。

〔註 53〕侯外廬、邱漢生、張豈之主編《宋明理學史》上冊，北京：人民出版社 1997 年第二版，第 76 頁。

〔註 54〕〔清〕黃宗羲原著《宋元學案》卷十一，北京：中華書局 1986 年版，第 482 頁。

〔註 55〕侯外廬、邱漢生、張豈之主編《宋明理學史》上冊，北京：人民出版社 1997 年第二版，第 73 頁。

「誠」即是「生化」出「人道」的五種基本倫常的根本義理，而自己本身也是乾元、性命所「順化」而來的。

周敦頤認為，「天以陽生萬物，以陰成萬物」，萬物的生成是陰陽二氣相互作用的本然結果，因而，「天道行而萬物順」，陰陽之道自然流行，萬物就能夠順利生成。就道德命題的「仁」而言，「生，仁也。成，義也。聖人在上，仁育萬物，以義正萬民。」周子以「仁」為「生」，在「仁」觀念的發展史上確有突破古訓的意義。天的生物之道，便是「仁」，或說天地化生萬物的力量（即英文中的「Power」）便可稱之為「仁」，這與《易傳》「天地之大德曰生」的思想可謂是一脈相承。「聖人」居於君師的地位，參天地，贊化育，以「仁」育萬物，「仁」便有生育萬物的意思。我們知道，以往儒家的「仁說」，都以人類的心理要素為首要承載之「宅」而謂之人性、倫理的範疇，以「泛愛」、「親親」、「不忍人之心」、「惻隱之心」為主要描述對象，雖然周子固然也有以「愛」言「仁」的言論，但就周子思想的重要性而言，融合宇宙化生論和倫理道德論而訓「仁」為「生」，「實是開理學家不遵古訓之端緒」。〔註 56〕若撇開正統理學家的視域，張立文先生此斷語則會失之偏頗，但從理學正統派而言，確是自周子以降，眾多儒者就開始以訓「仁」為「生」作為其「仁說」的重要內容，如程顥以心如「穀種生之性便是仁」〔註 57〕、朱子說：「生底意思是仁」〔註 58〕、「仁是個生底意思，如四時之有春」〔註 59〕，甚至程頤所論「仁是性，愛是情」、朱子所言「仁」乃是「心之德，愛之理」都無不是受到周子以「生」訓「仁」的影響。從這個意義上說，濂溪從宇宙生成論意義上來訓解儒家的核心觀念之一的「仁」，實際也是其作為理學意義上的「仁說」的眞正起點：宋儒本體意義上的「仁」學思想模式明確產生於周敦頤以生成論的方式所描繪的第一幅宇宙圖景：「無極而太極，太極動而生陽，動極而靜，靜而生陰，靜極復動」之中。

第三節　由「愛」至「體」：論張載的「仁」學

張載（1020～1077）理學形成時期的著名思想家，他的思想奠定了此後

〔註 56〕張立文著《宋明理學研究》，北京：人民出版社 2002 年版，第 146 頁。
〔註 57〕《朱子全書・朱子語類・程子之書一》，第 3178 頁。
〔註 58〕《朱子全書・朱子語類・性理》，第 236 頁。
〔註 59〕《朱子全書・朱子語類・論語二》，第 668 頁。

理學思想體系的理論基礎。字子厚，世居大梁（今河南開封），生於長安，因長期僑居陝西鳳翔府眉縣橫渠鎮講學，所以學者們稱其爲橫渠先生。他少年時候志氣不俗，喜歡談論戰爭時事，有志於軍功。二十一歲時，他準備聯絡一些人攻取被西夏人佔領的洮西之地，以博取功名，遂上書范仲淹。范仲淹認爲此人可成大器，便引導說：「儒者自有名教可樂，何時於兵？」勉勵他讀《中庸》，學習儒家之學，後乃讀釋、老之書，無所精進，便又回到儒家經典上來而研讀六經。

張載作爲理學形成過程中的重要人物，其思想的主要特點之一乃是建立了一個博大精深的本體論以補儒學不足與對抗佛老思想的衝擊。張載將「氣」確定爲宇宙的本體：

> 氣聚則離明得施而有形，氣不聚則離明不得施而無形。方其聚也，安得不謂之客？方其散也，安得遽謂之無？故聖人仰觀俯察，但云「知幽明之故」，不云「知有無之故」。（《橫渠易說》）

他認爲，萬事萬物都是由一種「氣」構成的，這種「氣」具有兩種存在形態：一種是凝聚的狀態，一種是消散的狀態。聚合而爲萬物，通過光色顯現出物的形態，使人能夠「仰觀俯察」；散則爲虛空，無光無色，人不得而見。因此，世界只存在「幽明」之分，不存在有無之別。

張載將宇宙本體歸結爲「氣」，是對溯源至先秦而延至漢魏、隋唐有關「氣」思想的豐富與發展，進而建構起一個以氣爲本的宇宙本體論體系。而這種本體論思想是建立在「太虛」這一概念之上的，他說：

> 太虛無形，氣之本體，氣聚其散，變化之客形爾。〔註60〕
>
> 太虛不能無氣，氣不能不聚而爲萬物，萬物不能不散而爲太虛。〔註61〕
>
> 氣之聚散於太虛，如冰釋於水，入虛空即氣，則無無。〔註62〕

張載認爲，「太虛」是「氣」的本體，是整個世界存在基礎的最終本原，它是通過一系列的運動變化而產生天地間的萬物的。這個運動變化是通過「太和」

〔註60〕〔北宋〕張載著《張載集・正蒙・太和篇第一》，北京：中華書局1978年版，第7頁。

〔註61〕〔北宋〕張載著《張載集・正蒙・太和篇第一》，北京：中華書局1978年版，第7頁。

〔註62〕〔北宋〕張載著《張載集・正蒙・太和篇第一》，北京：中華書局1978年版，第8頁。

與「神」來推動的：「太和所謂道，中涵浮沉、陞降、動靜、相感之性」、「惟神爲能變化，以其一天下之動也。」太虛之氣的運動變化本性與動力來自「神」，來自宇宙本體運動過程與規律的「太和」，進而在「一物兩體」的對立統一中生成宇宙萬事萬物。以太虛與氣爲根本出發點的宇宙本體論之論證，構成了張載思想世界的「天道觀」、「自然觀」的組成部分。而張載的「仁學」思想也是建立在這個宇宙本體之上的「人道之思」，畢竟，溝通「性與天道」乃是宋儒的共同使命，因此康熙時人朱軾在刊刻《張子全書》的序言中說：「《西銘》言仁，大而非誇，蓋太極明此性之全體，《西銘》狀此性之大用，體虛而微，用弘而實焉。」〔註 63〕「仁」之爲性，而能體用皆備，本體與功夫在此交融爲一體，拉開了宋儒「仁說」的一幅新篇章。

一、以「愛」釋「仁」的內涵

張載之「仁說」的首要方面大抵也沒有脫離以「愛」言「仁」。他說：「『仁者愛人』，彼不仁而疾之深，其仁不足稱也」，不被稱道，是因爲「愛」不夠徹底與全面，惟有「以愛己之心愛人則盡仁。」由「愛己」擴展而達致「愛人」似乎就是先秦之儒所言的推廣、擴充的展現方式，其實張載未必止於如此思考，他說：「惟大人爲能盡其道，是故立必俱立，知必週知，愛必兼愛，成不獨成。」〔註 64〕立必是立己立人，己欲立而立人；知必知己知人，方能週知；愛必愛己愛人，做到「兼愛」；成必成己成人，不能獨成。因此，我們可以看到張載已是融墨家之精髓進儒學系統，而擴大了先秦之儒的精神境界：

> 乾稱父，坤稱母；予茲藐焉，乃混然中處。故天地之塞，吾其體；天地之帥，吾其性。民吾同胞，物吾與也。〔註 65〕

天地就如同人的父母、構成人的身體又統帥人的本性；天地萬物都是人類的同胞兄弟，一切物都是我們的同伴。張載還說：「大君者，吾父母宗子；其大臣，宗子之家相也。尊高年，所以長其長；慈孤弱，所以幼吾幼。聖其合

〔註 63〕〔北宋〕張載著《張載集・附錄・朱軾康熙五十八年本張子全書序》，北京：中華書局 1978 年版，第 396 頁。

〔註 64〕〔北宋〕張載著《張載集・正蒙・誠明篇第六》，北京：中華書局 1978 年版，第 21 頁。

〔註 65〕〔北宋〕張載著《張載集・正蒙・乾稱篇第十七》，北京：中華書局 1978 年版，第 62 頁。

德，賢其秀也。凡天下疲癃殘疾；煢獨鰥寡，皆吾兄弟之顛連而無告者也。」（同上）君主是我父母的長子，大臣是協助長子的管事者，年高的尊者是我尊敬的兄長，慈愛孤兒小孩就是慈愛自家的幼弟。所有天下衰疲、殘疾、鰥寡的人都應一律以同情心對待的我的自家兄弟。張載的這種「民胞物與」的思想在一定意義上觸及了人之「類」的「愛」，他說：「《訂頑》之作，只爲學者而言，是所以訂頑。天地更分甚父母？只欲學者心於天道，若語道則不須如實言。」〔註 66〕在社會生活中，人本來都是平等的兄弟，天地區分了父母，是陰陽男女之故，只有愛己愛人，才稱得上「仁」：「以責人之心責己則盡道，……以愛己之心愛人則盡仁，所謂『施諸己而不願，亦勿施於人』者也。」〔註 67〕以「愛己」之心去「愛人」，他說：「仁道有本，近譬諸身，推己及人，乃其方也。」張載也贊同「仁愛」的實施方法乃是「近譬諸神，推己及人」，而且他還贊同「愛自親始，人道之正」〔註 68〕的宗法觀念，也認爲「『恭敬撙節退讓以明禮』，仁之至也，愛道之極也」〔註 69〕的以「禮」爲「仁」的眞實意蘊。因此，我們事實無法知曉張載是否受到了被他極力批判否定的佛教的影響而在一定意義上融入了抽象的「博愛」——「兼愛」，畢竟宋人楊時就曾認爲張載所著的《西銘》「疑其近于謙愛」〔註 70〕，而張載本人也不曾避諱地使用「兼愛」來立論。

就宋儒而言，他們解釋由先秦「仁民愛物」的觀念而發展至張載的「民胞物與」思想的本質時，運用的是「明理一而分殊」的路數。如朱熹就認爲張載的「民胞物與」其實質在於「一統而萬殊，則雖天下一家、中國一人，而不流于謙愛之蔽；萬殊而一貫，則雖親疏異情、貴賤異等，而不梏於爲我之私。」〔註 71〕就張載本人而言，我們認爲他並非是在純粹的學理上接受了

〔註 66〕〔北宋〕張載著《張載集・張子語錄上》，北京：中華書局 1978 年版，第 313 頁。

〔註 67〕〔北宋〕張載著《張載集・正蒙・中正篇》，北京：中華書局 1978 年版，第 32 頁。

〔註 68〕〔北宋〕張載著《張載集・正蒙・橫渠易說・上經・比》，北京：中華書局 1978 年版，第 91 頁。

〔註 69〕〔北宋〕張載著《張載集・正蒙・正當篇第九》，北京：中華書局 1978 年版，第 36 頁。

〔註 70〕〔清〕黃宗羲原著《宋元學案》卷二十五，北京：中華書局 1986 年版，第 944 頁。

〔註 71〕〔北宋〕張載著《張載集・附錄・朱熹西銘論》，北京：中華書局 1978 年版，第 410 頁。

那種抽去了具體個體差異的抽象普遍的「愛」，他說：「夷子謂『愛無差等』非也；謂『施由親始』，則施愛固由親始矣。孟子之說，闢其無差等也，無差等即夷子之二本也。」何爲「二本」？趙岐注曰：「天生萬物，各由一本而出。今夷子以他人之親與己親等，是爲二本，故欲同其愛也。」又云：「夷子以爲人愛兄子與愛鄰人之子等邪,彼取赤子將入井，雖他人子亦驚救之，故謂之愛同也。」朱熹門人彥忠對「二本」作了簡要的解釋：「愛吾親，又兼愛他人之親，是二愛並立，故曰：『二本』。」〔註 72〕即私己之愛與抽象、普遍的人類之愛的兩種「愛」並存的「二元論」。張載本人也是反對這種「二元論」傾向的，但他僅只是提出溝通天人萬物的「民胞物與」的崇高境界，卻未能就如何達成主體自身與外界客體、個體與普遍的完全融通提出上佳的方案與思維方法，或說他在宇宙生成論中意識到卻未能普遍地應用：「太虛者，氣之體。氣有陰陽，屈伸相感之無窮，故神之應也無窮；其散無數，故神之應也無數。雖無窮，其實湛然；雖無數，其實一而已。陰陽之氣，散則萬殊，人莫知其一也；合則混然，人不見其殊也。」〔註 73〕在此處，張載的思想中儼然已是呼之欲出「一本萬殊」，然待到明確的提出，卻是在楊時「與伊川辯論往復，聞『理一分殊』之說，始豁然無疑」〔註 74〕，也就是到了伊川時候，宋儒在上述兩種「愛」之間的「一本」原則才得以確立，張載所論「民胞物與」的普遍又具體的、合乎儒家特質的「愛」才得到比較完滿的論說。

二、「天地之心」爲「仁」論

漢唐儒學的發展怠於義理的探究，重視的是現世政治事功的追逐，儒者大都蔽於知天、或立知人知天爲「二本」，對於這樣的情形，張載說：「今之人滅天理而窮人欲，今復反歸其天理。古之學者便立天理，孔孟而後，其心不傳，如荀揚皆不能知。」〔註 75〕蔽於「天理」張其「人欲」，也就是不知「孟子所論知性知天，學至於知天，則物所從出當源源自見，知所從出，則物之

〔註 72〕《朱子全書・朱子語類・孟子五》，第 1313～1314 頁。

〔註 73〕〔北宋〕張載著《張載集・正蒙・乾稱篇第十七》，北京：中華書局 1978 年版，第 66 頁。

〔註 74〕〔清〕黃宗羲原著《宋元學案》卷二十五，北京：中華書局 1986 年版，第 944 頁。

〔註 75〕〔北宋〕張載著《張載集・經學理窟・義理》，北京：中華書局 1978 年版，第 273 頁。

當有當無莫不心喻，亦不待語而知。」〔註 76〕因此，重建儒家學說，承繼儒家道統，就必須解決「知天」、「立天理」、「爲天地立心」的問題。而在千餘年的歷史長河中，佛道二教對儒家學說的衝擊可謂是深入思想界的方方面面，范育在《正蒙序》中說：「若浮屠老子之書，天下共傳，與六經並行。而其徒侈其說，以爲大道精微之理，儒家之所不能談，必取吾書爲正。世之儒者亦自許曰，吾之六經未嘗語也，孔孟未嘗及也，從而信其書，宗其道，天下靡然同風，無敢置疑於其間。」在這樣的嚴峻挑戰面前，張載的思考路徑便是，一方面如何批駁佛老空無之謬論，另一方面則是需要確立一個天地之心爲其溝通天人的橋梁。爲此，張載主張研究與發揮《易》學思想，著重闡發《周易》中的精微義理，他說：

《易》與天地準，此言《易》之爲書也。易行乎其中，造化之謂也。

《易》之爲書與天地準。易即天道。

易，造化也。聖人之意莫先乎要識造化，然後其理可窮。彼惟不識造化，以爲幻妄也。不見易則何以知天道？不知天道則何以語性？

不見易則不識造化，不識造化則不知性命，既不識造化，則將何謂之性命也？

易乃是性與天道，其字日月爲易，易之義包天道變化。〔註 77〕

張載認爲，「易」是「造化」，是「性與天道」，更是變化不測、生生不已，他說：

以其兼體，故曰「一陰一陽」，又曰「陰陽不測」，又曰「一闔一闢」，又曰「通乎晝夜」。語其推行故曰「道」，語其不測故曰「神」，語其生生故曰「易」，其實一物，指事而異名爾。〔註 78〕

「易」有變化萬端的表現形式，可以用很多詞彙來形容，但最終指代的還是一個東西，就此，張載引出了他所著力闡發的「天地之心」範疇：

〔註 76〕〔北宋〕張載著《張載集・文集佚存・答范巽之書》，北京：中華書局 1978 年版，第 349 頁。

〔註 77〕〔北宋〕張載著《張載集・橫渠易說・繫辭上》，北京：中華書局 1978 年版，第 176～208 頁。

〔註 78〕〔北宋〕張載著《張載集・正蒙・乾稱篇第十七》，北京：中華書局 1978 年版，第 66 頁。

> 復言「天地之心」，咸、恒、大壯言「天地之情」。心，內也，其原在內時，則有形見，情則見於事也，故可得而名狀。……大抵言「天地之心」者，天地之大德曰生，則以生物爲本者，乃天地之心也。地雷見天地之心者，天地之心惟是生物，天地之大德曰生也。雷復於地中，卻是生物。《彖》曰：「終則有始，天行也。」天行何嘗有息？正以靜，有何期程？此動是靜中之動，靜中之動，動而不窮，又有甚首尾起滅？自有天地以來以迄於今，蓋爲靜而動。天則無心無爲，物所主宰，恒然如此，有何休歇？人之德性亦與此合，乃是己有，苟心中造作安排而靜，則安能久！然必從此去，蓋靜者進德之基也。〔註 79〕

張載認爲，「心」是指內在的本質，其表現在外部是有形可狀的則爲「情」，這就說，心非意識，情也不是情感，不能以辭害義，他告誡說：「觀書當不以文害辭，如雲義者出於思慮忖度，易言天地之大義，則天地固無思慮。天地之情，天地之心，皆放此。」〔註 80〕復卦《彖》文所云「天地之心」，即是天地「以生物爲本」，雷復於地中，即是「生物」之意。復並不是復歸於靜止，而是「靜中之動」，即生物不息，生生無窮，沒有休止停息。此是自然如此，沒有主宰者在操縱，這就是「天則無心無爲，無有主宰，恒然如此」，不以人的主觀意志爲轉移。因此，可以說天地並不具備如同人那樣的心，也可以說天地本來是無心的。但是，若從天地以生物爲本的目的論而言，陰陽交感，運行不息，其實也是確有一個生物之心，那就是客觀的規律，自然的功能，也可以說是宇宙之心。如果我們通過認識把握宇宙的這種規律與功能並如實地揭示出來，這就是爲天地立心了，這時候，天就具備有目的性的「有意」了：「太虛之氣，陰陽一物也，然而有兩體，建順而已。亦不可謂天無意。」（《易說・繫辭下》）

張載對天地之心的界說，是從自然主義的角度著眼的，他肯定天地陰陽的實體性的存在，雖然與佛教的那種「以山河大地爲見病」的幻滅思想尖銳對立，卻與老子的「天地不仁」的道家思想劃不清界限。我們知道，先秦的荀子批評道家「蔽於天而不知人」，而漢唐儒者則是知人而不知天，儒學在漢

〔註 79〕〔北宋〕張載著《張載集・橫渠易說・上經・復》，北京：中華書局 1978 年版，第 113 頁。

〔註 80〕〔北宋〕張載著《張載集・橫渠易說・下經・恒》，北京：中華書局 1978 年版，第 127 頁。

唐之際的發展倒向了與道家相反的方向，但在割裂天人關係方面確是相同的。余敦康說，道家認爲天地不仁，天本無心，是對自然主義天道觀的充分發揮，可謂是知天，卻忽視了人文主義的價值理想，是蔽於知人。漢唐以來的儒家卻執著於人之爲人的名教理想，可謂是知人，卻沒有充分認識到天道是受到一陰一陽兩種力量的支配的自然運行的過程，這可謂是不知天。因此，張載就意圖通過援引道家的自然主義的天道觀，補偏去蔽，以溝通天人，把自然主義與人文主義有機地結合起來，而不使「天地不仁」的思想僅僅作爲一種冷冰冰的自然規律來消解儒家所珍視的名教理想。〔註 81〕但是，在實際的理論建構中，張載並沒有完全做到一以貫之的堅持這樣的理論需求，而常常顯得顧此失彼、左支右絀，如他說：

> 老子言「天地不仁，以萬物爲芻狗」，此是也；「聖人不仁，以百姓爲芻狗」，此則異矣。聖人豈有不仁？所患者不仁也。天地則何意於仁？鼓萬物而已。聖人則仁爾，此其爲能弘道也。〔註 82〕
>
> 《繫》之爲言，或說《易》書，或說天，或說人，卒歸一道，蓋不異術，故其參錯而理則同也。「鼓萬物而不與聖人同憂」，則於是分出天人之道。人不可以混天，「鼓萬物而不與聖人同憂」，此言天德之至也。
>
> 天惟運動一氣，鼓萬物而生，無心以恤物。聖人則有憂患，不得似天。

張載所言，是把天人分爲兩途，天無心，人有心，因此在天道觀上他贊同道家的「天地不仁」的思想，在人道觀方面則堅持儒家「聖人有仁」的人文主義立場。從爲「天地立心」的理想圖景出發，行文至此，我們似乎看到張載又重回漢唐儒家立天人「二本」的老路。以「天人相合」爲主旨的儒家通常是首先肯定聖人之仁，然後由聖人之仁推導出天地之仁，反過來又以「天地之仁」來確證「聖人之仁」，使名教理想獲得宇宙論的形而上根據，余敦康先生的分析可謂精闢，「因而儒家言人必上溯於天，言用必歸宗於體，也是一種天人體用之學。」〔註 83〕張載認同道家「天地不仁」而又堅持儒家「聖人之仁」，在根本上是割裂了天人一體、體用無間的「一本」關係，實際是以道家

〔註 81〕余敦康著《漢宋易學解讀》，北京：華夏出版社 2006 年版，第 334 頁。

〔註 82〕〔北宋〕張載著《張載集·橫渠易說·繫辭上》，北京：中華書局 1978 年版，第 188 頁。

〔註 83〕余敦康著《漢宋易學解讀》，北京：華夏出版社 2006 年版，第 335 頁。

的「自然天道觀」爲體，以儒家的「人道觀」爲用的二元論。〔註 84〕如何一以貫之地確立儒家價值理想及其形而上根據，張載不得不重回儒家以天合人的舊思路上，立足於名教理想來框定天地之心，確立儒家所期望的人文化成的「天地之仁」：

天無心，心都在人之心。一人私見固不足盡，至於衆人之心同一則卻是義理，總之則卻是天。故曰天曰帝者，皆民之情然也。

大抵天道不可得而見，惟占之於民，人所悅則天必悅之，所惡則天必惡之，只爲人心至公也，至衆也。民雖至愚無知，惟於私己然後昏而不明，至於事不干礙處則自是公明。大抵衆所向者必是理也，理則天道存焉，故欲知天者，占之於人可也。

禮即天地之德也。……天地之禮自然而有，何假於人？天之生物便有尊卑大小之象，人順之而已，此所以爲禮也。學者有專以禮出於人，而不知禮本天之自然。

如是心不能存，德虛牢固，操則存，捨則亡，道義無由得生。如地之安靜不動，然後可以載物，生長以出萬物；若今學者之心出入無時，記得時存，記不得時即休，如此則道義從何而生！〔註 85〕

這是張載對天人合一、體用不二的思想系統的理論訴求的努力，也可以說是宋儒共同追求的價值目標，即天道中蘊含著人道的價值規定，人道又可以上溯至天道的根本保障與最終來源，知人即可知天，知天亦可知人。因此，張載最終還是認可「天地之仁」的存在：

天本無心，及其生成萬物，則須歸功於天，曰：此天地之仁也。仁人則須索做，始則須勉勉，終則復自然。人須常存此心，及用得熟卻恐忘了。若事有汨沒，則此心旋失，失而復求之則才得知舊耳。〔註 86〕

仲由樂善，故車馬衣裘喜與賢者共敝；顏子樂進，故願無伐善施勞；聖人樂天，故合內外而成其仁。

惻隱，仁也；如天，亦仁也。

〔註 84〕余敦康著《漢宋易學解讀》，北京：華夏出版社 2006 年版，第 336 頁。

〔註 85〕〔北宋〕張載著《張載集・經學理窟・氣質》，北京：中華書局 1978 年版，第 267 頁。

〔註 86〕〔北宋〕張載著《張載集・經學理窟・氣質》，北京：中華書局 1978 年版，第 266 頁。

張載以「天地之心」爲交匯點，將生成萬物的自然存在與人文價值理想融彙一起，溝通了「自然目的與道德目的」〔註 87〕。在張載看來，以人的感覺爲根據，天地原本確實無心；但若以創生萬物的目的角度言，則天地確實有個「心」，這個所謂「天地生物之心」也就是儒家所言的「仁」德價值的最終體現，因此，「天地之仁」是可以言說的、值得肯定的，即「天，亦仁也。」這就是張載所論證的「天地之心」爲「仁」的思想內涵。

三、「虛者，仁之原」

張載的「仁說」並沒有脫離他的最高範疇「太虛」論。在張載的思想系統裏，「太虛」是「氣」的本體，是整個世界存在基礎的最終本原，它是通過一系列的運動變化而產生天地間的萬物的。「太虛」範疇源自莊子關於氣之聚散的天道論：「人之生，氣之聚也；聚則爲生，散則爲死。若死生爲徒，吾又何患！故萬物一也。」〔註 88〕張載雖贊成莊子所言「生物以息相吹」的天道和諧論，但以儒家注重的是人道關懷的角度來說，「太虛」聚散並非眞意於道家似的自然主義。作爲宋代理學思想史上的重要一環，張載思想的著眼點本質上也是在於論證天人整體和諧貫通，立足於儒家名教理想對道家自然主義進行創造性的轉化，〔註 89〕以確立天人合一的基本思想路線：

> 天道四時行，百物生，無非至教；聖人之動，無非至德，夫何言哉！
>
> 天體物不遺，猶仁體事無不在也。「禮儀三百，威儀三千」，無一物而非仁也。〔註 90〕
>
> 天人異用，不足以言誠；天人異知，不足以盡明。所謂誠明者，性與天道不見乎小大之別也。
>
> 性與天道合一存乎誠。
>
> 天所以長久不已之道，乃所謂誠。仁人孝子所以事天誠身，不

〔註 87〕林樂昌：《「爲天地立心」——張載「四爲句」新釋》，載《哲學研究》2009 年第 5 期。

〔註 88〕〔清〕郭慶藩撰《莊子集釋・知北遊》，北京：中華書局 1987 年版，第 733 頁。

〔註 89〕余敦康著《漢宋易學解讀》，北京：華夏出版社 2006 年版，第 345 頁。

〔註 90〕〔北宋〕張載著《張載集・正蒙・天道篇第三》，北京：中華書局 1978 年版，第 13 頁。

過不已於仁孝而已。故君子誠之爲貴。〔註 91〕

張載認爲，「性與天道」本是融合於「誠」的價值理想之中，並且，「仁通極其性，故能致養而靜以安」〔註 92〕，從仁學思想的角度說，天道與人道都無不貫穿著「仁」的價值與精神，「仁人孝子」乃是有道德品格的人在宇宙間所應充任的角色，而「事天誠身」也就是人所應當履行的道德義務與責任。因此，張載所追求的天人一體的終極目的就在於人文價值理想，亦即儒家「仁德」精神充溢於宇宙間。爲此，張載從其最根本的範疇——「太虛」觀念中衍生出「仁」，給「仁」精神的生發確立一個本體的奠基。他說：

虛者，仁之原，忠恕者與仁俱生，禮義者仁之用。

敦厚虛靜，仁之本；敬和接物，仁之用。

虛則生仁，仁在理以成之。〔註 93〕

如果說周敦頤以「生」論「仁」，初步奠定了宋儒「仁說」的宇宙論基調，這種論說方式與其說是本體的，更根本的應當說是生成論的方式；然而張載卻眞切地「將儒家之仁提高到本體論的高度進行論證，以太虛作爲仁之原，用仁來界定天。這是張載對理學所作的最大的理論貢獻，代表了他的基本思想。」〔註 94〕就張載本人而言，他就曾明確說「太虛無形，氣之本體」〔註 95〕，也曾說：「學者識得仁體後，如讀書講明義理，皆是培壅。」〔註 96〕作爲本體之

〔註 91〕〔北宋〕張載著《張載集・正蒙・誠明篇第六》，北京：中華書局 1978 年版，第 20 頁。

〔註 92〕〔北宋〕張載著《張載集・正蒙・至當篇第九》，北京：中華書局 1978 年版，第 34 頁。

〔註 93〕〔北宋〕張載著《張載集・張子語錄・語錄中》，北京：中華書局 1978 年版，第 325 頁。

〔註 94〕余敦康著《漢宋易學解讀》，北京：華夏出版社 2006 年版，第 347 頁。

〔註 95〕〔北宋〕張載著《張載集・正蒙・太和篇第一》，北京：中華書局 1978 年版，第 1 頁。至於張載「太虛」與「氣」的關係，有學者認爲「張載學說之所會引起極不相同的詮釋，主要不在於他有滯辭，而在於他爲了滿足宇宙論與本體論不同的要求而不自覺地產生理論的內在矛盾。」（馮耀明《文本詮釋與理論轉移——中國哲學文本詮釋三例》，載《中國哲學史》2002 年第 3 期。）就「虛」與「仁」的關係，我們認爲也存在著這樣的情形。就理學的形成發展史中的「仁」思想史而論，我們傾向於認爲，本體之「仁」的詮釋，即「仁體」的確立，張載是一個重要的開創者，如此，才能理解朱子充分肯定並反覆闡釋張子的「天體物而不遺，猶仁體事而無不在」的命題。

〔註 96〕〔北宋〕張載著《張載集・張子語錄・附・後錄下》，北京：中華書局 1978 年版，第 342 頁。

「仁」的確立，既是儒家學說立於釋道二教之中的根本「話頭」的需要，從儒學義理本身而言，也是儒家人文精神改造自然主義形態下的「天地不仁」爲「天地之仁」的需要。從人文價值方向看，虛爲仁之原，仁德價值的本體根據在於虛，正所謂「天地以虛爲德，至善者虛也。」〔註 97〕；從自然萬物的生成變化方向看，「虛者天地之祖，天地從虛中求」〔註 98〕，因此，在張載看來，宇宙萬物的根本性狀都存在著某種人文價值的合目的性，這是儒家將宇宙自然的目的性與道德價值的目的性融彙而通達天人合一的最高價值的追求。自張載提出識「仁體」後，後世儒者都無不追隨其後，反覆申論儒家學者最爲珍視的「仁」，如朱熹就曾反覆探討了張氏的這個思想：

> 橫渠謂「天體物而不遺，猶仁體事而無不在」。此數句，是從赤心片片說出來，荀、揚豈能做到！〔註 99〕
>
> 問：「天體物而無不遺，猶仁體事而無不在」。曰：「體物，猶言爲物之體也，蓋物物有個天理，體事，謂事事是仁做出來。如『禮儀三百，威儀三千』，須是仁做始得。凡言體，便是做他那骨子」〔註 100〕
>
> 問：「『天體物而無不遺，猶仁體事而無不在』，何也？」曰：「……仁者，事之體。體物，猶言幹事，事之幹也。『禮儀三百，威儀三千』，非仁則不可行。譬如衣服，必有個人著方得。且如『坐如尸』，不須是做得。凡言體者，便是做個基骨也。」〔註 101〕
>
> 問：「『天體物而不遺，猶仁體事而無不在也』以見物物各有天理，事事皆有仁？」曰：「然。天體在物上，仁體在事上，猶言天體於物，仁體於事。本是言物以天爲體，事以仁爲體。緣須著從上說，故如此下語。」〔註 102〕
>
> 問：「仁體事而無不在」。曰：「只是未理會得『仁』字。若理

〔註 97〕〔北宋〕張載著《張載集·張子語錄·語錄下》，北京：中華書局 1978 年版，第 326 頁。
〔註 98〕〔北宋〕張載著《張載集·張子語錄·語錄下》，北京：中華書局 1978 年版，第 326 頁。
〔註 99〕《朱子全書·朱子語類·程子書二》，第 3329 頁。
〔註 100〕《朱子全書·朱子語類·張子之書二》，第 3329～3300 頁。
〔註 101〕《朱子全書·朱子語類·張子之書二》，第 3300 頁。
〔註 102〕《朱子全書·朱子語類·張子之書一》，第 3300 頁。

會得這一字了，則到處都理會得。今未理會得時，只是於他處上下文有些相貫底，便理會得；到別處上下文隔遠處，便難理會。今且須記取做個話頭，常孫錄云：『千萬記取此是個話頭！』久後自然曉得。或於事上見得，或看讀別文義，卻自知得。」〔註 103〕

朱子在第一段中稱讚橫渠對「天體與仁體」界說的貢獻；第二、三段以「骨」架與著裝為例解釋何為「仁」之「體」；第四段則闡釋「天體與仁體」的分說對象；這四段話都是朱子對張載最後一段強調張氏提出「仁體」的範疇乃是為儒家在思想界的話語權掌握上提供一個明確而有力的「話頭」〔註 104〕。「話頭」一語源自禪宗，是指說話的端緒。禪宗常以某一個字或某一句話作為話頭，認為其中蘊含著佛教思想的全部精髓，是參悟佛法的最簡捷門徑。在儒學的發展歷史上，一直以來缺少一個明確的話頭，張載現在拈出一個「仁」字，拿來與佛道抗衡，實在是件功勞至偉的大事。〔註 105〕此後，程顥在《識仁篇》中說：「學者須先識仁。仁者渾然與物同體。」就是在張載的拈出的話頭的啓示下所得的闡釋。當張載用一個「仁」字來體現儒學思想的全部精髓，把天地生物之心理解為「天體物而不遺」的一片「仁心」、理解為「顯諸仁，天地生萬物之功」的人文價值理想，他拈出的這個話頭——「仁」，可以說是繼韓愈「道德為虛位，仁義為定名」論之後的又一個里程碑。

第四節　性理之「仁」的初步建構：論二程「仁」學

程顥（1032～1085），字伯淳，河南（今洛陽）人，世稱明道先生；弟程頤（1033～1107），字正叔，世稱伊川先生，他們二人一起被稱作二程。二程在性格、為學旨趣有很大的差異，大程性格溫和、風趣，小程則嚴毅、謹慎；大程注重「定性」、「和樂」的修養工夫以達至「渾然與物同體」的精神境界，小程則以「持敬」、「格物」的修養工夫「謹於禮四五十年」。二程雖然在許多方面有所不同，但在「以仁愛為本」〔註 106〕上，卻不為明道所獨有，他們二

〔註 103〕《朱子全書・朱子語類・張子之書一》，第 3300～3301 頁。

〔註 104〕〔南宋〕普濟著《五燈會元・黃檗運禪師法嗣・烏石靈觀禪師》（北京：中華書局 1984 年版，第 235 頁。）云：「曹山行腳時，問：『如何使毗盧師法身主？』師曰「『我若向你道，即別有也。』曹山舉似洞山，山曰：『好個話頭，只欠進語。何不問為什麼不道？』」

〔註 105〕余敦康著《漢宋易學解讀》，北京：華夏出版社 2006 年版，第 347 頁。

〔註 106〕〔北宋〕程顥、程頤著《二程集》，北京：中華書局 2004 年 2 版，第 330 頁。

人都尤其注重闡釋「仁」的特定內涵，挖掘「仁」在宇宙論、境界論與工夫論建構上的「話頭」體系，形成了宋代「仁」學思想的第一個高峰。

一、從「仁愛」之辨到「定性」

「仁愛」之辨的淵源在孔子與弟子的對話，「樊遲問仁，子曰：愛人。」孔子言「仁」，乃是融入「一般人類的心理要素」，也就是說，從孔子開始，「仁」之所立的奠基性因素在於「人類的心理規定」，而「心理要素」畢竟不同於「總德」〔註 107〕或曰「諸德之家」〔註 108〕。對於「愛人」的內涵規定有著特殊性與普遍性〔註 109〕內在張力，即所謂「差等」與「普遍」的內在衝突與儒家所認爲的可貫通性，儘管普遍之「愛」會有一個遞減的規律，但那畢竟是正面而非負面。孔子以「愛」言「仁」，將「愛人」〔註 110〕所具有的一般性心理因素賦予「仁」，又將賦予「愛人」以具體的表徵，他說：

> 道千乘之國，敬事而信，節用而愛人，使民以時。(《學而》)
>
> 君子學道則愛人，小人學道則易使也。(《陽貨》)

這裏的「愛人」不是男女之愛、親情之愛，而是對關係疏遠人的愛，也就是政府對百姓之愛〔註 111〕。這種「愛」既具一般性心理因素，其特別之處即非通常之「愛」的抽象性所能涵蓋，孔子以對待言「愛人」，一則「敬事對信」與「節用對愛人」，二則對於「學道」「君子乃在愛人」而「小人爲易使」，此二處的「愛人」從內涵上顯然不是非「一般性心理因素」，而是涵蓋著道德義理的具體性要素，若僅從一般的心理要素出發，事實上很難界定是否具備道德義理的內涵，比如男女之愛就很難在道德義理上言說。馬王堆帛書《五行》篇云：

> 愛父，其繼愛人，仁也。
>
> 愛父，其殺愛人，仁也。言愛父而後及人也。〔註 112〕

〔註 107〕陳榮捷：《儒家的「仁」之思想之演進》，載姜新豔主編：《英語世界中的中國哲學》，北京：中國人民大學出版社，2009 年版。

〔註 108〕楊澤波：《釋仁》，載《孔子研究》1995 年第 3 期。

〔註 109〕參見本文孔子論「仁」節。

〔註 110〕趙紀彬認爲，孔子時代「人」與「民」不同，儘管這很可能符合歷史現場，但我們認爲，在「人」的範圍内，孔子的「愛人」命題還是有普遍性的。

〔註 111〕曾亦著《本體與工夫——湖湘學派研究》，上海：上海人民出版社 2007 年版，第 53 頁。

〔註 112〕國家文物局古代文獻研究室 編《馬王堆漢墓帛書》(壹)，北京：文物出版社

郭店楚簡《五行》篇亦曰：

愛父，其攸愛人，仁也。〔註113〕

《性自命出》篇則曰：

情出於性。愛類七，唯性愛爲近仁。〔註114〕

帛書《五行》中言「愛」固也是從「一般心理要素」出發，但確乎有一個由近及遠的推及過程，等差性的「愛」是明顯的。郭店《五行》中「攸」字，整理小組將「攸」讀作「迪」，意思是說，愛自己的父母是出發點，然後推及愛其它所有的人，這才是合乎仁的要求。《性自命出》篇認爲，情的根源在於性，出於本性的愛是最接近仁的，這顯然並不認爲「愛」即是「仁」本身，也就說，屬於情範疇的愛，還不是「仁」，只是接近於「仁」而已。孟子亦言「愛人」：

仁者愛人，有禮者敬人。愛人者，人恒愛之；敬人者，人恒敬之。(《離婁下》)

君子之於物也，愛之而弗仁；於民也，仁之而弗親。親親而仁民，仁民而愛物。(《盡心上》)

仁者無不愛也，急親賢之爲務。((《盡心下》)

仁者以其所愛及其所不愛。(《盡心下》)

「仁」者，孟子認爲是「無不愛」的，但卻有輕重緩急之分，絕非墨家所言「視人之家若視其家，視人之身若視其身」(《墨子・兼愛中》)，但「愛」也不是完全等同於「仁」的，於「物」是「愛」，於「民」則是「仁」。有人問程頤：「爲仁先從愛物上推來，如何？」程頤說：「不敬其親而敬他人者，謂之悖禮；不愛其親而愛他人者，謂之悖德。故君子親親而仁民，仁民而愛物。能親親，豈不仁民？能仁民，豈不愛物？若以愛物之心推而親親，卻是墨子也。〔註115〕」在程頤看來，「仁」顯然不能以「愛」來全括，孔子把具備一般性心理因素的「愛」之情賦予「仁」，但「仁」卻不等同於就是「愛」，實際上，對程頤而言，「仁民」不源自於「愛物」，「仁」與「愛」之間存在的紐帶很可能就是親情之間的天然血緣，這種紐帶在程頤看來是否能夠用「愛」來

1980年版，第18頁。

〔註113〕荊門市博物館 編《郭店楚墓竹簡》，北京：文物出版社1998年版，第150頁。

〔註114〕荊門市博物館 編《郭店楚墓竹簡》，北京：文物出版社1998年版，第180頁。

〔註115〕〔北宋〕程顥、程頤著《二程集》，北京：中華書局2004年2版，第310頁。

概括，他沒有明言，但他的確認爲：「民須仁之，物則愛之。」〔註116〕「仁」與「愛」適用的範圍還是有所不同的。

孔子言「仁」爲「愛人」，實際上很可能是爲「仁」奠基一個「人性」的本根，因而郭店楚簡所處時代的學者們才造出個身心一體的「㤅」字，孟子更進一步說，「仁」爲「人心」，爲四端之一。但「人心」生發出來的「愛」乃是一種情，「性之好、惡、喜、怒、哀、樂謂之情」（《荀子・正名》），依據郭店楚簡所言「情生於性」，那麼孟子說「夫物之不齊，物之情」而引申爲事物的本性，是有根據的，但「四端」與「七情」不能混同，則是儒家的傳統思路。〔註117〕由一般性心理因素引申而來的「仁」，從上面的分析可以得出這樣的結論，即「仁」乃是一種特定範圍中的「愛」，這種「愛」必定具備道德性因素，而且是正面性道德要素，這本身也符合孔子將「仁」規約爲「總德」的特徵。

以上的這番論說，似乎是在打圓圈，實際上，我們想要表明一點的是，將「仁」掛搭於一般性的「人性心理原則」是孔子的言「仁」的創造，從反向思路著手，將一般性「人性心理原則」剝離於「仁」則很可能是宋儒的創造性發展。這就是漢唐之際儒家學者浸淫於佛道「性情」思想後，程頤的響應——「仁是性，愛是情」論。

從本文前章的論述中，我們知道，胡瑗是宋儒中以「性情」之論言「仁」的濫觴，但其並沒有發展出鮮明的理論範疇，將「仁」與「愛」作了明確區分的是二程。中唐韓愈以「定名－虛位」論「道德仁義」，二程是極力反對的：

> 韓退之言「博愛之謂仁，行而宜之之謂義，由是而之焉之謂道，足乎己無待於外之謂德」，此言卻好。只云「仁與義爲定名，道與德爲虛位」，便亂說。只如《原道》一篇極好。退之每有一兩處，直是搏得親切，直似知道，然卻只是博也。〔註118〕

〔註116〕〔北宋〕程顥、程頤著《二程集》，北京：中華書局2004年2版，第87頁。

〔註117〕孟子說「仁，人心也」、」惻隱之心，仁也」，還說「君子所謂性，仁義禮智根於心」，孟子釋「仁」爲「性」都不離開「心」，若依據二程的理論進行分析，孟子言「仁」正是沒有分離出「情」來，因而，孟子以「仁」爲「性」不同於二程，切不可混淆。而且被程朱廣爲接受的張載之語「心統性情」之論相較孟子而言，其理論確實更爲精緻，馮友蘭根據修養功夫將大程立爲心學派、小程立爲朱子學派，若從以「性」釋「仁」而確立爲道德之本體，那麼二程在這點上的區別可能不會那麼大，本人謹慎以爲如此。

〔註118〕〔北宋〕程顥、程頤著《二程集》，北京：中華書局2004年2版，第262頁。

「亂說」是因韓愈沒有完全確立儒家形而上學的根底，韓的「道德」與佛老之「道德」劃不開界限；此處對韓愈「博愛」謂「仁」，程氏雖尚有微詞卻沒有點破，但接著伊川就明確指出：「退之言『博愛之謂仁』，非也。仁者故博愛，然便以博愛爲仁，則不可。」〔註 119〕仁者有博愛的情懷，但博愛者並非就是仁者，因爲博愛者很可能墨家的「兼愛者」，而非儒家所言的「親親之愛」，所以，缺乏父子親情爲根基的博愛就不能說是「仁愛」。但是，具備孝悌爲根本的「愛」，是否就是「仁」本身呢？程頤說：

> 問：「『孝悌爲仁之本』，此是由孝悌可以至仁否？」曰：「非也。謂行仁自孝悌始。蓋孝悌是仁之一事，謂之行仁之本則可，謂之是仁之本則不可。蓋仁是性也，孝悌是用也。性中只有仁義禮智四者，幾曾有孝悌來？仁主於愛，愛莫大於愛親。故曰：『孝悌也者，其爲仁之本與！』」〔註 120〕

> 「或問：「「孝悌爲仁之本與？」子曰：「行仁自孝悌始，孝悌，仁之事也。仁，性也；孝悌，用也。」謂孝悌爲行仁之本則可，直曰仁之本，則不可。」〔註 121〕

孝悌只是屬於「仁」的一類事、一個比較特殊的方面，孝悌是實現「仁」的端的，郭店楚簡中說：「喪，仁之端也」〔註 122〕也就是這個意思。當孔子急於爲「禮壞樂崩」社會的重構尋求心理性根據而創生「仁」範疇時，宋代則出現欲將「仁」與一般心理要素分離的趨勢，在宋儒看來，心理性因素的「情」固然根自「性」，但並非就是「性」本身的組成要素，而與「性」爲一。〔註 123〕對於「仁愛」問題，程頤說：

> 仁者必愛，指愛爲仁則不可。不仁者無所知覺，指知覺爲仁則不可。〔註 124〕

〔註 119〕〔北宋〕程顥、程頤著《二程集》，北京：中華書局 2004 年 2 版，第 182 頁。
〔註 120〕〔北宋〕程顥、程頤著《二程集》，北京：中華書局 2004 年 2 版，第 183 頁。
〔註 121〕〔北宋〕程顥、程頤著《二程集》，北京：中華書局 2004 年 2 版，第 1173 頁。
〔註 122〕荊門市博物館編《郭店楚墓竹簡》，北京：文物出版社 1998 年版，第 198 頁。
〔註 123〕與二程同時的王安石認爲，「性」與「情」是同一個東西：「性情一也。世有論者曰『性善情惡』，是徒識性情之名而不知性情之實也。喜、怒、哀、樂、好、惡、欲未發於外而存於心，性也；喜、怒、哀、樂、好、惡、欲發於外而見於行，情也。性者情之本，情者性之用，故曰性情一也。」（《王文公文集·性情》）對於王安石「性體情用」論的評價，可參看向世陵著《理氣性心之間》（北京：人民出版社 2008 年版。）第一章相關節目。
〔註 124〕〔北宋〕程顥、程頤著《二程集》，北京：中華書局 2004 年 2 版，第 1173 頁。

信不足以盡誠，猶愛不足以盡仁也。〔註 125〕

或問：「愛何以非仁？」子曰：「愛出於情，仁則性也。仁者無偏照，是必愛之。」〔註 126〕

仁義禮智信，於性上要言此五事，須要分別出。若仁則固一，一所以爲仁。惻隱則屬愛，乃情也，非性也。恕者入仁之門，而恕非仁也。因其惻隱之心，知其有仁。惟四者有端而信無端。只有不信，更無信。如東西南北已有定體，更不可言信。若以東爲西，以南爲北，則是有不信。如東即東，西即西，則無信。〔註 127〕

問仁。曰：「此在諸公自思之，將聖賢所言仁處，類聚觀之，體認出來。孟子曰：『惻隱之心，仁也。』後人遂以愛爲仁。惻隱故是愛也。愛自是情，仁自是性，豈可專以愛爲仁？孟子言惻隱爲仁，蓋爲前已言『惻隱之心，仁之端也』，既曰仁之端，則不可便謂之仁。退之言『博愛之謂仁』，非也。仁者故博愛，然便以博愛爲仁，則不可。」〔註 128〕

「仁」之所以爲「仁」在於其不蔽於一己之偏，「無偏照」必定可以去「愛」，而「愛」卻未必可以做到「無偏照」，因此，韓愈以「博愛」爲「仁」，也就是將「情」界定爲「性」，在程頤看來完全不對，實際上，若「愛」即爲「仁」，從根本上說也就同於王安石「性情一也」之論，在儒家人文精神建構中，人的向善行爲之根本保障也就將墮入空無之中，以一般性心理要素爲主要特徵的「愛」或「情」不足以構成道德形而上的根據，因而，缺失道德理想的「性情」也就不足以確立起本體的地位，若「仁爲性」，道德形上學就成爲了可能。

論「性」，程顥贊同「生之謂性」：

「生之謂性」，性即氣，氣即性，生之謂也。人生氣稟，理有善惡，然不是性中元有此兩物相對而生也。有自幼而善，有自幼而惡，是氣稟有然也。善固性也，然惡亦不可不謂之性也。〔註 129〕

從人氣稟的自然本性角度論證「生之謂性」，因而善、惡皆是人的本性，所謂

〔註 125〕〔北宋〕程顥、程頤著《二程集》，北京：中華書局 2004 年 2 版，第 1178 頁。
〔註 126〕〔北宋〕程顥、程頤著《二程集》，北京：中華書局 2004 年 2 版，第 1180 頁。
〔註 127〕〔北宋〕程顥、程頤著《二程集》，北京：中華書局 2004 年 2 版，第 168 頁。
〔註 128〕〔北宋〕程顥、程頤著《二程集》，北京：中華書局 2004 年 2 版，第 182 頁。
〔註 129〕〔北宋〕程顥、程頤著《二程集》，北京：中華書局 2004 年 2 版，第 10 頁。

「生之謂性」，即是說氣稟之中有善惡之性，這是從人的自然欲求方面論人性，「口目耳鼻四支之欲，性也。」〔註 130〕程頤也認爲生理自然欲望也是人的本性。但「生之謂性」與孟子所言之「性」是不同的：

> 孟子言性，當隨文看。不以告子「生之謂性」爲不然者，此亦性也；彼命受生之後謂之性爾，故不同。繼之以「犬只性猶牛之性，牛之性猶人之性與」，然不害爲一。若乃孟子之言善者，乃極本窮源之性。〔註 131〕

告子「生之謂性」與孟子道性善皆是指性，然孟子之言善，乃是「極本窮源」後的「性」，在內涵上要比告子所言之「性」更根本，「且如言人性善，性之本也；生之謂性，論其所稟也。」〔註 132〕明確地說，孟子所言之「性」可謂是告子所言之「性」的價值源泉，價值本體。這就是：

> 仁義禮智信五者，性也。仁者，全體；四者，四支。仁，體也。義，宜也。禮，別也。智，知也。信，實也。〔註 133〕

「五常」都是人的本性，其中，「仁」是根本的，是本體，因而，「仁」是最高價值本體，同時，「仁」是「公」：

> 仁之道，要之只消一公字。公只是仁之理，不可將公便喚作仁。公而以人體之，故爲仁。只爲公，則物我兼照，故仁，所以能恕，所以能愛，恕則仁之施，愛則仁之用。〔註 134〕

> 謝收問學於伊川，答曰：「學之大無如仁。汝謂仁是如何？」謝久之無入處，一日再問曰：「愛人是仁否？」伊川曰：「愛人乃仁之端，非仁也。」謝收去，先生曰：「某謂仁者公而已。」伊川曰：「何謂也？」先生曰：「能好人，能惡人。」伊川曰：「善涵養。」〔註 135〕

> 伊川……曰：「思而至此，學者所難及也。天心所以至仁者，惟公爾。人能至公，便是仁。」〔註 136〕

〔註 130〕〔北宋〕程顥、程頤著《二程集》，北京：中華書局 2004 年 2 版，第 257 頁。
〔註 131〕〔北宋〕程顥、程頤著《二程集》，北京：中華書局 2004 年 2 版，第 63 頁。
〔註 132〕〔北宋〕程顥、程頤著《二程集》，北京：中華書局 2004 年 2 版，第 207 頁。
〔註 133〕〔北宋〕程顥、程頤著《二程集》，北京：中華書局 2004 年 2 版，第 14 頁。
〔註 134〕〔北宋〕程顥、程頤著《二程集》，北京：中華書局 2004 年 2 版，第 153 頁。
〔註 135〕〔北宋〕程顥、程頤著《二程集》，北京：中華書局 2004 年 2 版，第 433 頁。
〔註 136〕〔北宋〕程顥、程頤著《二程集》，北京：中華書局 2004 年 2 版，第 439 頁。

仁者，公也，人此者也；義者宜也，權量輕重之極；禮者別也，知者知也，信者有此者也。萬物皆有性，此五常性也。〔註 137〕

以「公」釋「仁」，從論說上看，程頤也不認爲「公」與「仁」是等同的，「公」實際是「仁之理」，也就是說，「公」是「仁」的原理、本質、根據，不僅於此，「公」也是道德修養的工夫所在：「善涵養」，因此，「公」既是實踐「仁」的要訣，也是「仁」的本根之基，是本體與工夫的交結所在，體現了「即體即用」的理論建構原則，「愛是仁之用」、「仁是性，孝悌是用」也是如此。這是從道德修養上說，伊川以「公」訓「仁」，從更深層上說乃是「求聖人之道」，體現其外王的理想圖景，即所謂「聖人之道，至公而已矣。或曰：何謂也？曰：天地至公而已矣。」〔註 138〕「聖人之道」源自「天地至公」之理，於此「苟不偏己，合於公道，則人益之，何爲擊之乎？」「苟公其心，不失其正理，則與眾同利，無侵於人，人亦欲與之。若切於好利，蔽於自私，求自益以損於人，則人亦與之力爭，故莫肯益之，而有擊奪之者。」〔註 139〕「崇公抑私」是中國傳統社會的主導特徵，程頤以儒家核心觀念「仁」來確立「公」的本體地位，事實上，也是其「無人欲即皆天理」〔註 140〕、「損人欲以復天理」〔註 141〕「滅私欲則天理明」〔註 142〕命題成立的根據。中國傳統知識分子都無不以「修身成聖」爲終生職志，而這種過程卻「需要借助於君主手中專制的道德和政治手段」〔註 143〕，因爲在傳統社會裏君主是「代天立言」的「至公」象徵，對君主帝王而言，「大公無私是專制君主爲社會和社會成員設計的理想社會和境界。崇公抑私事君主們爲實現他們的目的而採取的政治和道德的手段」〔註 144〕，於如程頤這樣的知識分子而言，「公」未嘗不是他們實現所謂「修齊治平」理想的手段與路徑呢？伊川於皇祐二年

〔註 137〕〔北宋〕程顥、程頤著《二程集》，北京：中華書局 2004 年 2 版，第 81 頁。

〔註 138〕〔北宋〕周敦頤著《周子通書》，上海：上海古籍出版社 2008 年版，第 42 頁。

〔註 139〕〔北宋〕程顥、程頤著《二程集》，北京：中華書局 2004 年 2 版，第 917～918 頁。

〔註 140〕〔北宋〕程顥、程頤著《二程集》，北京：中華書局 2004 年 2 版，第 144 頁。

〔註 141〕〔北宋〕程顥、程頤著《二程集》，北京：中華書局 2004 年 2 版，第 907 頁。

〔註 142〕〔北宋〕程顥、程頤著《二程集》，北京：中華書局 2004 年 2 版，第 312 頁。

〔註 143〕劉澤華主編《中國傳統政治哲學與社會整合》，北京：中國社會科學出版社 2000 年版，第 259 頁。

〔註 144〕劉澤華主編《中國傳統政治哲學與社會整合》，北京：中國社會科學出版社 2000 年版，第 246 頁。

（1050）《上仁宗皇帝書》云：「道必充於己，而後施以及人；是故道非大成，不苟於用。然亦有不私其身，應時而作者也。」〔註 145〕「道」需學習與把握，但目的不在自己，而是爲天下百姓，因此，「伏望陛下……以王道爲心，以生民爲念，黜世俗之論，期非常之功。」〔註 146〕程頤希望仁宗皇帝能夠以「王道」之「公」、天下生民的普遍福祉爲國家政治運作的出發點，以達至「非常之功」的實際效果。程頤以「公」言「仁」，其外王事功的政治取向是非常明顯的，而並非純粹的「爲己之學」。

但就二程言「仁」的論證路線而言，「天理」作爲二程思想中最高主宰與價值本體，與「仁」的關係也相當緊密：

> 仁，理也。人，物也。以仁合在人身言之，乃是人之道也。〔註 147〕

> 仁者，天下之正理。失正理，則無序而不和。〔註 148〕

「仁」是「理」，是「正理」，「仁」落實於人身上，就可稱作是「人道」，失去了「仁」，社會將落入混亂、無序的境地，人與人、人與社會也就不會「和諧」。因而，「仁」是社會走向和諧、實現和諧的道德價值之源泉。由於道德價值的實現需依靠人去實現，就如作爲「天理」的「仁」要獲得落實就需要「合在人身言之」，繼以「人道」的方式去實現，二程又將「天理」這一宇宙本體與「性」這一個體本體相統一，提出「性即是理」的命題，把人的本性與外在超越性的宇宙本體貫通爲一體，即程頤所言：「性即理也，所謂理，性是也。」〔註 149〕外在超越的宇宙本體與人性之間存在著同一的關係，人性就不再只是個人屬性、善惡評價的問題，而是一種內含著超越性的形而上的根據。〔註 150〕而這之中，程頤將「仁」確立爲「性」時，又是在賦予形而上根據以道德價值之源，「仁」、「性」、「理」本質上是相通的，是統一的，如果說張豈之主編的《中國思想學說史》〔宋元卷〕中認爲「天理論絕不僅僅是宇宙本體論，它同時也是一種人格本體論」〔註 151〕，我們以爲還應該再加上一個，

〔註 145〕〔北宋〕程顥、程頤著《二程集》，北京：中華書局 2004 年 2 版，第 511 頁。
〔註 146〕〔北宋〕程顥、程頤著《二程集》，北京：中華書局 2004 年 2 版，第 515 頁。
〔註 147〕〔北宋〕程顥、程頤著《二程集》，北京：中華書局 2004 年 2 版，第 391 頁。
〔註 148〕〔北宋〕程顥、程頤著《二程集》，北京：中華書局 2004 年 2 版，第 1173 頁。
〔註 149〕〔北宋〕程顥、程頤著《二程集》，北京：中華書局 2004 年 2 版，第 292 頁。
〔註 150〕張豈之主編《中國思想學說史》〔宋元卷〕，桂林：廣西師範大學出版社 2008 年版，第 206 頁。
〔註 151〕張豈之主編《中國思想學說史》〔宋元卷〕，桂林：廣西師範大學出版社 2008

那就是：天理論同時也是一種道德本體論，是以「仁」爲價值表徵的道德本體論，是宇宙本體論、個體本體論與道德本體論三位一體的〔註 152〕，這就是程頤爲何要將「仁」剝離於孔聖人最初賦予的「一般心理要素」的「情」，而將「仁」確立爲「性」的根本緣由。〔註 153〕事實上，宋代理學建構的根本任務一方面要確立儒家自身的宇宙本體論，爲天地立一個「心」，另一方面則是要爲這個「心」確立儒家的道德價值理念，所以，宋代理學家大都一方面批判佛老的離人離世的價值觀念，另一方面則汲取佛老宇宙論因素、思維方式。應該說，二程確立的「自家體貼出來」的「天理」是理學史上第一個比較完備的形而上學系統，既是「性與天道」的統一建構，也是統合道德理想因素的本體論建構。當然，「天理論」的確立，並非只是爲「本體」而「本體」，儒學思想史上任何一個眞正有建樹的理論家，都無不是把自己的理論立基於生活實踐與社會現實，因而，「工夫」問題也就是二程確立「天理」之本體地位之後的必然選項了。

從「仁愛」之辨的視角入手，確立「仁」的道德本體地位，從工夫論的方向上說，我們以爲就在於程顥所言的「定性」之論。〔註 154〕程顥所寫《定

年版，第 207 頁。

〔註 152〕一般認爲，理學派所確立的「天理」一方面源自佛教禪宗之「理」（侯外廬主編《中國思想通史》第四卷上冊，第 575 頁。）、華嚴宗的「事理」（張豈之著《儒學・理學・實學・新學》，西安：陝西人民出版社年版，第 108 頁。），另一方面又是對封建禮教（封建時代的倫常關係）的本體論證，就後者來說，我們認爲這是倫理學的、人際關係學的；若從道德學（我們認爲，倫理與道德是有很大區別的，這裏茲不作具體論述。）角度看，具有自然形態傾向的「天理」如何具備正面性價值的表述方式，儒家的總德之「仁」就有被充分闡釋的空間，否則，若「天理」流於自然、自在的形態，儒家的道德理想、道德境界也有可能落入佛老之空無。因此，張豈之將儒學的特點之一概括爲「人際關係的道德學說」（張豈之著《儒學・理學・實學・新學》，第 5 頁。）雖只是對孔子思想的闡發而得出的結論，但這個結論也非常符合程朱理學的總體特徵。

〔註 153〕自二程離「愛」言「仁」始，北宋中後期至朱熹前，都是「仁說」的主流；朱熹主「仁說」爲「心之德，愛之理」正是反對離「愛」言「仁」的結果，這部分內容將於南宋部分做主要探討與研究。

〔註 154〕從「仁愛」之辨到「定性」之論我們認爲是合乎歷史與邏輯相合的原則，不能以程顥主倡「渾然與物同體」之「仁說」爲據而否定這種相合。不管「定性」是否可以認爲是「定心」（朱熹：「定性字說得也詫異，此性字，是個心字義。」（《朱子語類》卷九五）；牟宗三（《心體與性體》，第二冊，第 235 頁。）、勞思光（《新編中國哲學史》，第三卷上，第 161 頁。）皆主「定性」爲「定心」），其所定之要旨，如唐君毅所認爲橫渠「定性」之論在於「仁之『敦化』之工夫」（《中國哲學原論・原教篇》，第 132 頁。）是確切的，也合

性書》是爲回答橫渠問如何「定性」的一封回信：

> 所謂定者，動亦定，靜亦定，無將迎，無內外。苟以外物爲外，牽己而從之，是以己性爲有內外也。且以己性爲隨物於外，則當其在外時，何者爲在內？是有意於絕外誘，而不知性之無內外也。既以內外爲二本，則又烏可遽語定哉！〔註 155〕

橫渠言「定性未能不動，猶累於外物」，大抵是說「定性」與「外物」有關，但具體意義並不清楚，此「定」並非形容詞，乃是行爲動詞用法，故，我們可以毫無疑義地說，橫渠據此是在探討功夫修養問題，即追求「性」之「定」。現實中的人皆具情感之傾向，若是執著於情感的順發，世間的美醜、是非之現象必將接踵而至，對世間萬物的認識也將出現內、外之別，如此也就很難達至對三位一體的「天理」的體認與踐履，「定性」之法就是旨在消除個人因一己之情感慮念而導致的「情」之執著、內外割裂，使「性」得以歸於平靜與安寧。這是程顥寫就此篇「定性」之論的本旨所在。

「定性」之所謂「定」與佛學淵源深厚，後世學者紛然以爲「皆老、佛語也」〔註 156〕，程顥吸收佛教的修養方法，我們以爲是確然的。今人郭曉東著《識仁與定性》一書專論「《定性書》與佛老關係之考察」以爲「徒然以字句相似而斥之爲二氏之學者，只能說是不善讀書。……正可見用釋老之語並不意味著從釋老之學。」〔註 157〕這種論斷大抵不錯，但通觀文中論證之語，不過是想說明程顥「定性」之目的不同於佛老，〔註 158〕即「定」的

乎程顥「定性」論的要旨。當然，反過來，若以「仁」爲「性」，又以「心即性」，那麼，「心統性情」之下，朱子反對離「愛」言「仁」，主張「仁體愛用」，爲以「情」爲特徵之一的「愛」重新確立地位，確實是一種以迂迴的方式響應孔子所言「仁者愛人」的主旨，朱子的反對正是對二程將「仁是性，愛是情」進而導致的離「愛」言「仁」趨向的矯正。因此，馮友蘭認爲：「《定性書》實際上是以心爲性。這並不是程顥誤用了字，這是因爲在他的哲學系統中本來沒有這個分別。」（馮友蘭《中國哲學史新編》，第五冊，第頁 119。）是恰當的，而程顥的「沒有這個分別」正是朱子的「仁」學思想在這個問題上繼續發展的原因。

〔註 155〕〔北宋〕程顥、程頤著《二程集》，北京：中華書局 2004 年 2 版，第 460～461 頁。

〔註 156〕〔清〕黃宗羲原著《宋元學案》卷四十，北京：中華書局 1986 年版，第 578 頁。

〔註 157〕郭曉東著《識仁與定性——功夫論視域下的程明道哲學研究》，上海：復旦大學出版社 2006 年版，第 146 頁。

〔註 158〕郭曉東認爲，《定性書》與佛老的關係另一個評判的依據是「確認明道作此書（即《定性書》——引者注）時是否還處在出入佛老之時期。」我們認爲，

目標指向性不同，「釋氏那樣在廢人倫物理之後而求得寂靜之『定』，反之，所謂的『定』，只不過是知此人倫物理當止之理兒各守其當守之本分而已。」〔註 159〕由目標指向、價值堅守的不同而推論出釋氏之「定」與程顥之「定」的不同，是合理的，只是這種合理性我們認爲似乎不能從《定性書》全文本身而來，因爲該文似乎並沒有指明這樣的目標指向。我們當然也認爲，二程之學絕不同於佛老之學，但程顥「定性」中主張「靜」的觀念，就絕非《禮記》中所言「人生而靜」這種對人生本然存在狀態的描述所能涵蓋，因爲，我們認爲程顥「定性」之義既是一種功夫修養，即消除執著之念，以「靜」的狀態把握儒家道德倫常；另一方面也是追求性無內外二本的「一體」境界論，「一本」觀的確立是破內外之別的內在要求。因而，功夫與境界在「定性」論上是不可分的：

> 夫天地之常，以其心普萬物而無心；聖人之常，以其情順萬物而無情。故君子之學，莫若廓然而大公，物來而順應。《易》曰：「貞吉悔亡。憧憧往來，朋從爾思。」苟規規於外誘之除，將見滅於東而生於西也。非惟日之不足，顧其端無窮，不可得而除也。〔註 160〕

「情順萬物而無情」，首先贊同人之有「情」，但此「情」乃是不受私己之累的本然之「情」，是以「物之當喜」、「物之當怒」的理則爲依存根據，因此，「無情」並非事實「無情」，乃是無「私情」，「自私而用智」是導致內外之別、遮蔽天理的原因所在，因此，「廓然而大公，物來而順應」的功夫就是「定性」的根本要領了。事實上，「本體，理也；功夫，學也，凡皆其要也」〔註 161〕，若言「功夫」爲「學」的道德修養與踐履的過程，「定性」爲程顥道德修養的功夫論，其進學階梯的要領確實比較薄弱，因此歷來有較多的學者認爲程顥「定性」之論在功夫上沒有眞正「下手」的地方〔註 162〕，從「學」

這個依據從邏輯上不能成爲評判的理由，若郭氏一定認爲這是評判根據之一，唯有在一種情況下方可成立，即明道作此書之前從未接觸佛學，但是只要他在作此書之前或之時接觸了佛學、研究了佛學，我們都無法斷定佛學對程顥寫就《定性書》的影響是否存在。當然，我們認爲程顥「定性」之說與佛老關係密切，也是基於當時整體的社會文化背景、其本人的求學經歷以及其思想與佛老的相關性等因素的基本信念的基礎上的。

〔註 159〕郭曉東著《識仁與定性——功夫論視域下的程明道哲學研究》，第 144～145 頁。

〔註 160〕〔北宋〕程顥、程頤著《二程集》，北京：中華書局 2004 年 2 版，第 460 頁。

〔註 161〕〔清〕耿介編《理學要旨·序》，《四庫全書》本。

〔註 162〕朱熹認爲：「只是一篇之中，都不見一個下手處。」（《朱子語類》卷九十五）

上看，這是有道理的，畢竟明道的功夫論很可能開啓象山「誠意正心」與朱子「格物致知」的論爭源頭，因而，從另一個方面說，也不該否認《定性書》所展開的功夫論方向：「《定性書》所開示學者之功夫正是承自濂溪『主靜立人極』之說而來，所以，明道之功夫實際上就是『主靜』〔註 163〕的功夫，明道之學術就是『主靜之學』。」〔註 164〕「定性的修養法就是教人如何消除個人因一己的情感念慮而引發的情感執著、主客緊張，使人的內心歸於平靜與安寧。」〔註 165〕這種看法是對的。〔註 166〕

二、從「一本」到「識仁」〔註 167〕

黃百家說：「識仁斯可以定性」（《宋元學案》卷十四）

〔註 163〕劉蕺山曰：「此伯子發明主靜立極之說，最爲詳盡而無遺也。」（《宋元學案》，第 547 頁。）

〔註 164〕曾亦著《本體與工夫——湖湘學派研究》，上海：上海人民出版社年 2007 版，第 143 頁。

〔註 165〕張豈之主編《中國思想學說史》〔宋元卷〕，桂林：廣西師範大學出版社 2008 年版，第 208 頁。

〔註 166〕程顥「定性」論中提出「靜」之說，雖說也有先秦儒家的思想資源，但儒家思想的主流當是「主動」無疑（參見本文第二章第三節之相關論述），「定性」之中的「靜」論提出在當時的思想背景之下就有流於老佛「坐忘」、「靜滅」之嫌疑，因此，程頤並不贊同其兄「靜」之說，而提出「主敬」，即所謂「涵養須用敬，進學則在致知」的觀點。（馮友蘭說：「明道《定性書》亦言定不言靜。蓋定可統動靜而言，而靜則不能也。」（《中國哲學史》下，第 252 頁。）實際上，「定」「靜」確實有流於佛老之嫌疑，雖然程顥未必作如是觀、其思想實質也不相同，但卻不妨礙思想的相互影響與借鑒，乃至延向意想不到的影響：程顥開啓心學一系、心學最終又流於「空談心性」就是例子，如果程顥「定」、「靜」絕不同於佛老之「定」、「靜」，是否可以說其後學徒子徒孫也在「抽象地」繼承與發展思想史上的命題呢？葉六桐說：「明道不廢觀釋、老書，與學者言，有時偶舉示佛語。伊川一切屏除，雖莊、列亦不看。其實儒、釋之根本懸殊，下種既異，即偶資其灌溉，終不能變桃爲李，亦不必有意深絕也。」（《宋元學案》，第 651 頁）葉氏贊同學術融合，但從伊川爲學「主敬」之趣向且極力排佛而言，則絕然不會背上佛老嫌疑的帽子則屬當然，而程顥則相反了。

〔註 167〕當前學術界在探討程顥「定性」與「識仁」思想時，其論述的順序大都先談「識仁」而後「定性」，這種表述方式自《宋元學案》編寫程顥材料時就如此，進而沿襲至今，之所以如此，恐是因「明道之學，以識仁爲主」（《宋元學案》，第 542 頁。）的總體判斷。從程顥思想的發展脈絡著眼，《答橫渠張子厚書》（《定性書》）的寫作年代大抵在程顥的早年（從二十二三～二十七八歲之間，具體意見參見郭曉東著《識仁與定性》，第 142 頁注②。），此文是答張載「定性」之問而作，故張載當時定然在世；而「識仁」之論，據《宋元學案》載：呂大臨（1042～1090）「初學於橫渠，橫渠卒，乃東見二程先生，故深淳近道，

「本」的原義是指草木的根、幹，後引申爲事物的根基或主體，孔子云：「君子務本，本立而道生。孝悌也者，其爲仁之本與！」（《論語・學而》）君子的所爲應致力於孝悌這樣的基礎工作；又如：「林放問禮之本，子曰：大哉問！禮，與其奢也，寧簡；喪，與其易也，寧戚。」（《論語・八佾》）這裏的本是本質、主要內涵之意。司馬談說：「道家無爲，又曰無不爲，其實易行，其辭難知。其術以虛無爲本，以因循爲用。」（《史記・論六家要旨》）此處「本」、「用」對舉，是根本之意，用則是對根本原則的運用。莊子以「本根」範疇表示宇宙最究竟者的哲學概念：「惛然若亡而存，油然不形而神，萬物畜而不知，此之謂本根。」（《知北遊》）將「本根」與「萬物」相對待而言，顯示「本根」或曰「本」的形而上性質。宋初學者周敦頤說：「誠，五常之本，百行之源也。」（《通書・誠下第二》）此「本」既是在重要性上的根本，也是邏輯起點、本體意義上的。將「一」與「本」合起來作爲一個概念來最早使用的是孟子：「且天之生物也，使之一本，而夷子二本故也。」（《孟子・滕文公上》）天生萬物只有一個根源，作爲墨家學派的夷子卻認爲有兩個根源，孟子在此批判的是墨家無差等的兼愛，將自己的父母等同於他人的父母而沒有差別。二程的「一本」觀念不同於孟子所言，是對此前「本」與「一本」思想的發展：

> 道，一本也。或謂：以心包誠，不若以誠包心，以至誠參天地，不若以至誠體人物：是二本也。知不二本，便是「篤恭而天下平」之道。〔註 168〕
>
> 是有意於絕外誘，而不知性之無內外也。既以內外爲二本，則又烏可遽語定哉！〔註 169〕
>
> 觀天理，亦須放開意思，開闊得心胸，便可見，打揲了習心兩漏三漏子。今如此混然說做一體，猶二本，那堪更二本三本！今雖

而以防檢窮索爲學。明道語之以識仁，且以『不須防檢，不須窮索』開之，先生默識心契，豁如也，作《克己銘》以見意。」（《宋元學案》，第 1105 頁。）呂大臨時在張載去世之後方師事於二程，而這個階段明道則明確提出「識仁」，因此，我們大抵判斷「識仁」後於「定性」。本文先論「定性」，再論「識仁」即是從明道思想的發展過程著手，以示其思想的歷史性特徵，故不同於絕大多論者的研究順序。

〔註 168〕〔北宋〕程顥、程頤著《二程集》，北京：中華書局 2004 年 2 版，第 117～118 頁。

〔註 169〕〔北宋〕程顥、程頤著《二程集》，北京：中華書局 2004 年 2 版，第 460 頁。

知「可欲之爲善」，亦須實有諸己，便可言誠，誠便合內外之道。今看得不一，只是心生。除了身只是理，便說合天人。合天人，已是爲不知者引而致之。天人無間。夫不充塞則不能化育，言贊化育，已是離人而言之。〔註170〕

冬寒夏暑，陰陽也；所以運動變化者，神也。神無方，故易無體。若如或者別立一天，謂人不可以包天，則有方矣，是二本也。〔註171〕

「致知在格物」格,至也。或以格爲止物,是二本矣。〔註172〕

對於「一本」、「二本」乃至「三本」，程顥並沒有明確的定義，但他將其對立而言則是清楚的。第一條是說「道」是體現「一本」的，「心」與「誠」若二分，則是「二本」的體現，若能以「篤恭而天下平」顯然就達至了「一本」，也就實現了「道」；第二條是說「性」沒有內外之分，若有了內外分別，就體現爲「二本」；第三條是說觀「天理」之法，需開闊心胸，任何有一點點的「區別對待」，都是「二本」、「三本」的表現，天人本無間，所以「言」天人合，都是有了區別對待的結果；第四條是說在人之外別立個天人關係也體現爲「二本」，正所謂「天人本無二，不必言合。」〔註173〕；第五條是說沒有通達理會「物」之本身，也是「二本」的體現。這是明道對「一本」、「二本」不同表現情況的說明，這之中的「本」既不同於前面所言的「根基」、形而上的「本根」，也不同於孟子的「根源」，在明道的理解中並沒有統一的界說。本文在張載一節中曾指出「二本」乃是二元化的理論思路，於天人關係則是「天人」二分，分別而立，實際也就是「天人相分」，依據明道的論述，我們可以說，「一本」實際也就是「一體」之義的另一種表述方式，而「一體」正是理學在重建儒家思想過程中的一項重要的課題。

「究天人之際」是理學建構過程中的主要線索，「夫子之言性與天道，不可得而聞」，孔子對天人關係並沒有留下明確的回答，而孟子則以「盡心知性知天」與「存心養性事天」（《孟子・盡心》）的方式，從道德主體性的角度出發，提出「天人合一」的途徑與方法。宋初的范仲淹通過《易》闡發了「一

〔註170〕〔北宋〕程顥、程頤著《二程集》，北京：中華書局2004年2版，第33頁。
〔註171〕〔北宋〕程顥、程頤著《二程集》，北京：中華書局2004年2版，第121頁。
〔註172〕〔北宋〕程顥、程頤著《二程集》，北京：中華書局2004年2版，第121頁。
〔註173〕〔北宋〕程顥、程頤著《二程集》，北京：中華書局2004年2版，第81頁。

體」、「窮理盡性」的命題：「故能以六合而爲家，齊萬物於一體」〔註 174〕「《易》以象設，象由意通。兼三材而窮理盡性，」〔註 175〕這正是「所以明乾坤之化育，見天人之會同者也。」〔註 176〕自然法則與人道原則「會同」而合於「一體」的天人合一之學。人通過窮理盡性，就能與天之「仁德」相合，也就能夠眞正感悟到「天地之大德曰生」的生生之意。胡瑗云「天地以生成爲心」，心本爲人之所屬，將天地之「中心規律」轉換爲人之可體悟、感知的「心」，本身也就具有天人合一之道的內在邏輯。而後，歐陽修提出「天地以生物爲心」，以生物學目的論的方式爲自然主義目的論向人文主義目的論的過渡，實現「天人會通」開掘了通道。當張載說需要「大其心」以爲「天地立心」實際也就是以人心爲天地之心：「天則無心無爲，無所主宰，恒然如此，有何休歇！人之德性亦與此合，乃是已有。」〔註 177〕人的道德品性與天是相合，故爲「天地立心」也就是實現「天人一體」之境界。程顥說：

> 所以謂萬物一體者，皆有此理，只爲從那裏來。「生生之謂易」，生則一時生，皆完此理。人則能推，物則氣昏，推不得，不可道他物不與有也。人只爲自私，將自家軀殼上頭起意，故看得道理小了佗底。放這身來，都在萬物中一例看，大小大快活。釋氏以不知此，去佗身上起意思，奈何那身不得，故卻厭惡；要得去盡根塵，爲心源不定，故要得如枯木死灰。然沒此理，要有此理，除是死也。釋氏其實是愛身，放不得，故說許多。譬如販之蟲，已載不起，猶自更取物在身。又如抱石沉河，以其重愈沈，終不道放下石頭，惟嫌重也。〔註 178〕

天地萬物都源自一個生生之理的源頭，天理無私，人物無異，卻只有人能有知以「推」，物則無知而不能「推」，佛教教人絕塵離世，其實是因爲他們內心裏將自我與外在對立而論，只從自身軀殼上起念，便隔阻了生生之理，而

〔註 174〕〔清〕范能濬編集《范仲淹全集・君以民爲體賦》，南京：鳳凰出版社 2004 年版，第 425～426 頁。

〔註 175〕〔清〕范能濬編集《范仲淹全集・易兼三材賦》，南京：鳳凰出版社 2004 年版，第 437～438 頁。

〔註 176〕〔清〕范能濬編集《范仲淹全集・易兼三材賦》，南京：鳳凰出版社 2004 年版，第 437～438 頁。

〔註 177〕〔北宋〕張載著《張載集・經學理窟・氣質》，北京：中華書局 1978 年版，第 113 頁。

〔註 178〕〔北宋〕程顥、程頤著《二程集》，北京：中華書局 2004 年 2 版，第 33～34 頁。

與萬物不能相通，天人也就爲二，可事實上，「天人無間斷」〔註 179〕，萬物乃是一體，程頤說「道未始有天人之別」，天人乃是一理，「安有知人道而有不知天道者乎！道一也，豈人道自是人道，天道自是天道！」〔註 180〕理是人道，亦是天道，知人道正是因此知天道，盡人道也即可以盡天道，這是天人一體的理論根基，而其在人間之展開，則爲：

仁者以天地萬物爲一體，莫非我也。知其皆我，何所不盡！不能有諸己，則其與天地萬物，豈特相去千萬而已哉？〔註 181〕

具有「仁」德之人，是將天地萬物體認爲一體，天地間無一物不是「我」之放大，「我」也無不是天地間萬物縮小之存在，這之中沒有人、己之別，主、客之分，達到這樣的「一本」或曰「一體」的境界，是「仁」者的必須要素，「仁則一，不仁則二」〔註 182〕，「仁」與「一體」是內在統一的，這是「性與天道」之相貫通探求在儒家核心觀念上展開，進而，明道提出了著名的「識仁」說：

學者須先識仁。仁者，渾然與物同體。義、禮、知、信皆仁也。識得此理，以誠敬存之而已，不須防檢，不須窮索。若心懈則有防，心苟不懈，何防之有？理有未得，故須窮索。存久自明，安待窮索？此道與物無對，大不足以名之，天地之用皆我之用。孟子言「萬物皆備於我」，須反身而誠，乃爲大樂。若反身爲誠，則猶是二物有對，以己合彼，終未有之，又安得樂？《訂頑》意思，乃備言此體。以此意存之，更有何事？「必有事焉而勿正，心勿忘，勿助長」，未嘗致纖毫之力，此其存之之道。若存得，便合有得。蓋良知良能元不喪失，以昔日習心未除，卻須存習此心，久則可奪舊習。此理至約，惟患不能守。既能體之而樂，亦不患不能守也。〔註 183〕

黃宗羲案：「明道之學，以識仁爲主」〔註 184〕，這句話大抵揭示了明道思想的主體內涵與特徵。此文原出二程門人呂大臨所著《東見錄》一書，後被朱子編入《二程遺書》，據載，此文是明道爲開示弟子呂大臨「爲學」法門而

〔註 179〕〔北宋〕程顥、程頤著《二程集》，北京：中華書局 2004 年 2 版，第 119 頁。
〔註 180〕〔北宋〕程顥、程頤著《二程集》，北京：中華書局 2004 年 2 版，第 182 頁。
〔註 181〕〔北宋〕程顥、程頤著《二程集》，北京：中華書局 2004 年 2 版，第 1179 頁。
〔註 182〕〔北宋〕程顥、程頤著《二程集》，北京：中華書局 2004 年 2 版，第 63 頁。
〔註 183〕〔北宋〕程顥、程頤著《二程集》，北京：中華書局 2004 年 2 版，第 16～17 頁。
〔註 184〕〔清〕黃宗羲原著《宋元學案》卷十三，北京：中華書局 1986 年版，第 542 頁。

作。程顥以「仁」爲體認主體之於外在世界的普遍關切之心，以此達至物我同體、天地萬物一體的境界與胸襟。劉蕺山曰：「程子首言識仁，不是教人懸空參悟，正就學著隨事情精察力行之中，先與識個大頭腦所在，便好容易下工夫也。」〔註 185〕這是就明道倡言「識仁」的目的而論，朱子則認爲「識仁」是爲「地位高者之事」〔註 186〕、「未免滋高明之惑」，而且直接影響了陸九淵，「子靜專言此意，固有本哉！」〔註 187〕其「本」自來之於明道，實際上，以「一體」論「仁」，明道自認爲還是得益於橫渠的啓發：「《定頑》一篇，意極完備，乃仁之體也。」「意極完備」是說張載的「民胞物與」：

乾稱父，坤稱母，予茲藐焉，乃渾然中處。故天地之塞吾其體，天地之率吾其性，民吾同胞，物吾與也。〔註 188〕

「仁者渾然與物同體」幾乎可說是「民胞物與」在境界論上的另外一種表述方式，都是表達「天人一體」的圓融之境。前文張載一節所論之中，於「愛」橫渠並沒能就如何「統合」主體與客體、個體與普遍提出可資憑藉的階梯，程頤在答楊時問有關《西銘》的問題時提出：「《西銘》明理一而分殊，墨氏則二本而無分。分殊之弊私勝而失仁，無分之罪兼愛而無義。」〔註 189〕張載「民胞物與」之境界不可謂不高也，然其並沒有提供一個上佳的理論路徑貫通普遍之愛如何源自血親原點之愛而推恩開來，「《西銘》原文根本沒有講到理一分殊，是伊川根據他自己的瞭解作了創造的闡釋，才提出了這樣的觀念，從此以後被接受而成爲宋明儒學的共法。」〔註 190〕伊川提出「理一分殊」之命題，到了朱子之時，則發展爲陰陽是氣，是分殊原則；太極是理，是統一之原則的新闡發，一理化爲萬殊，則是以人人一太極，物物一太極〔註 191〕的佛門「月印萬川」之思路在理學觀念中的展現，這是從本體論的思路創造性地詮釋「天人一體」所蘊含的普遍與個體的形而上根基。伊川以倫理的範疇、儒家的立場闡發的「理一分殊」之意，是理學通向形而上學、宇宙論之「理一分殊」的中間環節，其本身也是對「萬物一體」之理想境界在儒家愛之差

〔註 185〕〔清〕黃宗羲原著《宋元學案》卷十三，北京：中華書局 1986 年版，第 541 頁。
〔註 186〕〔清〕黃宗羲原著《宋元學案》卷十三，北京：中華書局 1986 年版，第 541 頁。
〔註 187〕〔清〕黃宗羲原著《宋元學案》卷十三，北京：中華書局 1986 年版，第 542 頁。
〔註 188〕〔清〕張載著《張載集・正蒙・乾稱》，北京：中華書局 1978 年版，第 62 頁。
〔註 189〕〔北宋〕程顥、程頤著《二程集》，北京：中華書局 2004 年 2 版，第 609 頁。
〔註 190〕劉述先著《理一分殊》，上海：上海文藝出版社 2000 年版，第 1～2 頁。
〔註 191〕劉述先著《理一分殊》，上海：上海文藝出版社 2000 年版，第 2 頁。

等中的應然存在狀態之解讀。然，程顥的闡釋路徑則是「識仁」。

程顥之「識仁」在學者是首要的先在性工夫，所以一個「先」字就爲學者進學指出首要的階梯。何謂「識」？此處的「識」並非一種理智的認識，所識得之「仁」亦非理智的概念，因爲理智的概念範疇僅僅只是一種知識而已，知識是一種於「心」外而存在之「物」，此種之「物」並不能邏輯必然地影響人之「內心」，因此，馮友蘭認爲《識仁篇》中所言之「識」是一種「直觀的認識，它不能從一個人的左眼進去，右眼出來，而不在他的思想感情上留下一點痕跡。」〔註 192〕馮友蘭說，抽象上看，「仁」可以作爲一種概念加以認識，而具體來看，「仁」則是「宇宙間隨時可見的現象，隨時注意這現象就可以體認『仁』，也可以得到道學家所說的『恐顏樂處』。」〔註 193〕什麼是「體認」？即是主體對事物的體驗而來的認識，是一種直觀的經驗，而非抽象的理智認識活動及其結果。這種體認活動，程顥又將「仁」與人的肢體活動及其「知覺」的感受相聯繫：

> 醫家以不識痛癢謂之不仁，人以不知覺不認義理爲不仁，譬最近。〔註 194〕
>
> 「剛毅木訥」，質之近乎仁也。「力行」，學之近乎仁也。若夫至仁，則天地爲一身，而天地之間，品物萬形爲四肢百體。夫人豈有視四肢百體而不愛者哉？聖人，仁之至也，獨能體是心而已，曷嘗支離多端而求之自外乎？故能近取譬者，仲尼所以示子貢以爲仁之方也。醫書有以手足風頑謂之四體不仁，爲其疾痛不以累其心故也。夫手足在我，而疾痛不與知焉，非不仁而何？〔註 195〕
>
> 是以仁者無對，放之東海而準，放之西海而準，放之南海而準，放之北海而準。醫家言四體不仁，最能體仁之名也。〔註 196〕
>
> 人之一肢病，不知痛癢，謂之不仁。人之不仁，亦猶是也。蓋不知仁道之在己也。知仁道之在己而由之，乃仁也。〔註 197〕

俗語所謂「麻木不仁」，最切近之意乃是因人的肢體感受而言，肢體麻木無所

〔註 192〕馮友蘭：《「識仁」、「體認」和「爲道」》，載《中州學刊》1984 年第 4 期。
〔註 193〕馮友蘭：《「識仁」、「體認」和「爲道」》，載《中州學刊》1984 年第 4 期。
〔註 194〕〔北宋〕程顥、程頤著《二程集》，北京：中華書局 2004 年 2 版，第 33 頁。
〔註 195〕〔北宋〕程顥、程頤著《二程集》，北京：中華書局 2004 年 2 版，第 74 頁。
〔註 196〕〔北宋〕程顥、程頤著《二程集》，北京：中華書局 2004 年 2 版，第 120 頁。
〔註 197〕〔北宋〕程顥、程頤著《二程集》，北京：中華書局 2004 年 2 版，第 366 頁。

知覺即是「不仁」，程顥從「萬物一體」之圓融境界開掘出體認「仁」的內在意蘊，實際上，「識」與「知覺」都可以解作體認之意，一個肢體無所知覺之人，對「萬物一體」之境也是無法經驗地感受到，自然無法識得「至仁」之理，「仁者，渾然與物同體」，這是世界——人的本然存在狀態，於這種狀態之中，知覺無所不通，體認「萬物一體」之仁就可以圓融無礙，人與萬物也就「感通無滯」，也就達至天人一體的相合之境界。

「識仁」須「渾然與物同體」，儒家「五常」之「仁」乃是其首要之目，故「義、禮、智、信」四德皆爲「仁」之所包含，而伊川也同樣如此認爲，他說：「四德之元，猶五常之仁。偏言責主一事，專言則包四德。」〔註 198〕范仲淹於《四德說》中指出元、亨、利、貞之爲四德，在始生之道上「元」乃是首要的，「合春生夏長之仁」在根本上也就表現爲四德之首的「元」，因爲「元」與「仁」都表現爲「天地之大德曰生」的宇宙創造之生意。「義、禮、智、信」皆爲「仁」而成諸德之首，都因「仁」乃是宇宙天地間之大生命與我之一己小生命同體一氣之故，這也就是「與物同體」、「萬物一體」。明道說：「萬物之生意最可觀，此元者善之長也，斯所謂仁也。人與天地一物也，而人特自小之，何耶？」在萬物生生之「仁」上，明道與伊川都是贊同的，正所謂萬物之根本基礎即爲「元」，其實也就是「仁」，這說明宇宙生生不息與人道之仁正是他們對儒家人文精神探求的落腳點。於此，明道還舉例說：

> 切脈最可體仁。〔註 199〕
>
> 觀雞雛。此可觀仁。〔註 200〕

生生之仁可通過「切脈」與「觀雞雛」這兩種方式得以體認，朱子對此評價並不太高，他說：「脈理貫通乎一身，仁之理亦是恁地。」「蓋當是時飲啄自如，未有所謂爭鬥侵陵之患者，只此便是仁也。」〔註 201〕「凡物皆可觀，此偶見雞雛而言耳。」〔註 202〕朱子認爲明道「切脈」一說只是體會「仁之理」，乃是一種理智活動之所得，而「觀雞雛」只是一種偶然的例子，而且他理解的「觀仁」乃是「自如」與諧和之狀態。朱子的這種理解離明道的本身意思尚有較大的距離，實際上，屬於朱子一系的程頤也說過：「天地生物之氣象，

〔註 198〕《朱子全書・朱子語類・仁義禮智等名》，第 252 頁。
〔註 199〕〔北宋〕程顥、程頤著《二程集》，北京：中華書局 2004 年 2 版，第 97 頁。
〔註 200〕〔北宋〕程顥、程頤著《二程集》，北京：中華書局 2004 年 2 版，第 59 頁。
〔註 201〕《朱子全書・朱子語類・程子之書三》，第 3268 頁。
〔註 202〕《朱子全書・朱子語類・程子之書三》，第 3267 頁。

可見而不可言，善觀與此者，必之道也。」〔註 203〕伊川所觀是「天地生物之氣象」，其實意義同於「生意」。在二程之前的邵雍於《觀物篇》中云：「以物觀物，性也；以我觀物，情也。性公而明，情偏而暗。」〔註 204〕觀物就需要確立「無我」的精神狀態，排除「以我觀物」之「任我」，進而達至與物無礙之境。二程都贊成「觀」，程頤所「觀」是在意於萬物之生意，而程顥則更進一步於「渾然與物同體」、「以天地萬物為一體」，而這「一體」之境絕非虛寂空洞之存在，乃是充溢著活潑潑的生意。程明道曾告訴謝良佐，周敦頤窗前之草不除、留言於驢的鳴叫，乃是「與自家意思一般」〔註 205〕，應當說，明道意圖通過觀生生之理以「知道」與周茂叔之看的內在意蘊是一致的。張九成（1092～1159）曰：

明道書窗前有茂叔草覆砌，或勸之芟，曰：「不可！欲常見造物生意。」又置盆池畜小魚數尾，時時觀之，或問其故，曰：「欲觀萬物自得意。」草之與魚，人所共見，唯明道見草澤知生意，見魚則知自得意，此豈流俗之見可同日而語！〔註 206〕

朱子理解明道所觀的「自得意」這一層意思，卻沒有道出「萬物自得意」乃是因其共有的「生意」所致，張九成甚是體會明道之深意，因此才說出明道之被人誤解實是「流俗之見不可同日而語」的感歎！

程顥以「一體」為「仁」、以知覺為仁、以生意論仁，而傳統上學者們大都認為程頤之仁說主旨在於：「唯公近仁」、「愛人非仁」、「仁性愛情」而且不贊成以「覺」訓「仁」〔註 207〕，似乎二程之間對於「仁」的理解是完全不同的。實際自程顥宣稱：「吾學雖有所受，天理二字卻是自家體貼出來」〔註 208〕之後，二程在「仁」與「天理」之間的密切關係是完全一致的。程頤說：

世之人務窮天地萬物之理，不知反之一身。五臟六腑、毛髮筋骨之所存，鮮或知之。善學者取諸身而已，自一身以觀天地。

〔註 203〕〔北宋〕程顥、程頤著《二程集》，北京：中華書局 2004 年 2 版，第 1228 頁。

〔註 204〕〔北宋〕邵雍著《皇極經世書・觀物外篇》，《四庫全書》本。

〔註 205〕〔北宋〕程顥、程頤著《二程集》，北京：中華書局 2004 年 2 版，第 60 頁。

〔註 206〕〔清〕黃宗羲原著《宋元學案》卷十四，北京：中華書局 1986 年版，第 578 頁。

〔註 207〕「仁者公也」（《二程集》，第 105 頁。）；「仁道難名，惟公近之，非以公便為仁。」（《二程集》，第 63 頁。）；「愛自是情，仁自是性」（《二程集》，第 182 頁。）；「愛人乃仁之端，非仁也。」（《二程集》，第 433 頁。）；「仁當何訓？說者謂訓覺、訓人，皆非也。」（《二程集》，第 314 頁。）

〔註 208〕〔北宋〕程顥、程頤著《二程集》，北京：中華書局 2004 年 2 版，第 424 頁。

〔註 209〕

誠者，眞實無妄之理也。克復工夫眞積力久，則私欲淨盡，徹表裏一於誠，純是天理之流行而無非仁矣。〔註 210〕

邪者物欲之私，誠者天理之實。閑外部使之入，則所存於心者，徹表裏一於誠，純是天理之流行而仁矣。〔註 211〕

毫無疑問，伊川認爲「天地萬物」統一於「理」這本身也就等同於明道所云「萬物一體」統一於「仁」，因此，伊川說，「天理流行」不過也就是「仁」的展現，實際上即從自然主義存在論轉向人文主義的道德論。又：

仁，理也。人，物也。以仁合在人身言之，乃是人之道也。

〔註 212〕

仁者，天下之正理。失正理，則無序而不和。〔註 213〕

此二句不載何人所云，聯繫此二句與上面的兩段引文，我們可以明確地看出二程對「仁」與「理」關係的基本態度。所以，我們不必以爲二程之間在釋「仁」方面有所不同，也就認定他們之間有著較大的理論差異，其實，他們的差異不過是在通往「天理」的道路上展現出略有差異的工夫路徑而已，在二程共有的最高範疇「天理」處，儒家人文價值之「仁」同樣是共有的。〔註 214〕那麼，他們對於「觀天理」、「體貼天理」、「窮天理」的最高之本體，有哪些體驗、直覺天道的方法與道德實踐的手段，即所謂的「修養工夫」呢？

程顥早年寫《定性說》，其修養的工夫落實側重於「定」與「靜」，強調如何消除個人一己之情感慮念與執著，使人的內心歸於平靜與安寧；而到了

〔註 209〕〔清〕黃宗羲原著《宋元學案》卷十五，北京：中華書局 1986 年版，第 634 頁。
〔註 210〕〔清〕黃宗羲原著《宋元學案》卷十六，北京：中華書局 1986 年版，第 638 頁。
〔註 211〕〔清〕黃宗羲原著《宋元學案》卷十六，北京：中華書局 1986 年版，第 639 頁。
〔註 212〕〔北宋〕程顥、程頤著《二程集》，北京：中華書局 2004 年 2 版，第 391 頁。
〔註 213〕〔北宋〕程顥、程頤著《二程集》，北京：中華書局 2004 年 2 版，第 1173 頁。
〔註 214〕牟宗三認爲，「明道就仁心覺情說仁之感通與一體，重仁體呈現的境界；而伊川是以仁爲客觀性理，而分析出其形式特性即公，以公爲仁之理，即以公爲仁的一種形式特性。」（引自陳來主編《宋代道學話語的形成於演變》，第 183 頁。）今查牟氏《心體與性體》一書之《程明道之一本論・識仁篇》所摘二十條明道語錄，第 178～191 頁；《程伊川的分解表示・性情篇》所摘十六條伊川語錄，第 228～256 頁，在這三十六條語錄中發現尚缺本注釋之上四條引文。其實，「仁」就二程而言，皆具境界與本體的雙重綰結，同時，又是工夫論的出發點（出發點不能等同於自己本身，參見下注釋），但就主要影響而言，牟宗三的看法是適宜的。

中後期的《識仁篇》中，則強調以「誠敬存之」，一方面是內心的誠敬，另一方面是修持的「存」，即「葆任法」。朱子曾批評明道的「識仁」之論說：「明道說話混淪，然太高，學者難看。」在朱子看來，「識仁」的境界太高，工夫門徑又不具備現實的階梯性，因此，學者入門與踐履通常都無法把捉，他還說：「程門高弟，如謝上蔡、游定夫、楊龜山，下稍皆入禪學去。必是程先生當初說得高了，他們只睥見上一截，少下面著實工夫，故流弊至此。」〔註 215〕由於明道的修養工夫缺失可以把捉的特點，就直接導致程門後學的爲學方向轉入佛禪的蹈空虛無之境。劉蕺山卻不同意這樣的看法，他說：

> 程子首言識仁，不是教人懸空參悟，正就學著隨事精察力行之中，先與識個大頭腦所在，便好容易下工夫也。識得後，只需用葆任法，曰：「誠敬存之」而已。……誠者，自明而誠之謂。敬者，一於誠而不二之謂。誠只是誠此理，敬只是敬此誠，何力之有！後人不識仁，將天地間一種無外之理，封作一膜看，因並不識誠敬，將本心中一點活潑之靈，滯作一物用，胥失之矣！」〔註 216〕

「識仁」之「識」一般認爲是「體認」之意，「仁」是「渾然與物同體」的本體，因此，「識仁」就是體認本體。蕺山認爲明道「識仁」首先是體認一個「大頭腦所在」，實際也就是體認天地之間的最高存在，唯有體認是首要工夫，接著便以「誠敬存之」，在心上下工夫，防止本心之懈怠，也就不須「防檢」與「窮索」。蕺山認爲「誠」與「敬」實際是統一的，後人卻將「一體」的存在認作是一個對象性的存在物，「誠」與「敬」又如何能夠成爲工夫之所運用？「識得此理」與「誠敬存之」是統一的，但是否可以言「本體」即「工夫」於「識仁」與「誠敬存之」呢？錢穆說：「蓋濂溪、百源、橫渠，皆不免懸空探索，造一宇宙緣起、人物本原之理，而以工夫爲湊合。明道則鞭闢近裏，謂心苟不懈，存久自明，即以吾心謂宇宙，即以本體屬工夫，而更不勞有勉赴彼之跡也。」〔註 217〕從邏輯上說，體認本體即是工夫是對的，但以「吾心謂宇宙」則是以陸九淵解明道了，在《識仁篇》中，「心」不可混淆於「仁者，渾然與物同體」之境界，「仁」可說是明道道德之本體，卻不可說「識仁」即是「識心」了，「仁是理」但在明道卻不可說「心即理」，實際上，「識仁」與

〔註 215〕〔清〕黃宗羲原著《宋元學案》卷十三，北京：中華書局 1986 年版，第 542 頁。
〔註 216〕〔清〕黃宗羲原著《宋元學案》卷十三，北京：中華書局 1986 年版，第 541 頁。
〔註 217〕錢穆著《國學概論》，北京：商務印書館 1994 年版，第 208～209 頁。

「誠敬存之」都尚存主體與主體之工夫運用的區別，即行爲的發出者——「人」與體認「仁」，因爲在《識仁篇》中，「仁」顯然要優先於「心」，「仁」是一種具有客觀性的「天理」、「正理」，即「萬物一體」之理，「防檢」與「窮索」固然與「心」密不可分，但在明道卻不可說是「吾心謂宇宙」這樣一種所謂「心學」式的邏輯一貫性。〔註218〕

程顥主張通過敬來修治人本性之中的污壞之處，以恢復人之本來的德性，「若小有污壞，即敬以致之，使復如舊。所以能使如舊者，蓋爲自家本質元是玩足之物。」〔註219〕人之所以能夠修復如初，是因爲本性中就有的材質使然，因此，「學者須敬守此心，不可急迫，當栽培深厚，涵泳於其間，

〔註218〕有學者認爲明道《識仁篇》中「識仁」即是本體，「誠敬存之」即是工夫，而且「識仁」即是「誠敬存之」，也即本體即是工夫，二者合一，如錢穆：「《識仁篇》以誠敬二字說存心工夫，其實誠敬是心體，便是心之原來體段，與正常狀態，此處工夫本體合一非二，故工夫即已是自然，不煩用力。」（錢穆《中國學術思想史論叢》五，合肥：安徽教育出版社2004年版，第113頁。）然正文中所論，錢穆有以陸九淵或曰心學解明道之學的趨向，雖然明道之學的內求工夫影響後世心學之起，卻不可混同爲心學家而語。以「仁」還是以「識仁」爲本體，在明道思想裏是明確的，多一個「識」那是決然不對的。明儒方學漸（1539～1615）曰：「識仁則見本原，然非一識之後，別無工夫。」（〔清〕黄宗羲著、沈芝盈點校《明儒學案·泰州學案四》，北京：中華書局1985年版，第840頁。）；牟宗三云：「「先識仁體」是道德實踐所以可能只本質的關鍵，亦即其明確的方向，而「誠敬存之」則是實現此「純亦不已」之簡易工夫。」（《心體與性體》，中冊，第179頁。）溫偉耀說：「明道所言工夫，可以歸結爲兩重：「開悟」，然後是「把持」這悟後的境界。前者是智慧，後者是修養。」，「開悟」即「識仁」；「把持」即「誠敬存之」（溫偉耀《成聖之道——北宋二程修養工夫論之研究》，開封：河南大學出版社2004年版，第44頁。）「『識仁』也就是對人物同體的『仁』之存在、境界的直覺、體悟。……程顥的『識仁』方法也就是一種對自我內心的體悟、察識，是一種內求的方法。」（張豈之主編《中國思想學說史》〔宋元卷〕，第209頁。）方學漸、牟宗三、溫偉耀與《中國思想學說史》〔宋元卷〕的寫作者等都不認爲「識仁」可專言爲「本體」或「本原」，「仁體」是工夫的出發點，但不能說本體即工夫，本體等同於工夫；而若言明道之「識仁」即爲本體，恐與明道之本意不合，卻與後世心學相合，因爲「識仁」可謂是「心」之主宰與活動，這與明道思想相合，但「仁爲理」乃是程顥以「天理二字乃自家體貼出來」方式作爲第一原理的眞正意圖。（天理可以說宇宙本體，仁可以說是道德本體，程顥以「仁理」合也就是將宇宙本體與道德本體合一從而確立爲儒家人文精神的價值源泉。）明道思想影響了後世心學，但決不能認爲明道就是心學家，以「識仁」爲本體，則有這樣的錯誤認識之趨向，實不可取。

〔註219〕〔北宋〕程顥、程頤著《二程集》，北京：中華書局2004年2版，第1頁。

然後可以自得。」〔註 220〕修養需要長期地敬守此心，不能著急，有一個逐漸涵泳栽培的過程。在程顥看來，敬的修養方法是非常有效，所謂「敬勝百邪。」〔註 221〕即是如此。但由於每個人的學質不同，敬的修養效果也就樂差別：「只此是學質美者，明得盡，查滓便混化，卻與天地同體。其次惟莊敬持養，及其至則一也。」〔註 222〕天生學質較好的人，經過持敬，比較容易明盡本心，氣稟中的渣滓也易於融化，達至與天地同體的境界。另一些人卻是天生學質比較薄弱，需要經過莊敬地持養，方能達至同樣的境界。程顥說：

學要在敬也、誠也，中間便有個仁，「博學而篤志，切問而近思，仁在其中矣」之意。〔註 223〕

某寫字時甚敬，非是要字好，只此是學。〔註 224〕

爲學的關鍵在於「敬」與「誠」的修持，在「敬」、「誠」之中便有仁在。明道舉寫字的例子說，寫字的重點在於「敬」的持養，字本身的好壞並不重要，這樣的「學」才是眞正的「學」，「學在誠知誠養」〔註 225〕，爲「學」之要點在於立誠明知而善涵養：

凡學之雜者，終只是未有所止，內自不足也。譬如一物懸之室中，茍無所依著，則不之東則之西。故須著摸他道理，只爲自家內不足也。譬之家藏良金，不索外求。貧者見人說金，便借他的看。〔註 226〕

「內自足」與「家藏良金」皆比喻保持「萬物一體」之境界的工夫，此種把持的工夫需要通過「誠」、「敬」與「愼獨」〔註 227〕三個方面內容來實現的：

至誠可以贊天地之化育，則可以與天地參。贊者，參贊之義，「先天而天弗違，後天兒奉天時」之謂也，非謂讚助。只有一個誠，何助之有？〔註 228〕

〔註 220〕〔北宋〕程顥、程頤著《二程集》，北京：中華書局 2004 年 2 版，第 1 頁。
〔註 221〕〔北宋〕程顥、程頤著《二程集》，北京：中華書局 2004 年 2 版，第 119 頁。
〔註 222〕〔北宋〕程顥、程頤著《二程集》，北京：中華書局 2004 年 2 版，第 132 頁。
〔註 223〕〔北宋〕程顥、程頤著《二程集》，北京：中華書局 2004 年 2 版，第 141 頁。
〔註 224〕〔北宋〕程顥、程頤著《二程集》，北京：中華書局 2004 年 2 版，第 60 頁。
〔註 225〕〔北宋〕程顥、程頤著《二程集》，北京：中華書局 2004 年 2 版，第 119 頁。
〔註 226〕〔清〕黃宗羲原著《宋元學案》卷十三，北京：中華書局 1986 年版，第 576 頁。
〔註 227〕溫偉耀著《成聖之道——北宋二程修養工夫論之研究》，開封：河南大學出版社 2004 年版，第 53 頁。明道「愼獨」工夫的加入，本文參照了溫偉耀的觀點。
〔註 228〕〔北宋〕程顥、程頤著《二程集》，北京：中華書局 2004 年 2 版，第 133 頁。

「天地設位兒易行乎其中」，只是敬也。敬則無間斷，體物而不可遺者，誠敬而已矣。「不誠則無物」也。詩曰：「維天之命，於穆不已，於乎不顯，文王之德之純。」純則無間斷。〔註 229〕

敬以直內，義以方外，敬義立而德不孤。（德不孤，與物同故不孤也。）〔註 230〕

誠者天之道，敬者人事之本。敬則誠。〔註 231〕

就用字之含義言，「誠」爲眞實無妄，程顥以「誠」作爲「合內外之道」以體認「仁」，即體認與存養「渾然與物同體」的本體，也就超越了眞實無妄的意義界限，成爲人類之價值與自然之存在相互貫通與統攝的工夫，而敬則是整頓與樹立人之內在心裏與道德實踐的內在化以合乎「萬物一體」之理學人文價值理想，所謂「敬以直內」即是如此。誠是一種內外貫通、天人一體的把持狀態，敬則是一種不受形勢、功利關係支配的自覺要求之工夫〔註 232〕，而「慎獨」則是對「誠敬」把持工夫的最典型的檢測，所以明道尤其重視「慎獨」工夫，他說：

學始於不欺暗室。〔註 233〕

舞射便見人誠。古之教人，莫非使之成己，自灑掃應對上，便可到聖人事。〔註 234〕灑掃應對便是形而上者。理無大小故也。故君子只在慎獨。〔註 235〕

君子所不可及者，其惟人之所不見乎！《詩》曰：「相在爾室，尚不愧於屋漏。」君子慎獨。〔註 236〕

楊開沅說：「純公處處提倡慎獨，不待蕺山也。」〔註 237〕明道言「慎獨」是非常用力的，就他看來，「慎獨」可說是「誠敬」工夫的開端處，但要注意的是，

〔註 229〕〔北宋〕程顥、程頤著《二程集》，北京：中華書局 2004 年 2 版，第 118 頁。
〔註 230〕〔北宋〕程顥、程頤著《二程集》，北京：中華書局 2004 年 2 版，第 117 頁。
〔註 231〕〔北宋〕程顥、程頤著《二程集》，北京：中華書局 2004 年 2 版，第 127 頁。
〔註 232〕溫偉耀著《成聖之道——北宋二程修養工夫論之研究》，開封：河南大學出版社 2004 年版，第 53 頁。
〔註 233〕〔北宋〕程顥、程頤著《二程集》，北京：中華書局 2004 年 2 版，第 351 頁。
〔註 234〕〔北宋〕程顥、程頤著《二程集》，北京：中華書局 2004 年 2 版，第 78 頁。
〔註 235〕〔北宋〕程顥、程頤著《二程集》，北京：中華書局 2004 年 2 版，第 139 頁。
〔註 236〕〔北宋〕程顥、程頤著《二程集》，北京：中華書局 2004 年 2 版，第 365 頁。
〔註 237〕〔清〕黃宗羲原著《宋元學案》卷十三，北京：中華書局 1986 年版，第 566 頁。

這並非是說「慎獨」是「誠敬」之外的另一種工夫，實際上，「慎獨」就內含著「誠敬」工夫，是「誠敬」工夫的出發點、起始點，因爲就儒家一般的認識而言，「慎獨」是最能體現道德品性高低的特殊之處，只要在「人之所不見」的地方都能「誠敬」，則事無大小皆可「不遺」，因此，「一體」之「仁」的體認工夫，最本原處就落實在了「君子慎獨」，這就是「知仁」、「敬存」最終達至「萬物一體」境界的修養工夫：

> 學必先知仁，知之矣，敬以存之而已。存而不失者，心本無懈，何事於防閑也？理義益明，何事於思索也？斯道也，與物無對，大不足以明之。天地之用，節我之用也；萬物之體，即我指體也。〔註 238〕

人能夠「知仁」，而後以「誠敬」把持不失，維持之「心」不鬆懈，哪裏還需要處處提防與時時窮索？唯有如此，「渾然與物同體」之「仁」也就流淌不息了。

程頤修養工夫也注重「敬」，但與程顥之「敬」關注「本心的自然流行」〔註 239〕、「包含著心靈的安樂和行爲的自在」〔註 240〕不同，他的「敬」乃是「主一」的專注態度與行爲舉止的嚴肅整齊的恭敬形態，這樣的由內而外之體現，是爲主體求得形而上之「理一」所從事的工夫踐履，他說：

> 大凡人心不可二用。用於一事，則他事更不能入者，事爲之主也。事爲之主，尚無思慮紛擾之患，若主於敬，又焉有此患乎？所謂敬者，主一之謂敬。所謂一者，無適之謂一。且欲涵泳主一之義，一則無二三矣。至於不敢欺，不敢慢，尚不愧於屋漏，皆是敬之事也。〔註 241〕

人的心不作爲「兩用」而「用於一事」之時，其「心」就會排除「思慮紛擾」而爲一個目標專注前行，所謂的「敬」就是「主一」的態度，也就是排除一切干擾的專注。這種形態的「敬」，伊川以「裝衣冠、齊容貌而已。」〔註 242〕

〔註 238〕〔北宋〕程顥、程頤著《二程集》，北京：中華書局 2004 年 2 版，第 1184 頁。

〔註 239〕龐萬里著《二程哲學體系》，北京：北京航天航空大學出版社 1992 年版，第 251 頁。

〔註 240〕張豈之主編《中國思想學說史》〔宋元卷〕，桂林：廣西師範大學 2008 年版，第 210 頁。

〔註 241〕〔清〕黃宗羲原著《宋元學案》卷十三，北京：中華書局 1986 年版，第 737 頁。

〔註 242〕〔北宋〕程顥、程頤著《二程集》，北京：中華書局 2004 年 2 版，第 433 頁。

以示其弟子趙承議如何爲「敬」，「衣冠」與「容貌」是外在形式而言，「儼然正其衣冠，尊其瞻視，其中自有個敬處。雖曰無狀，敬自可見。」〔註 243〕外在表現的莊重雖然看起來沒有形狀可說，其實「敬」在其中矣，雖說無形，「敬」之精神氣卻十足。因此，「學者需恭敬」〔註 244〕，「人道莫如敬，未有能致知而不在敬者」〔註 245〕，人皆需要以「恭敬」的外在形式去展現「恭敬」的心，「嚴威儼恪，非敬之道，但致敬須自此入。」〔註 246〕外在之表現不可以說就「敬」，但這樣的工夫卻是「敬」的入口處。若從內在的層面著手，伊川認爲「閑邪」的工夫則不可少，他說：

> 敬是閑邪之道。閑邪存其誠，雖是兩事，然亦只是一事，閑邪則誠自存矣。天下有一個善，一個惡。去善即是惡，去惡即是善。〔註 247〕

「閑邪之道」就是杜止邪惡的念頭，孔子說「非禮勿視，非禮勿聽，非禮勿言，非禮勿動」(《論語・顏淵》)就是這個意思，一切邪惡的、不合禮法的思想與行爲都杜絕，「敬」就自內心裏油然而生。如果說「衣冠」、「容貌」具有外在性、對他人而言的話，那麼「閑邪」「存誠」則是完全針對自我內心了，「敬是持己，恭是接人」〔註 248〕，「閑邪之道」就是主體自我的把持，內心的自我調控，以通達儒家所規定的「禮」，他說：「敬即便是禮，無己可克」〔註 249〕，其實「衣冠」與「容貌」就可以說是一種「禮」，也可以說是「恭」，而其最終的目標指向則是儒家核心觀念之「仁」：

> 「『一日克己復禮，天下歸仁』者，言一旦能克己復禮，則天下稱其仁，非一日之間也。」〔註 250〕

能夠「禮敬」，達到「無己可克」的崇高境界，當然就是至善之「仁」。與程顥一樣，爲守得「恭敬」之心把持不失，「愼獨」之法也是程頤著力提倡的工夫，如他說：

> 「孔子言「仁」，只說「出門如見大賓，使民如承大祭」。看其

〔註 243〕〔北宋〕程顥、程頤著《二程集》，北京：中華書局 2004 年 2 版，第 185 頁。
〔註 244〕〔北宋〕程顥、程頤著《二程集》，北京：中華書局 2004 年 2 版，第 191 頁。
〔註 245〕〔北宋〕程顥、程頤著《二程集》，北京：中華書局 2004 年 2 版，第 66 頁。
〔註 246〕〔北宋〕程顥、程頤著《二程集》，北京：中華書局 2004 年 2 版，第 170 頁。
〔註 247〕〔北宋〕程顥、程頤著《二程集》，北京：中華書局 2004 年 2 版，第 185 頁。
〔註 248〕〔北宋〕程顥、程頤著《二程集》，北京：中華書局 2004 年 2 版，第 184 頁。
〔註 249〕〔北宋〕程顥、程頤著《二程集》，北京：中華書局 2004 年 2 版，第 143 頁。
〔註 250〕〔北宋〕程顥、程頤著《二程集》，北京：中華書局 2004 年 2 版，第 385 頁。

> 氣象，便須心寬體胖，動容周旋中禮自然可見。惟慎獨便是守之之法。聖人修己以敬，以安百姓，篤恭而天下平。唯上下一於恭敬，則天地自位，萬物自育，氣無不和，四靈畢至。〔註 251〕

「恭敬」工夫之運作從人的氣質上說是心寬體胖，從事功的角度則可以「安百姓」、「平天下」、天地萬物都充滿著自然和諧的景觀，而這些美好的圖景，都需要「慎獨」工夫的落實，「慎獨」是實現那些美好世界藍圖的一劑最重要的藥方，就這點來看，二程兄弟是完全一致的。

窮「理一」之「仁」，程頤的修養工夫還提出「格物窮理」論。《大學》篇中云：「致知在格物」，是說要想獲得「知」、達到「知」，其要領在於首先實踐「格物」的步驟。何謂「格物」？程頤說：

> 格猶窮也，物猶理也，猶曰窮其理而已也。窮其理，然後足以致之，不窮則不能致也。格物者適道之始，欲思格物，則固已近道矣。〔註 252〕

「格」是窮盡之意，「物」乃是「理」，因此，「格物」是「窮理」，就是窮盡天理，而且「格物」又是「適道之始」，即體認天道的出發點，這樣「格物」「窮理」就是一種通達體認「理一」之「仁」的修養工夫。這樣，程頤將「格物」之詮釋放置於「知識論」與「工夫論」〔註 253〕的雙重背景之中，從知識論的角度說：

> 凡一物上有一理，須是窮致其理。窮理亦多端：或讀書，講明義理，或論古今人物，別其是非，或應接事物而處其當，皆窮理也。〔註 254〕

> 凡眼前無非是物，物物皆由理，如火之所以熱，水之所以寒，至於君臣父子間皆是理。〔註 255〕

任何事物都有它自身的理，而窮理的方式方法多種多樣，通過讀書探討可以明曉義理、通過古今人物是非功過之評論或日常接人待物、處理人際之間的各種關係皆可獲得對「理」的認識，對於世間最重要的「君臣父子」的關係

〔註 251〕〔清〕黃宗義原著《宋元學案》卷十三，北京：中華書局 1986 年版，第 634 頁。
〔註 252〕〔北宋〕程顥、程頤著《二程集》，北京：中華書局 2004 年 2 版，第 316 頁。
〔註 253〕張豈之主編《中國思想學說史》〔宋元卷〕，桂林：廣西師範大學出版社 2008 年版，第 212 頁。
〔註 254〕〔北宋〕程顥、程頤著《二程集》，北京：中華書局 2004 年 2 版，第 188 頁。
〔註 255〕〔北宋〕程顥、程頤著《二程集》，北京：中華書局 2004 年 2 版，第 247 頁。

都可以通過這樣的途徑與方法去實踐而獲得理性上的認識。同時，「理」是需要「悟」的，是需要智慧的體認，需要在實踐中獲得眞正的「體貼」：

> 人要明理，若止一物上明之，亦未濟事，須是集眾理，然後脱然自有悟處。〔註 256〕
>
> 須是今日格一件，明日又格一件，積習既多，然後脱然有貫通處。〔註 257〕

知識上的認識終究是「支離」的，唯有將分散的事事物物之理集合起來，在人的智慧之「靈」的引領下，以「悟」的生命之體驗方能獲得「理一」之體認，這是在通過知識積纍的基礎上，實現從「量」向「質」的飛躍，即所謂的「貫通」，這是一種智慧的感「悟」。因此，雖然二程的工夫修養途徑有所差異，「但是這些修養工夫所要實現的最終目的則是相同的，那就是要消除個人的主觀限制、私我情緒，打破人、天的界限和主、客的隔閡，進入到『理一』的永恒本性境界。」〔註 258〕程頤說：「仁則一，不仁則二」，程顥說：「仁者，渾然與物同體」，在通達「理一」的智慧之路上，識「仁」是他們共同的目標指向。

小　結

本章探討了北宋理學形成過程中「北宋五子」的「仁」學思想。

邵雍在「五子」中年歲最長，雖其學術思想較爲龐雜，但作爲理學宇宙論創立的前期代表，深受朱熹的稱頌，而列「五子」之末。邵雍以「先天之學」確立爲「心法」，通過「觀物」之術，求「物心」統一，這是他哲學思想的核心要點。於「仁」說，他以「元」爲「仁」，提出「仁」是事物原始的生長力量，故「長生」爲「仁」，這種「元」和「長生」的意蘊，可以說是宋初以來，易學思想在儒家理論建構中的普遍化運用的代表。

理學宗主周敦頤釋「仁」主要有兩個內涵：「愛」與「生」，就一般理解而言，前者可謂是「心理要素」之展現，而後者則爲宇宙生成論視域。就濂溪的思維世界而言，他釋「仁」爲「愛」並不同於孔子所云「仁者」「愛人」

〔註 256〕〔北宋〕程顥、程頤著《二程集》，北京：中華書局 2004 年 2 版，第 175 頁。
〔註 257〕〔北宋〕程顥、程頤著《二程集》，北京：中華書局 2004 年 2 版，第 188 頁。
〔註 258〕張豈之主編《中國思想學說史》〔宋元卷〕，桂林：廣西師範大學出版社 2008 年版，第 213 頁。

之意，前者之「愛」乃是源自「天道」本然無欺的「誠」，也就是說，濂溪之「愛」並不源起自「人心」而是根源於「天心」，因此，我們才能恰當地理解他將宇宙生生之德詮釋爲「仁」的用意。當然，濂溪以「生」爲「仁」並不同於范仲淹釋「仁」爲「生」，在濂溪的思想學說裏，生生之意乃是萬物「順化」之意，就其宇宙生成圖景而言，也就是「無極→太極→陰陽→五行→男女→萬物」的生成系列，這種理論建構是范仲淹難望其項背的。因此，「一般人類的心理要素」作爲「仁」的內在根據不再是周敦頤「仁」學思想的主軸，他的「仁」是一種宇宙生成範式。

理學主要奠基人張載言「仁」首先也是從「愛」入手，然這種「愛」最終的落實卻是在「民胞物與」的境界論上。張載言「仁」從「心理要素」進入卻以「天人一本」的貫通方式出來，這正契合他所主張的「天地之心」爲「仁」看法。在張載看來，自然存在與人文價值、自然目的與道德目的的貫通在「天地之心」爲「仁」的命題中是最佳的詮釋視角。但是，「天地之心」爲「仁」還不是張載思想的最後屏障，從「太虛即氣」論的宇宙圖式中，他說「虛則生仁」，這不啻是在說「天地之心」也是「虛」之所生，而這恰恰正是他的本體思想所引發的系列效應，唯有將「仁」扣在「太虛」這個本體範疇之上，道德價值也就有了堅實的根基，而這種根基的滿足恰恰又是「仁」詮釋模式從「心理要素」轉向「形而上學」所必然要經過的步驟。

沿著張載言「仁」轉向「形而上」的路線，二程釋「仁」的首要工作則是以「仁愛之辨」的方式完全剝離「仁」與「心理要素」之內在的、本質的關聯:「仁是性，愛是情」。以「性情」來區分「仁愛」固然是從小程子口中說出，卻也凝聚著大程子與小程子「體貼」「天理」爲「仁」的共通旨趣，只不過大程子更傾向於境界上立論，即所謂「渾然與物同體」的「天人一本」之境界。實際上，大程子主張「定性」，所定之「性」當然不是佛道那種空無的「性」，而是具備儒家道德義理的「性」，此道德義理則非「仁」莫屬。在理論建設上，宇宙本體論、心性本體論與道德本體論三位一體的理論模式是二程思維世界的共同目標，而這個目標的實現則是通過將「心理要素」之「仁」轉化爲「形而上學」之「仁」，將「仁」的精神實質、內在規定安置在「形而上學」範式上。從二程的思想分析中，我們可以清晰地看到，由「心理要素」範式的「仁」轉換爲「形而上學」範式的「仁」，二程是成功的。這可以從朱熹於《仁說》一文中所說一段話管窺一斑：

> 程氏之徒，言仁多矣，蓋有謂愛非仁，而以萬物與我爲一爲仁之體者矣。亦有愛非仁，而以心有知覺〔註 259〕釋仁之名者。今子之言若是，然則彼皆非與？曰：彼謂物我爲一者，可以見人之無不愛矣，而非仁之所以爲體之眞也〔註 260〕。

這裏朱熹批判了二程後學離「愛」言「仁」、以「一體」言「仁」與以「知覺」言「仁」，而二程後學之「仁說」其實大都源自二程子之「仁說」。朱子批判的緣由，先賢陳榮捷說有三個方面：當是學者紛紛言仁、以愛言仁可使學者免於虛靜與糾正體用爲二之說。〔註 261〕綜合而言，我們認爲大抵分爲兩個方面：一是反對將「心理要素」剝離「仁」之內在規定性範疇而專言「形而上學」之「仁」爲唯一範式；二是爲「仁」德的實現尋求可「下手處」使學者免於虛靜而無「著落處」，而這兩個方面都是針對開啓自二程「仁」學思想的不足之處而來：道德本體與道德踐履如何能夠「貫通無滯」是二程所沒有實際解決的問題，至少在朱子看來二程子之「仁說」缺陷不少，而這正是朱子「心之德，愛之理」之「仁說」命題的眞實意蘊的理論出發點。〔註 262〕

〔註 259〕鑒於本章第三節的論述要求，程顥以「知覺」言「仁」未作闡述。發端於程顥「知覺」言「仁」的思想被二程的後學反覆論說，終導致朱熹的著力批判。

〔註 260〕《朱子全書·晦庵先生朱文公文集·雜著·仁說》，第 3280～3281 頁。

〔註 261〕陳榮捷著《朱學論集》，上海：華東師範大學出版社 2007 年版，第 27 頁。

〔註 262〕《仁說》:「天地以生物爲心者也，而人物之生，又各得夫天地之心以爲心者也。故語心之德，雖其總攝貫通無所不備，然一言以蔽之，則曰仁而已矣。請試詳之。蓋天地之心，其德有四，曰元亨利貞，而元無不統。其運行焉，則爲春夏秋冬之序，而春生之氣無所不通。故人之爲心，其德亦有四，曰仁義禮智，而仁無不包。其發用焉，則爲愛恭宜別之情，而惻隱之心無所不貫。故論天地之心者，則曰乾元、坤元，則四德之體用不待悉數而足。論人心之妙者，則曰「仁，人心也」，則四德之體用亦不待遍舉而該。蓋仁之爲道，乃天地生物之心，即物而在，情之未發而此體已具，情之既發而其用不窮，誠能體而存之，則眾善之源、百行之本，莫不在是。此孔門之教所以必使學者汲汲於求仁也。其言有曰:「克己復禮爲仁。」言能克去己私，復乎天理，則此心之體無不在，而此心之用無不行也。又曰:「居處恭，執事敬，與人忠。」則亦所以存此心也。又曰:「事親孝，事兄弟，及物恕。」則亦所以行此心也。又曰:「求仁得仁。」則以讓國而逃，諫伐而餓爲能不失乎此心也。又曰:「殺身成仁」，則以欲甚於生、惡甚於死爲能不害乎此心也。此心何心也？在天地則坱然生物之心，在人則溫然愛人利物之心，包四德而貫四端者也。」(《朱子全書·晦庵先生朱文公文集·雜著·仁說》，第 3279～3280 頁。）朱子此段論說，一方面重新拾起「一般人類的心理要素」被二程割裂於「仁」之內在規定性；另一方面以「克去己私，復乎天理」的求仁之方作爲「仁」的現實「可著落處」。這是朱子對二程「仁」學思想的批判與發展。

結　語

張豈之先生說，儒學作爲一種「人」學，總體現爲「人際關係的道德學說」，此語揭示了傳統儒學所具有的本質面向：人際關係、社會網絡是儒學的存在客觀基礎、道德與倫理之關懷是其終極價值訴求，而本文探討的「仁」思想史則是儒學核心要素在這一層面的本質面向的突出表現。

「仁」之本字與「人」之初文乃是同一個符號，其所代表的特指之義最初是對殷商時期東夷族人風俗的稱呼，到了周代「立尸」之制盛行，該字又用於這種特殊的祭祀制度，而「=」符號是後世出於修飾或區別其它文字而添加上去的，這種文字的起源之迷能夠一定程度上解釋爲什麼後來的孔子將「仁」的內涵界定爲禮儀之制與血緣親情。侯外廬首言孔子將「一般人類的心理要素」〔註 1〕賦予「仁」以一種超越時代的道德觀念，然而，以日常實踐經驗爲主要立論之基的孔子並沒有確立「仁」之於「人」的內在根據。孟子說：「仁，人心也」，並以人的「惻隱之心」爲「仁」之端，這就樹立起了「仁」的第一個眞正的抽象規定性，因爲在孟子處，「心」與「性」都源自最高的精神主宰：「天」。如果說「仁」更多的表現爲道德面向，那麼「禮」則更多地表現爲政治面向，荀子從現實主義的立場確立「禮」的價值維度，因爲在荀子看來，「人心」之「仁」顯然不能阻止被欲望蒙蔽的「人性」之「惡」的妄爲，理想化的說教還是讓位於強制性的禮義規範更穩妥些。從荀子的轉向我們看到，有學者認爲儒家的「仁愛」是一種「無根的仁愛」〔註 2〕

〔註 1〕作者繼承侯外廬關於「仁」的「一般人類的心理要素」的觀點作爲本書立論的根據之一，也是本文意欲探討先秦之「仁」到宋明之「仁」的範式轉變的核心線索之一。

〔註 2〕郭齊勇主編《儒家倫理爭鳴集》，武漢：湖北教育出版社 2004 年版，第 119 頁。

並非沒有理由，「仁」觀念可以緣起自某種行爲（如「夷人之俗」與「立尸之禮」）的內在心性化，或被闡釋爲某種特有關係的敞開方式（血緣親情之「愛」的推廣），卻都不能說是「仁」觀念的必然出處。從孔子開始，經由思孟學派的明確塑造，「仁」的觀念已有「人心」的生成機制，然這也不足以成爲內具於「心」的「愛」播撒於一切人的保證，因爲「自由」的「心」沒有必然的保證。〔註 3〕

漢唐之際佛道思想的興盛，引起了儒學的抗爭，進而引起儒學的復興運動，自韓愈起，儒家「仁」觀念的突顯，同時也是伴隨著「大一統」禮制重振的需要，儒家道統的承繼就是以「定名」之「仁義」爲內涵的人倫綱常之重塑爲重要旨歸。由於新時期的學術需要，「仁」的內涵規定在宋初發生了變化。在漢代佛教經籍《四十二章經》中，僧徒接過儒家的「仁」，以爲「不殺生」乃是佛道之「大仁慈」，而儒家也歷來有「天地之大德曰生」的命題，開一代風氣的范仲淹也許是得到儒佛兩方的共同啓發，他以爲「生之善」就可謂是「仁」，這是「仁」觀念開始具備確定性之「根」的肇端（董仲舒以「天心」爲「仁」可謂是一種過渡形態），因爲萬物之「生」無疑是一切存在的前提，「生」比「人心」具有更確定的必然性基礎。〔註 4〕《易》有云「天地之心」，胡瑗接過王弼的詮釋路徑而提出「天地以生成爲心」，而其後的歐陽修則進一步說「天地以生物爲心」，雖然他們都沒有直接與「仁」對接，卻不妨礙「生生之德」爲「仁」是宋代的主流看法，直至二程、朱熹都不例外。

「內聖」與「外王」是理解儒家理想的重要線索，從貫通性上說，「內聖」的根本指向是爲「外王」服務的。孔子以「仁」釋「禮」，就是他孜孜以求的「吾從周」的社會政治理想的結果。孟子以「人心」之「仁」，祈求君王以「惻隱之心」平治天下，倡「仁義」而不言「利」，然而，現實鬥爭的殘酷驚醒了荀子，唯有「隆禮重法」才能有效地實現先師孔子「仁」德的崇高理想。時隔千餘年後，宋代的李覯發現他所面對的現實竟與荀子有著驚人的相似，他

〔註 3〕俗語云：「沒有無故的愛，也沒有無故的恨。」此語大抵可以理解爲：「人心」的「愛、恨」狀態其實並不是「人心」本來的存在形式。

〔註 4〕「人心」之有無應以人之「生」爲存在前提。現代的各種研究表明「人心」不具備善惡判斷的屬性，但任何毀滅人之「生」的行爲在道德上都是「惡」的則是當代人都可以接受的觀點。（當今世界某些國家的整體意識形態還處在前現代時期，這不在探討之列。）毀滅人之「生」的行爲無論是來自個體或機構（或群體），還是來自所謂的「天理」或「合法」，在本質上都是「惡」的。

的生活經歷與時代所給予的任務，使他堅信唯有遵循天地之根本大法的「禮」，才能整飭「人心」，唯有強國惠民〔註5〕才「王道」，「仁」應以這樣的「王道」爲準繩，才是眞正的「仁」。李覯與他的前賢荀子一樣，不相信以「仁」就可以實現「天下大同」。如果說荀子是因其「性惡」不見於所謂「醇儒」，李覯則因其「內聖」與「外王」的決然割裂而不被「道統」之中的儒家所接受。在「內聖」「外王」貫通的道路上，王安石可謂是一個較爲成功的學者，這也是他曾經被列爲儒家「道統」繼承人的原因所在。宋室南渡，後世之人多將偏安的歷史罪責歸於一個改革者與學者於一身的人，歷史證明，那是不實之詞。王安石以儒家「性命道德」之「仁」爲其改革的展開提供理論依據，他通過詮釋儒家核心範疇之「仁」乃至最高範疇之「道」，獲得了支撐起改革的理論制高點。雖然他的改革之舉因各種原因而失敗，但其爲實現由「內聖」而走向「外王」的傳統儒家最高理想的努力，是値得肯定的。自王安石而後，宋代的儒學開始轉向，或如劉子健所言兩宋之際「中國轉向內在」，在「仁」觀念的闡釋上，走向形而上的「仁」學思想而且漸成爲主流的闡釋模式，則是當時「內聖之學」或曰「爲己之學」轉向的突出體現。

邵雍以「元」爲「仁」，繼之言「仁」以「長生」，可以說是宋初學術思想界言「仁」的主軸，與其同時期的周敦頤同樣以「愛」言「仁」，無所創發，卻接過范仲淹以「生」釋「仁」的意義，安放在「無極－太極」宇宙生成系列之中，「仁」的本根地位由此得以確立。先賢夏君虞於《宋學概要》中將有宋兩朝之學術劃分爲「仁學、性學、心學」三大派，是迄今最爲全面地論述宋儒之「仁」的典範，他說「認仁就是生」是宋儒正統派（其實也就是主流派）的共同之點，究其原因，我們想或許就是「一般人類的心理要素」不再能滿足新時期學術要求的期待。因此，由「愛」入手言「仁」的張載，最終將「仁」扣在了其本體範疇——「太虛」之中，唯有本體的確證，人文價値範疇之「仁」才將有最堅實的根基。由「心理要素」轉向「形而上學」，「仁」觀念發生了質的蛻變。「本體——工夫」是理解宋代理學走向的核心鑰匙，程頤開啓宋代「仁愛之辨」〔註6〕的端緒，其原因就在於本體範疇建構的需要，而不得不在孔子「仁者，愛人」這一不可動搖的經典釋義上進行

〔註5〕今天，主流的言論是：落後就要被挨打；社會的根本問題還是發展；發展是前提等等。歷史是這般的相似。

〔註6〕「仁愛之辨」持續到湖湘學派之胡宏、張栻與理學集大成者的朱熹。

裂變。程頤「仁爲性，愛爲情」之論確實不同於「仁」思想在先秦時期的生成演變史。「愛人」在孔子處並沒有涵蓋「仁」的所有意蘊，但宋儒伊川將「仁」確立爲「性」，即「體」，也就是「愛」之本體，實際即道德之本體，將「一般人類的心理要素」從「仁」之中剝離出來卻賦予「情」，即「愛」，在他看來，唯有在形而上的範疇之中才是「仁」的眞正本質所在，而「愛」固然源出自「仁」，但卻不可謂是「仁」本身的內在要素與本質特徵。這樣「心理要素」就被程頤逐出「仁」的本質規定性範疇。程顥「仁說」之重點在於「渾然與物同體」、「萬物一體」的境界，在「天道」與「人道」論上就是「天人合一」。程顥「自家體貼出來」的「天理」可說是「天道論」上的本體，而「仁」則是「人道論」上的道德本體。若從上行路線說，「天理」之本身就蘊含著事實與價值——天地萬物之客觀存在與儒家人文道德價值的融合，因而「天理流行」而無不「仁」；若從下行路線說，天地萬物都無不有一個「心」，唯有「用心」「體貼」，那「仁」化之「天理」則無不「流行無礙」。兩條路線的交合，那就是「天人本無二，不必言合」了。因此，「定性」、「識仁」、「誠敬」、「恭敬」、「格物窮理」這些工夫就是「體貼天理」、「與物同體」所不可或缺的步驟。從本體的確立到工夫的落實，理學形成時期的「仁」思想從周敦頤的宇宙生成論開啓，經張載的本體論的階段，發展至二程「本體－工夫」一體的新層面，而且「天人合一」、「萬物一體」在大程看來不僅是一種本然性的存在，更是一種應然性存在，儒家的人文道德價值在此獲得了堅實而充分的根據。

但是，從實際可操作性上說，明道「識仁」過於高蹈，「誠敬存之」也缺乏切實的「下手處」。理學的後繼人朱子不滿明道處處言學者都須先「識得此理」的說法，是有切實之根據的，與陸九淵的論戰，則是這種不滿在現實中的部分反映。因此，朱子承繼伊川一脈，重「格物窮理」之說。然伊川於「仁說」上的重大缺陷則是鼓吹「仁」與「愛」的割裂，離「愛」言「仁」是二程及其後學，直至南宋之初的胡宏、張栻等湖湘學派都無不奉爲圭臬的做法。於此，朱子極力反對「以類聚言仁」，認爲那種抽象得出的「仁體」是對聖人所創之「仁」的歪曲，其本身也就不足以構成「仁」的眞正意蘊。「仁」不僅是「天理流行」的道德本體，也是「推己及人」之「愛」的本體，同時還是「心性」修養的著落點。朱子一方面以本體論的方式確認「愛」在「仁」之中地位，另一方面重拾被二程，尤其是伊川割裂分離的「一般人類的心理要素」，賦予「心」在「仁」德中的主體性，進而爲從本體到工夫的「貫通」提供合適的「門徑」，這就是朱子對「仁」的定義：「愛之理，心之德」所要完成的工作。

參考文獻

一、原典文獻

1. 《論語正義》、《孟子正義》、《荀子集解》、《老子注》、《老子本義》、《莊子集解》、《莊子集釋》、《墨子閒詁》，《諸子集成》本，北京：中華書局 2006 年 2 版。
2. 〔清〕阮元校刻《十三經注疏》〔M〕，北京：中華書局 1980 年版。
3. 河北省文物研究所定州漢墓竹簡整理小組編著《論語》(敦煌資料)〔M〕，北京：文物出版社 1997 年版。
4. 荊門市博物館編著《郭店楚墓竹簡》〔M〕，北京：文物出版社 1998 年版。
5. 〔唐〕韓愈著《韓昌黎集》〔M〕，北京：商務印書館 1958 年版。
6. 〔唐〕柳宗元著《柳河東集》〔M〕，北京：商務印書館 1958 年版。
7. 〔唐〕李翶著《李文公集》〔M〕，《四部叢刊》本。
8. 〔宋〕范仲淹著《范文正公集》〔M〕，《四部叢刊》本。
9. 〔宋〕胡瑗著《周易口義》〔M〕、《洪範口義》〔M〕，《四庫全書》本。
10. 〔宋〕李覯著《直講李先生文集》〔M〕，《四部叢刊》本。
11. 〔宋〕邵雍著《皇極經世書》、《擊壤集》〔M〕，《四庫全書》本。
12. 〔宋〕歐陽修著《歐陽修全集》〔M〕，世界書局 1936 年版。
13. 〔宋〕王安石著《王文公文集》〔M〕，上海：上海人民出版社 1974 年版。
14. 〔宋〕周敦頤著、徐洪興導讀《周子通書》〔M〕，上海：上海古籍出版社 2000 年版。
15. 〔宋〕張載著、張錫琛點校《張載集》〔M〕，北京：中華書局 1978 年版。
16. 〔宋〕程顥、程頤著《二程集》〔M〕，北京：中華書局 2004 年 2 版。

17. 〔宋〕謝良佐著《上蔡先生語錄》〔M〕，北京：中華書局 1985 年版。
18. 〔宋〕楊時著《龜山集》〔M〕，《四庫全書》。
19. 〔宋〕楊時著《龜山先生語錄》〔M〕，《四部叢刊》本。
20. 〔宋〕呂大臨等撰《藍田呂氏遺著輯校》〔M〕，北京：中華書局 1993 年版。
21. 〔宋〕游酢著《游廌山集》〔M〕，《四庫全書》本。
22. 〔宋〕羅從彥著《豫章文集》〔M〕，《四庫全書》本。
23. 〔宋〕朱熹著《朱子全書》（全 27 冊）〔M〕，上海：上海古籍出版社 2002 年版、合肥：安徽教育出版社 2002 年版。
24. 〔宋〕陸九淵著《陸九淵集》〔M〕，北京：中華書局 1980 年版。
25. 〔宋〕陳亮著《陳亮集》〔M〕，北京：中華書局 1974 年版。
26. 〔宋〕葉適著《葉適集》〔M〕，北京：中華書局 1961 年版。
27. 〔宋〕葉適著《習學記言序目》，北京：中華書局 1977 年版。
28. 〔宋〕邵伯溫撰《邵氏聞見錄》〔M〕，北京：中華書局 1983 年版。
29. 〔元〕脱脱等撰《宋史》〔M〕，北京：中華書局 1977 年版。
30. 〔清〕王夫之撰《讀通鑒論》〔M〕，北京：中華書局 1964 年版。
31. 〔清〕王夫之撰《宋論》〔M〕，北京：中華書局 1967 年版。
32. 〔清〕黄宗羲原著《宋元學案》〔M〕，北京：中華書局 1986 年版。
33. 〔清〕黄宗羲著《明儒學案》〔M〕，北京：中華書局 2008 年修訂版。
34. 〔清〕戴震著《戴震集》〔M〕，上海：上海古籍出版社 1980 年版。
35. 〔清〕段玉裁撰《説文解字注》〔M〕，上海：上海古籍出版社 1981 年版。
36. 〔清〕江藩著《漢學師承記·宋學師承記》〔M〕，北京：三聯書店 1998 年版。
37. 〔清〕蔡上翔著《王荊公年譜考略》〔M〕，上海：上海人民出版社 1973 年版。
38. 〔清〕丁傳靖編《宋人軼事彙編》〔M〕，北京：中華書局 1982 年版。
39. 譚嗣同著《譚嗣同全集》〔M〕，北京：中華書局 1954 年版。
40. 曾棗莊、劉琳主編《全宋文》〔M〕，上海：上海辭書出版社 1994 年版。
41. 徐中舒主編、彭裕商等編纂《甲骨文字典》〔M〕，成都：四川辭書出版社 2006 年版。

二、研究文獻

1. 侯外廬主編《中國思想通史》第一、四卷〔M〕，北京：人民出版社 1957

年版。
2. 侯外廬、邱漢生、張豈之主編《宋明理學史》上冊〔M〕，北京：人民出版社 1997 年版。
3. 侯外廬著《中國古代社會史論》〔M〕，石家莊：河北教育出版社 2003 年版。
4. 張豈之著《儒學・理學・實學・新學》〔M〕，西安：陝西人民教育 1994 年版。
5. 主編《中國儒學思想史》〔M〕，西安：陝西人民出版社 1990 年版。
6. 《中國思想學說史》〔先秦卷〕〔宋元卷〕〔M〕，桂林：廣西師範大學出版社 2008 年版。
7. 郭沫若著《中國古代社會研究》(外二種)，石家莊：河北教育出版社 2004 年版。
8. 皮錫瑞著《經學通論》〔M〕，北京：中華書局 1954 年版。
9. 皮錫瑞著《經學歷史》〔M〕，北京：中華書局 2008 年版。
10. 馬宗霍著《中國經學史》〔M〕，北京：商務印書館 1998 影印版。
11. 蔡元培著《中國倫理學史》〔M〕，北京：中國社會科學出版社 2008 年版。
12. 呂思勉著《理學綱要》〔M〕，北京：東方出版社 1996 年版。
13. 陳鍾凡著《兩宋思想述評》〔M〕，北京：東方出版社 1996 年版。
14. 張岱年著《中國哲學大綱》〔M〕，北京：中國社會科學出版社 1982 年版。
15. 張岱年著《中國古典哲學概念範疇要論》〔M〕，北京：中國社會科學出版社 1989 年版。
16. 蔡尚思著《孔子思想體系》〔M〕，上海：上海人民出版社 1982 年版。
17. 《中國禮教思想史》〔M〕，上海：上海古籍出版社 2006 年版。
18. 張立文著《宋明理學研究》〔M〕，北京：人民出版社 2002 年版。
19. 《朱熹思想研究》〔M〕，上海：華東師範大學出版社 2007 年版。
20. 李存山著《氣論與仁學》〔M〕，鄭州：中州古籍出版社 2009 年版。
21. 李澤厚著《論語今讀》〔M〕，北京：三聯書店 2008 年版。
22. 《中國古代思想史論》〔M〕，北京：三聯書店 2008 年版。
23. 梁家榮著《仁禮之辨——孔子之道的再釋與重估》，〔M〕，北京：北京大學出版社 2010 年版。
24. 蒙培元著《理學範疇系統》〔M〕，北京：人民出版社 1989 年版。
25. 蒙培元著《理學的演變》〔M〕，北京：方志出版社 2007 年版。
26. 陳來著《仁學本體論》〔M〕，北京：三聯書店 2014 年版。
27. 陳來著《古代宗教與倫理——儒家思想的根源》〔M〕，北京：三聯書店

2009 年版。
28. 陳來著《宋明理學》〔M〕，上海：華東師範大學出版社 2004 年版。
29. 陳來著《中國近世思想史研究》〔M〕，北京：商務印書館 2003 年版。
30. 陳來著《朱熹哲學研究》〔M〕，北京：中國社會科學出版社 1988 年版。
31. 陳來著《有無之境——王陽明哲學的精神》〔M〕，北京：三聯書店 2009 年版。
32. 陳來主編《早期道學話語的形成與演變》，合肥：安徽教育出版社 2007 年版。
33. 錢鍾書著《管錐篇》〔M〕，北京：生活・讀書・新知三聯書店 2007 年版。
34. 錢鍾書著《談藝錄》〔M〕，北京：中華書局 1984 年版。
35. 石峻著《石峻文存》〔M〕，北京：華夏出版社 2006 年版。
36. 潘富恩、徐餘慶著《程顥程頤理學思想研究》〔M〕，上海：復旦大學出版社 1988 年版。
37. 徐洪興著《思想的轉型：理學發生過程研究》〔M〕，上海：上海人民出版社 1996 年版。
38. 劉復生著《北宋中期儒學復興運動》〔M〕，臺北：文津出版社 1991 年版。
39. 劉宗賢著《陸王心學研究》〔M〕，濟南：山東人民出版社 1997 年版。
40. 陳植鍔著《北宋文化史述論》〔M〕，北京：中國社會科學出版社 1992 年版。
41. 陳少明著《漢宋學術與現代思想》〔M〕，廣州：廣東人民出版社 1998 年版。
42. 崔大華著《儒學引論》〔M〕，北京：人民出版社 2001 年版。
43. 鄧廣銘、漆俠著《兩宋政治經濟問題》〔M〕，上海：知識出版社 1988 年版。
44. 鄧小南著《祖宗之法——北宋前期政治述略》〔M〕，北京：三聯書店 2006 年版。
45. 姜廣輝著《走出理學》〔M〕，瀋陽：遼寧教育出版社 1997 年版。
46. 姜林祥主編、韓鍾文著《中國儒學史・宋元卷》〔M〕，廣州：廣東教育出版社 1998 年版。
47. 許淩雲著《中國儒學史・隋唐卷》〔M〕，廣州：廣東教育出版社 1998 年版。
48. 李幼蒸著《仁學解釋學》〔M〕，北京：中國人民大學出版社 2004 年版。
49. 漆俠著《宋學的發展和演變》〔M〕，石家莊：河北人民出版社 2002 年版。
50. 漆俠著《歷史研究法》〔M〕，保定：河北大學出版社 2003 年版。

51. 徐揚傑著《宋明家族制度史論》〔M〕，北京：中華書局 1995 年版。
52. 張躍著《唐代後期儒學》〔M〕，上海：上海人民出版社 1994 年版。
53. 唐文明著《與命與仁——原始儒家倫理精神與現代性問題》〔M〕，保定：河北大學出版社 2002 年版。
54. 郭曉東著《識仁與定性——工夫論視域下的程明道哲學研究》〔M〕，上海：復旦大學出版社 2006 年版。
55. 王健著《朱熹思想研究》〔M〕，上海：華東師範大學出版社 2007 年版。
56. 洪漢鼎著《詮釋學—它的歷史和當代發展》〔M〕，北京：人民出版社 2001 年版。
57. 洪漢鼎主編《理解與解釋——詮釋學經典文選》〔M〕，北京：東方出版社 2001 年版。
58. 錢穆著《論語新解》北京：三聯書店 2002 年版。
59. 錢穆著《宋明理學概述》〔M〕，臺北：臺灣學生出版社,民國六十六年（1988）年版。
60. 錢穆著《宋代理學三書隨劄》〔M〕，北京：三聯書店 2002 年版。
61. 錢穆著《朱子學提綱》〔M〕，北京：三聯書店 2002 年版。
62. 方東美著《原始儒家道家哲學》〔M〕，臺北：黎明文化公司 1983 年版。
63. 陳榮捷著《朱學論集》〔M〕，上海：華東師範大學出版社 2007 年版。
64. 徐復觀著《中國人性論史》〔M〕，上海：華東師範大學出版社 2005 年版。
65. 牟宗三著《心體與性體》〔M〕，上海：上海古籍出版社 1999 年版。
66. 牟宗三著《宋明儒學的問題與發展》〔M〕，上海：華東師範大學出版社 2004 年版。
67. 羅光著《中國哲學思想史》（宋代篇）〔M〕，臺北：臺灣學生書局 1984 年版。
68. 勞思光著《新編中國哲學史》〔M〕，桂林：廣西師範大學出版社 2005 年版。
69. 余英時著《朱熹的歷史世界》〔M〕，北京：三聯書店 2004 年版。
70. 余英時著《論戴震與章學誠》〔M〕，北京：三聯書店 2005 年版。
71. 黃進興著《優入聖域：權利信仰與正當性》〔M〕，西安：陝西師範大學出版社 1998 年版。
72. 〔日〕安田二郎著《中國近世思想研究》〔M〕，東京：築摩書房昭和五十一年（1976）年版。
73. 〔美〕郝大維、安樂哲著、施忠連譯《漢哲學思維的文化探源》〔M〕，南京：江蘇人民出版社 1999 年版。

74. 〔美〕顧立雅著、高專誠譯《孔子與中國之道》〔M〕，鄭州：大象出版社 2000 年版。
75. 〔英〕葛瑞漢著、程德祥等譯《中國的兩位哲學家：二程兄弟的新儒學》〔M〕，鄭州：大象出版社 2000 年版。
76. 〔美〕包弼德著、劉寧譯《斯文：唐宋思想的轉型》〔M〕，南京：江蘇人民出版社 2001 版。
77. 〔美〕郝伯特·芬格萊特著、彭國翔、張華譯《孔子：即凡而聖》〔M〕，南京：江蘇人民出版社 2002 年版。
78. 〔日〕今關壽麿著《宋元明清儒學年表》〔M〕，北京：北京圖書館出版社 2002 年版。
79. 〔美〕劉子健著、趙冬梅譯《中國轉向內在——兩宋之際的文化內向》〔M〕，南京：江蘇人民出版社 2002 年版。
80. 〔美〕田浩主編《宋代思想史論》〔M〕，北京：社會科學文獻出版社 2003 年版。
81. 〔德〕漢斯—格奧爾格·加達默爾著、夏鎮平、宋建平譯《哲學解釋學》〔M〕，上海：上海譯文出版社 2004 年版。
82. 〔日〕溝口雄三、小島毅主編、孫歌等譯《中國的思維世界》〔M〕，南京：江蘇人民出版社 2006 年版。
83. 〔德〕馬克斯·韋伯《儒教與道教》〔M〕，南京：江蘇人民出版社 2008 年版。
84. 李裕民：《殷商金文中的「孝」和孔丘「孝道」的反動本質》〔J〕，載《考古學報》1974 年第 2 期。
85. 劉蔚華：《論仁學的源流》（上）〔J〕，載《齊魯學刊》1982 第 1 期。
86. 劉蔚華：《論仁學的源流》（下）〔J〕，載《齊魯學刊》1982 第 2 期。
87. 陳蘇鎮：《商周時期孝觀念的起源、發展及其社會原因》，《中國哲學》（第十輯）〔M〕，北京：三聯書店 1983 年版。
88. 鄧廣銘：《談談有關宋史研究的幾個問題》〔J〕，載《社會科學戰線》1986 年第 2 期。
89. 蔡方鹿：《朱熹和張栻關於仁的討論》〔J〕，《江西社會科學》1989 第 2 期。
90. 胡新生：《周代祭祀中的立尸禮及其宗教意義》〔J〕，載《世界宗教研究》1990 年第 4 期。
91. 劉文英：《「仁」之觀念的歷史探源》〔J〕，載《天府新論》1990 年第 6 期。
92. 李衡眉：《「夷俗仁」發微》〔J〕，載《文史哲》1992 年第 1 期。

93. 牟鍾鑒：《儒家仁學的演變與重建》〔J〕，載《哲學研究》1993 年第 10 期。
94. 金春峰：《朱熹〈仁說〉剖析》〔J〕，載《求索》1995 年第 4 期。
95. 于首奎：《中國「仁」愛思想發源地域考芻議》，《國際儒學研究》第 5 輯〔M〕，中國社會科學出版社 1998 年版。
96. 周繼旨：《關於儒家道德理想主義的理論根據上的內在矛盾問題的若干思考》〔J〕，載《國學研究》第六卷，北京：北京大學 1999 年版。
97. 白奚：《「仁」字考辨》〔J〕，載《中國哲學史》2000 年第 3 期；
98. 龐樸：《「仁」字臆斷》〔J〕，載《尋根》2001 年第 1 期。
99. 謝陽舉：《「仁」的起源探本》〔J〕，載《管子學刊》2001 年第 1 期。
100. 廖名春：《「仁」字探原》〔J〕，載《中國學術》2001 年第 4 期。
101. 楊柱才：《王安石的儒學思想》，載《國學研究》第八卷〔M〕，北京：北京大學出版社 2001 年版。
102. 楊柱才：《「仁」與「相人偶」——對「仁」字的構形及其原初意義的再考察》〔J〕，載《哲學研究》2003 年第 7 期。
103. 吳虞：《說孝》，載曾振宇主編《儒家倫理思想研究》（20 世紀儒學研究大系）〔M〕，北京：中華書局 2003 年版。
104. 方旭東：《以意逆志於心得之——中國思想史研究法的省思》〔J〕，《學術月刊》2004 年第 12 期。
105. 梁濤：《郭店竹簡「𢒼」字與孔子仁學》〔J〕，載《哲學研究》，2005 年第 5 期。
106. 王中江：《「身心合一」之「仁」與儒家德性倫理——郭店竹簡「𢒼」字及儒家仁愛的構成》〔J〕，載《中國哲學史》2006 年第 1 期。
107. 龐樸：《試析仁義內外之辨》〔J〕，載《文史哲》2006 年第 5 期。
108. 張豔勤：《原仁》〔J〕，載《孔子研究》2007 年第 2 期。